国外
马克思主义
研究
文库

黑龙江大学出版社
HEILONGJIANG UNIVERSITY PRESS

本丛书获得以下基金项目资助：

国家出版基金项目
国家哲学社会科学基金重点项目《东欧新马克思主义理论研究》，10AKS005
黑龙江省社科重大委托项目《东欧新马克思主义研究》，08A-002

国家出版基金项目
NATIONAL PUBLICATION FOUNDATION

新马克思主义理论研究

东欧

Marx

衣俊卿◆主编

作为文化批判的审美
——赫勒美学思想研究

The Aesthetic as A Cultural Critique
—A Study of Heller's Aesthetic Thought

王　静◇著

黑龍江大學出版社
HEILONGJIANG UNIVERSITY PRESS

图书在版编目（CIP）数据

作为文化批判的审美：赫勒美学思想研究／王静
著. -- 哈尔滨：黑龙江大学出版社，2015.6（2021.7重印）
（东欧新马克思主义理论研究／衣俊卿主编）
ISBN 978 - 7 - 81129 - 677 - 8

Ⅰ. ①作… Ⅱ. ①王… Ⅲ. ①赫勒, A. - 美学思想 -
思想评论 Ⅳ. ①B83

中国版本图书馆 CIP 数据核字（2013）第 257814 号

作为文化批判的审美——赫勒美学思想研究
ZUOWEI WENHUA PIPAN DE SHENMEI——HELE MEIXUE SIXIANG YANJIU
王 静 著

责任编辑　杜红艳　梁　秋
出版发行　黑龙江大学出版社
地　　址　哈尔滨市南岗区学府三道街36号
印　　刷　三河市春园印刷有限公司
开　　本　720毫米×1000毫米　1/16
印　　张　17.5
字　　数　256千
版　　次　2015年6月第1版
印　　次　2021年7月第2次印刷
书　　号　ISBN 978 - 7 - 81129 - 677 - 8
定　　价　46.00 元

目　录

1

全面开启国外马克思主义研究的一个新领域

衣俊卿

经过较长时间的准备,黑龙江大学出版社从 2010 年起陆续推出"东欧新马克思主义译丛"和"东欧新马克思主义理论研究"丛书。作为主编,我从一开始就赋予这两套丛书以重要的学术使命:在我国学术界全面开启国外马克思主义研究的一个新领域,即东欧新马克思主义研究。

我自知,由于自身学术水平和研究能力的限制,以及所组织的翻译队伍和研究队伍等方面的原因,我们对这两套丛书不能抱过高的学术期待。实际上,我对这两套丛书的定位不是"结果"而是"开端":自觉地、系统地"开启"对东欧新马克思主义的全面研究。

策划这两部关于东欧新马克思主义的大部头丛书,并非我一时心血来潮。可以说,系统地研究东欧新马克思主义是我过去二十多年一直无法释怀的,甚至是最大的学术夙愿。这里还要说的一点是,之所以如此强调开展东欧新马克思主义研究的重要性,并非我个人的某种学术偏好,而是东欧新马克思主义自身的理论地位使然。在某种意义上可以说,全面系统地开展东欧新马克思主义研究,应当是新世纪中国学术界不容忽视的重大学术任务。基于此,我想为这两套丛书写一个较长的总序,为的是给读者和研究者提供某些参考。

一、丛书的由来

我对东欧新马克思主义的兴趣和研究始于20世纪80年代初，也即在北京大学哲学系就读期间。那时的我虽对南斯拉夫实践派产生了很大的兴趣，但苦于语言与资料的障碍，无法深入探讨。之后，适逢有机会去南斯拉夫贝尔格莱德大学哲学系进修并攻读博士学位，这样就为了却自己的这桩心愿创造了条件。1984年至1986年间，在导师穆尼什奇(Zdravko Munišić)教授的指导下，我直接接触了十几位实践派代表人物以及其他哲学家，从第一手资料到观点方面得到了他们热情而真挚的帮助和指导，用塞尔维亚文完成了博士论文《第二次世界大战后南斯拉夫哲学家建立人道主义马克思主义的尝试》。在此期间，我同时开始了对东欧新马克思主义其他代表人物的初步研究。回国后，我又断断续续地进行东欧新马克思主义研究，并有幸同移居纽约的赫勒教授建立了通信关系，在她真诚的帮助与指导下，翻译出版了她的《日常生活》一书。此外，我还陆续发表了一些关于东欧新马克思主义的研究成果，但主要是进行初步评介的工作。[①]

纵观国内学界，特别是国外马克思主义研究界，虽然除了本人以外，还有一些学者较早地涉及东欧新马克思主义的某几个代表人物，发表了一些研究成果，并把东欧新马克思主义一些代表人物

[①] 如衣俊卿：《实践派的探索与实践哲学的述评》，（台湾）森大图书有限公司1990年版；衣俊卿：《东欧的新马克思主义》，（台湾）唐山出版社1993年版；衣俊卿：《人道主义批判理论——东欧新马克思主义述评》，中国人民大学出版社2005年版；衣俊卿、陈树林主编：《当代学者视野中的马克思主义哲学·东欧和苏联学者卷》（上、下），北京师范大学出版社2008年版，以及关于科西克、赫勒、南斯拉夫实践派等的系列论文。

的部分著作陆续翻译成中文①,但是,总体上看,这些研究成果只涉及几位东欧新马克思主义代表人物,并没有建构起一个相对独立的研究领域,人们常常把关于赫勒、科西克等人的研究作为关于某一理论家的个案研究,并没有把他们置于东欧新马克思主义的历史背景和理论视野中加以把握。可以说,东欧新马克思主义研究在我国尚处于起步阶段和自发研究阶段。

我认为,目前我国的东欧新马克思主义研究状况与东欧新马克思主义在20世纪哲学社会科学,特别是在马克思主义发展中所具有的重要地位和影响力是不相称的;同时,关于东欧新马克思主义研究的缺位对于我们在全球化背景下发展具有中国特色和世界眼光的马克思主义的理论战略,也是不利的。应当说,过去30年,特别是新世纪开始的头十年,国外马克思主义研究在我国学术界已经成为最重要、最受关注的研究领域之一,不仅这一领域本身的学科建设和理论建设取得了长足的进步,而且在一定程度上还引起了哲学社会科学研究范式的改变。正是由于国外马克思主义的研究进展,使得哲学的不同分支学科之间、社会科学的不同学科之间,乃至世界问题和中国问题、世界视野和中国视野之间,开始出现相互融合和相互渗透的趋势。但是,我们必须看到,国外马克思主义研究还处于初始阶段,无论在广度上还是深度上都有很大的拓展空间。

我一直认为,在20世纪世界马克思主义研究的总体格局中,从对马克思思想的当代阐发和对当代社会的全方位批判两个方面衡量,真正能够称之为"新马克思主义"的主要有三个领域:一是我

---

① 例如,沙夫:《人的哲学》,林波等译,三联书店1963年版;沙夫:《论共产主义运动的若干问题》,奚戚等译,人民出版社1983年版;赫勒:《日常生活》,衣俊卿译,重庆出版社1990年版;赫勒:《现代性理论》,李瑞华译,商务印书馆2005年版;马尔科维奇、彼德洛维奇编:《南斯拉夫"实践派"的历史和理论》,郑一明、曲跃厚译,重庆出版社1994年版;柯拉柯夫斯基:《形而上学的恐怖》,唐少杰等译,三联书店1999年版;柯拉柯夫斯基:《宗教:如果没有上帝……》,杨德友译,三联书店1997年版等,以及黄继锋:《东欧新马克思主义》,中央编译出版社2002年版;张一兵、刘怀玉、傅其林、潘宇鹏等关于科西克、赫勒等人的研究文章。

们通常所说的西方马克思主义,主要包括以卢卡奇、科尔施、葛兰西、布洛赫为代表的早期西方马克思主义,以霍克海默、阿多诺、马尔库塞、弗洛姆、哈贝马斯等为代表的法兰克福学派,以及萨特的存在主义马克思主义、阿尔都塞的结构主义马克思主义等;二是20世纪70年代之后的新马克思主义流派,主要包括分析的马克思主义、生态学马克思主义、女权主义马克思主义、文化的马克思主义、发展理论的马克思主义、后马克思主义等;三是以南斯拉夫实践派、匈牙利布达佩斯学派、波兰和捷克斯洛伐克等国的新马克思主义者为代表的东欧新马克思主义。就这一基本格局而言,由于学术视野和其他因素的局限,我国的国外马克思主义研究呈现出发展不平衡的状态:大多数研究集中于对卢卡奇、科尔施和葛兰西等人开创的西方马克思主义流派和以生态学马克思主义、女权主义马克思主义等为代表的20世纪70、80年代之后的欧美新马克思主义流派的研究,而对于同样具有重要地位的东欧新马克思主义以及其他一些国外新马克思主义流派则较少关注。由此,东欧新马克思主义研究已经成为我国学术界关于世界马克思主义研究中的一个比较严重的“短板”。有鉴于此,我以黑龙江大学文化哲学研究中心、马克思主义哲学专业和国外马克思主义研究专业的研究人员为主,广泛吸纳国内相关领域的专家学者,组织了一个翻译、研究东欧新马克思主义的学术团队,以期在东欧新马克思主义的译介、研究方面做一些开创性的工作,填补国内学界的这一空白。2010—2015年,“译丛”预计出版40种,“理论研究”丛书预计出版20种,整个翻译和研究工程将历时多年。

以下,我根据多年来的学习、研究,就东欧新马克思主义的界定、历史沿革、理论建树、学术影响等作一简单介绍,以便丛书读者能对东欧新马克思主义有一个整体的了解。

二、东欧新马克思主义的界定

对东欧新马克思主义的范围和主要代表人物作一个基本划

界,并非轻而易举的事情。与其他一些在某一国度形成的具体的哲学社会科学理论流派相比,东欧新马克思主义要显得更为复杂,范围更为广泛。西方学术界的一些研究者或理论家从20世纪60年代后期就已经开始关注东欧新马克思主义的一些流派或理论家,并陆续对"实践派"、"布达佩斯学派",以及其他东欧新马克思主义代表人物作了不同的研究,分别出版了其中的某一流派、某一理论家的论文集或对他们进行专题研究。但是,在对东欧新马克思主义的总体梳理和划界上,西方学术界也没有形成公认的观点,而且在对东欧新马克思主义及其代表人物的界定上存在不少差异,在称谓上也各有不同,例如,"东欧的新马克思主义"、"人道主义马克思主义"、"改革主义者"、"异端理论家"、"左翼理论家"等。

近年来,我在使用"东欧新马克思主义"范畴时,特别强调其特定的内涵和规定性。我认为,不能用"东欧新马克思主义"来泛指第二次世界大战后东欧的各种马克思主义研究,我们在划定东欧新马克思主义的范围时,必须严格选取那些从基本理论取向到具体学术活动都基本符合20世纪"新马克思主义"范畴的流派和理论家。具体说来,我认为,最具代表性的东欧新马克思主义理论家应当是:南斯拉夫实践派的彼得洛维奇(Gajo Petrović,1927—1993)、马尔科维奇(Mihailo Marković,1923—2010)、弗兰尼茨基(Predrag Vranickić,1922—2002)、坎格尔加(Milan Kangrga,1923—2008)和斯托扬诺维奇(Svetozar Stojanović,1931—2010)等;匈牙利布达佩斯学派的赫勒(Agnes Heller,1929—)、费赫尔(Ferenc Feher,1933—1994)、马尔库什(György Markus,1934—)和瓦伊达(Mihaly Vajda,1935—)等;波兰的新马克思主义代表人物沙夫(Adam Schaff,1913—2006)、科拉科夫斯基(Leszak Kolakowski,1927—2009)等;捷克斯洛伐克的科西克(Karel Kosik,1926—2003)、斯维塔克(Ivan Svitak,1925—1994)等。应当说,我们可以通过上述理论家的主要理论建树,大体上建立起东欧新马克思主义的研究领域。

除了上述十几位理论家构成了东欧新马克思主义的中坚力量外，还有许多理论家也为东欧新马克思主义的发展作出了重要贡献。例如，南斯拉夫实践派的考拉奇（Veljko Korać, 1914—1991）、日沃基奇（Miladin Životić, 1930—1997）、哥鲁波维奇（Zagorka Golubović, 1930—　）、达迪奇（Ljubomir Tadić, 1925—2013）、波什尼雅克（Branko Bošnjak, 1923—1996）、苏佩克（Rudi Supek, 1913—1993）、格尔里奇（Danko Grlić, 1923—1984）、苏特里奇（Vanja Sutlić, 1925—1989）、达米尼扬诺维奇（Milan Damnjanović, 1924—1994）等，匈牙利布达佩斯学派的女社会学家马尔库什（Maria Markus, 1936—　）、赫格居什（András Hegedüs, 1922—1999）、吉什（Janos Kis, 1943—　）、塞勒尼（Ivan Szelenyi, 1938—　）、康拉德（Ceorg Konrad, 1933—　）、作家哈拉兹蒂（Miklós Haraszti, 1945—　）等，以及捷克斯洛伐克的人道主义马克思主义理论家马霍韦茨（Milan Machovec, 1925—2003）等。考虑到其理论活跃度、国际学术影响力和参与度等因素，也考虑到目前关于东欧新马克思主义研究力量的限度，我们一般没有把他们列入东欧新马克思主义的主要研究对象。

这些哲学家分属不同的国度，各有不同的研究领域，但是，共同的历史背景、共同的理论渊源、共同的文化境遇以及共同的学术活动形成了他们共同的学术追求和理论定位，使他们形成了一个以人道主义批判理论为基本特征的新马克思主义学术群体。

首先，东欧新马克思主义产生于第二次世界大战后东欧各国的社会主义改革进程中，他们在某种意义上都是改革的理论家和积极支持者。众所周知，第二次世界大战后，东欧各国普遍经历了"斯大林化"进程，普遍确立了以高度的计划经济和中央集权体制为特征的苏联社会主义模式或斯大林的社会主义模式，而20世纪五六十年代东欧一些国家的社会主义改革从根本上都是要冲破苏联社会主义模式的束缚，强调社会主义的人道主义和民主的特征，以及工人自治的要求。在这种意义上，东欧新马克思主义主要产生于南斯拉夫、匈牙利、波兰和捷克斯洛伐克四国,就不是偶然的事情了。因为,1948年至1968年的20年间,标志着东欧社会主义改革艰巨历程的苏南冲突、波兹南事件、匈牙利事件、"布拉格之春"几个重大的世界性历史事件刚好在这四个国家中发生,上述东欧新马克思主义者都是这一改革进程中的重要理论家,他们从青年马克思的人道主义实践哲学立场出发,反思和批判苏联高度集权的社会主义模式,强调社会主义改革的必要性。

其次,东欧新马克思主义都具有比较深厚的马克思思想理论传统和开阔的现时代的批判视野。通常我们在使用"东欧新马克思主义"的范畴时是有严格限定条件的,只有那些既具有马克思的思想理论传统,在新的历史条件下对马克思关于人和世界的理论进行新的解释和拓展,同时又具有马克思理论的实践本性和批判维度,对当代社会进程进行深刻反思和批判的理论流派或学说,才能冠之以"新马克思主义"。可以肯定地说,我们上述开列的南斯拉夫、匈牙利、波兰和捷克斯洛伐克四国的十几位著名理论家符合这两个方面的要件。一方面,这些理论家都具有深厚的马克思主义思想传统,特别是青年马克思的实践哲学或者批判的人本主义思想对他们影响很大,例如,实践派的兴起与马克思《1844年经济学哲学手稿》的塞尔维亚文版1953年在南斯拉夫出版有直接的关系。另一方面,绝大多数东欧新马克思主义理论家都直接或间接地受卢卡奇、布洛赫、列菲伏尔、马尔库塞、弗洛姆、哥德曼等人带有人道主义特征的马克思主义理解的影响,其中,布达佩斯学派的主要成员就是由卢卡奇的学生组成的。东欧新马克思主义代表人物像西方马克思主义代表人物一样,高度关注技术理性批判、意识形态批判、大众文化批判、现代性批判等当代重大理论问题和实践问题。

再次,东欧新马克思主义主要代表人物曾经组织了一系列国际性学术活动,这些由东欧新马克思主义代表人物、西方马克思主义代表人物,以及其他一些马克思主义者参加的活动进一步形成了东欧新马克思主义的共同的人道主义理论定向，提升了他们的国际影响力。上述我们划定的十几位理论家分属四个国度，而且所面临的具体处境和社会问题也不尽相同，但是，他们并非彼此孤立、各自独立活动的专家学者。实际上，他们不仅具有相同的或相近的理论立场，而且在相当一段时间内或者在很多场合内共同发起、组织和参与了20世纪六七十年代一些重要的世界性马克思主义研究活动。这里特别要提到的是南斯拉夫实践派在组织东欧新马克思主义和西方马克思主义交流和对话中的独特作用。从20世纪60年代中期到70年代中期，南斯拉夫实践派哲学家创办了著名的《实践》杂志（PRAXIS，1964—1974）和科尔丘拉夏令学园（Korčulavska ljetnja Škola，1963—1973）。10年间他们举办了10次国际讨论会，围绕着国家、政党、官僚制、分工、商品生产、技术理性、文化、当代世界的异化、社会主义的民主与自治等一系列重大的现实问题进行深入探讨，百余名东欧新马克思主义者、西方马克思主义理论家和其他东西方马克思主义研究者参加了讨论。特别要提到的是，布洛赫、列菲伏尔、马尔库塞、弗洛姆、哥德曼、马勒、哈贝马斯等西方著名马克思主义者和赫勒、马尔库什、科拉科夫斯基、科西克、实践派哲学家以及其他东欧新马克思主义者成为《实践》杂志国际编委会成员和科尔丘拉夏令学园的国际学术讨论会的积极参加者。卢卡奇未能参加讨论会，但他生前也曾担任《实践》杂志国际编委会成员。20世纪后期，由于各种原因东欧新马克思主义的主要代表人物或是直接移居西方或是辗转进入国际学术或教学领域，即使在这种情况下，东欧新马克思主义主要流派依旧进行许多合作性的学术活动或学术研究。例如，在《实践》杂志被迫停刊的情况下，以马尔科维奇为代表的一部分实践派代表人物于1981年在英国牛津创办了《实践（国际）》（PRAXIS INTERNATIONAL）杂志，布达佩斯学派的主要成员则多次合作推出一些共同的研究成果。① 相近的理论立场和共同活动的开展,使东欧新马克思主义成为一种有机的、类型化的新马克思主义。

三、东欧新马克思主义的历史沿革

我们可以粗略地以 20 世纪 70 年代中期为时间点,将东欧新马克思主义的发展历程划分为两大阶段:第一个阶段是东欧新马克思主义主要流派和主要代表人物在东欧各国从事理论活动的时期,第二个阶段是许多东欧新马克思主义者在西欧和英美直接参加国际学术活动的时期。具体情况如下:

20 世纪 50 年代到 70 年代中期,是东欧新马克思主义主要流派和主要代表人物在东欧各国从事理论活动的时期,也是他们比较集中、比较自觉地建构人道主义的马克思主义的时期。可以说,这一时期的成果相应地构成了东欧新马克思主义的典型的或代表性的理论观点。这一时期的突出特点是东欧新马克思主义主要代表人物的理论活动直接同东欧的社会主义实践交织在一起。他们批判自然辩证法、反映论和经济决定论等观点,打破在社会主义国家中占统治地位的斯大林主义的理论模式,同时,也批判现存的官僚社会主义或国家社会主义关系,以及封闭的和落后的文化,力图在现存社会主义条件下,努力发展自由的创造性的个体,建立民主的、人道的、自治的社会主义。以此为基础,东欧新马克思主义积极发展和弘扬革命的和批判的人道主义马克思主义,他们一方面以独特的方式确立了人本主义马克思主义的立场,如实践派的"实践哲学"或"革命思想"、科西克的"具体的辩证法"、布达佩斯学派

---

① 例如,Agnes Heller, *Lukács Revalued*, Oxford:Basil Blackwell Publisher, 1983;Ference Feher, Agnes Heller and György Markus, *Dictatorship over Needs*, New York:St. Martin's Press, 1983;Agnes Heller and Ferenc Feher, *Reconstructing Aesthetics – Writings of the Budapest School*, New York:Blackwell, 1986;J. Grumley, P. Crittenden and P Johnson eds., *Culture and Enlightenment:Essays for György Markus*, Hampshire:Ashgate Publishing Limited,2002 等。

的需要革命理论等等;另一方面以异化理论为依据,密切关注人类的普遍困境,像西方人本主义思想家一样,对于官僚政治、意识形态、技术理性、大众文化等异化的社会力量进行了深刻的批判。这一时期,东欧新马克思主义代表人物展示出比较强的理论创造力,推出了一批有影响的理论著作,例如,科西克的《具体的辩证法》、沙夫的《人的哲学》和《马克思主义与人类个体》、科拉科夫斯基的《走向马克思主义的人道主义》、赫勒的《日常生活》和《马克思的需要理论》、马尔库什的《马克思主义与人类学》、彼得洛维奇的《哲学与马克思主义》和《哲学与革命》、马尔科维奇的《人道主义和辩证法》、弗兰尼茨基的《马克思主义和社会主义》等。

20 世纪 70 年代中后期以来,东欧新马克思主义的基本特点是不再作为自觉的学术流派围绕共同的话题而开展学术研究,而是逐步超出东欧的范围,通过移民或学术交流的方式分散在英美、澳大利亚、德国等地,汇入到西方各种新马克思主义流派或左翼激进主义思潮之中,他们作为个体,在不同的国家和地区分别参与国际范围内的学术研究和社会批判,并直接以英文、德文、法文等发表学术著作。大体说来,这一时期,东欧新马克思主义的主要代表人物的理论热点,主要体现在两个大的方面:从一个方面来看,马克思主义和社会主义依旧是东欧新马克思主义理论家关注的重要主题之一。他们在新的语境中继续研究和反思传统马克思主义和苏联模式的社会主义实践,并且陆续出版了一些有影响的学术著作,例如,科拉科夫斯基的三卷本《马克思主义的主要流派》、沙夫的《处在十字路口的共产主义运动》①、斯托扬诺维奇的《南斯拉夫的垮台:为什么共产主义会失败》、马尔科维奇的《民主社会主义:理论与实践》、瓦伊达的《国家和社会主义:政治学论文集》、马尔库什的《困难的过渡:中欧和东欧的社会民主》、费赫尔的《东欧的危机

---

① 参见该书的中文译本——沙夫:《论共产主义运动的若干问题》,奚戚等译,人民出版社 1983 年版。

和改革》等。但是,从另一方面看,东欧新马克思主义理论家,特别是以赫勒为代表的布达佩斯学派成员,以及沙夫和科拉科夫斯基等人,把主要注意力越来越多地投向20世纪70年代以来西方其他新马克思主义流派和左翼激进思想家所关注的文化批判和社会批判主题,特别是政治哲学的主题,例如,启蒙与现代性批判、后现代政治状况、生态问题、文化批判、激进哲学等。他们的一些著作具有重要的学术影响,例如,沙夫作为罗马俱乐部成员同他人一起主编的《微电子学与社会》和《全球人道主义》、科拉科夫斯基的《经受无穷拷问的现代性》等。这里特别要突出强调的是布达佩斯学派的主要成员,他们的研究已经构成了过去几十年西方左翼激进主义批判理论思潮的重要组成部分,例如,赫勒独自撰写或与他人合写的《现代性理论》、《激进哲学》、《后现代政治状况》、《现代性能够幸存吗?》等,费赫尔主编或撰写的《法国大革命与现代性的诞生》、《生态政治学:公共政策和社会福利》等,马尔库什的《语言与生产:范式批判》等。

四、东欧新马克思主义的理论建树

通过上述历史沿革的描述,我们可以发现一个很有趣的现象:东欧新马克思主义发展的第一个阶段大体上是与典型的西方马克思主义处在同一个时期;而第二个阶段又是与20世纪70年代以后的各种新马克思主义相互交织的时期。这样,东欧新马克思主义就同另外两种主要的新马克思主义构成奇特的交互关系,形成了相互影响的关系。关于东欧新马克思主义的学术建树和理论贡献,不同的研究者有不同的评价,其中有些偶尔从某一个侧面涉猎东欧新马克思主义的研究者,由于无法了解东欧新马克思主义的全貌和理论独特性,片面地断言:东欧新马克思主义不过是以卢卡奇等人为代表的西方马克思主义的一个简单的附属物、衍生产品或边缘性、枝节性的延伸,没有什么独特的理论创造和理论地位。

这显然是一种表面化的理论误解，需要加以澄清。

在这里，我想把东欧新马克思主义置于20世纪的新马克思主义的大格局中加以比较研究，主要是将其与西方马克思主义和20世纪70年代之后的新马克思主义流派加以比较，以把握其独特的理论贡献和理论特色。从总体上看，东欧新马克思主义的理论旨趣和实践关怀与其他新马克思主义在基本方向上大体一致，然而，东欧新马克思主义具有东欧社会主义进程和世界历史进程的双重背景，这种历史体验的独特性使他们在理论层面上既有比较坚实的马克思思想传统，又有对当今世界和人的生存的现实思考，在实践层面上，既有对社会主义建立及其改革进程的亲历，又有对现代性语境中的社会文化问题的批判分析。基于这种定位，我认为，研究东欧新马克思主义，在总体上要特别关注其三个理论特色。

其一，对马克思思想独特的、深刻的阐述。虽然所有新马克思主义都不可否认具有马克思的思想传统，但是，如果我们细分析，就会发现，除了卢卡奇的主客体统一的辩证法、葛兰西的实践哲学等，大多数西方马克思主义者并没有对马克思的思想、更不要说20世纪70年代以后的新马克思主义流派作出集中的、系统的和独特的阐述。他们的主要兴奋点是结合当今世界的问题和人的生存困境去补充、修正或重新解释马克思的某些论点。相比之下，东欧新马克思主义理论家对马克思思想的阐述最为系统和集中，这一方面得益于这些理论家的马克思主义理论基础，包括早期的传统马克思主义的知识积累和20世纪50年代之后对青年马克思思想的系统研究，另一方面得益于东欧理论家和思想家特有的理论思维能力和悟性。关于东欧新马克思主义理论家在马克思思想及马克思主义理论方面的功底和功力，我们可以提及两套尽管引起很大争议，但是产生了很大影响的研究马克思主义历史的著作，一是弗兰尼茨基的三卷本《马克思主义史》①，二是科拉科夫斯基的三卷本《马克思主义的主要流派》②。甚至当科拉科夫斯基在晚年宣布"放弃了马克思"后，我们依旧不难在他的理论中看到马克思思想的深刻影响。

在这一点上，可以说，差不多大多数东欧新马克思主义理论家都曾集中精力对马克思的思想作系统的研究和新的阐释。其中特别要提到的应当是如下几种关于马克思思想的独特阐述：一是科西克在《具体的辩证法》中对马克思实践哲学的独特解读和理论建构，其理论深度和哲学视野在 20 世纪关于实践哲学的各种理论建构中毫无疑问应当占有重要的地位；二是沙夫在《人的哲学》、《马克思主义与人类个体》和《作为社会现象的异化》几部著作中通过对异化、物化和对象化问题的细致分析，建立起一种以人的问题为核心的人道主义马克思主义理解；三是南斯拉夫实践派关于马克思实践哲学的阐述，尤其是彼得洛维奇的《哲学与马克思主义》、《哲学与革命》和《革命思想》，马尔科维奇的《人道主义和辩证法》，坎格尔加的《卡尔·马克思著作中的伦理学问题》等著作从不同侧面提供了当代关于马克思实践哲学最为系统的建构与表述；四是赫勒的《马克思的需要理论》、《日常生活》和马尔库什的《马克思主义与人类学》在宏观视角与微观视角相结合的视阈中，围绕着人类学生存结构、需要的革命和日常生活的人道化，对马克思关于人的问题作了深刻而独特的阐述，并探讨了关于人的解放的独特思路。正如赫勒所言："社会变革无法仅仅在宏观尺度上得以实现，进而，人的态度上的改变无论好坏都是所有变革的内在组成部

---

① Predrag Vranicki, *Historija Marksizma*, Ⅰ，Ⅱ，Ⅲ, Zagreb：Naprijed, 1978. 参见普雷德腊格·弗兰尼茨基：《马克思主义史》(Ⅰ、Ⅱ、Ⅲ)，李嘉恩等译，人民出版社 1986、1988、1992 年版。

② Leszek Kolakowski, *Main Currents of Marxism*, 3 vols., Oxford：Oxford University Press, 1978.

分。"①

其二,对社会主义理论和实践、历史和命运的反思,特别是对社会主义改革的理论设计。社会主义理论与实践是所有新马克思主义以不同方式共同关注的课题,因为它代表了马克思思想的最重要的实践维度。但坦率地讲,西方马克思主义理论家和20世纪70年代之后的新马克思主义流派在社会主义问题上并不具有最有说服力的发言权,他们对以苏联为代表的现存社会主义体制的批判往往表现为外在的观照和反思,而他们所设想的民主社会主义、生态社会主义等模式,也主要局限于西方发达社会中的某些社会历史现象。毫无疑问,探讨社会主义的理论和实践问题,如果不把几乎贯穿于整个20世纪的社会主义实践纳入视野,加以深刻分析,是很难形成有说服力的见解的。在这方面,东欧新马克思主义理论家具有独特的优势,他们大多是苏南冲突、波兹南事件、匈牙利事件、"布拉格之春"这些重大历史事件的亲历者,也是社会主义自治实践、"具有人道特征的社会主义"等改革实践的直接参与者,甚至在某种意义上是理论设计者。东欧新马克思主义理论家对社会主义的理论探讨是多方面的,首先值得特别关注的是他们结合社会主义的改革实践,对社会主义的本质特征的阐述。从总体上看,他们大多致力于批判当时东欧国家的官僚社会主义或国家社会主义,以及封闭的和落后的文化,力图在当时的社会主义条件下,努力发展自由的创造性的个体,建立民主的、人道的、自治的社会主义。在这方面,弗兰尼茨基的理论建树最具影响力,在《马克思主义和社会主义》和《作为不断革命的自治》两部代表作中,他从一般到个别、从理论到实践,深刻地批判了国家社会主义模式,表述了社会主义异化论思想,揭示了社会主义的人道主义性质。他认为,以生产者自治为特征的社会主义"本质上是一种历史的、新

---

① Agnes Heller, *Everyday Life*, London and New York: Routledge and Kegan Paul, 1984, p. x.

型民主的发展和加深"①。此外,从 20 世纪 80 年代起,特别是在 20 世纪 90 年代后,很多东欧新马克思主义理论家对苏联解体和东欧剧变作了多视角的、近距离的反思,例如,沙夫的《处在十字路口的共产主义运动》,费赫尔的《戈尔巴乔夫时期苏联体制的危机和危机的解决》,马尔库什的《困难的过渡:中欧和东欧的社会民主》,斯托扬诺维奇的《南斯拉夫的垮台:为什么共产主义会失败》、《塞尔维亚:民主的革命》等。

其三,对于现代性的独特的理论反思。如前所述,20 世纪 80 年代以来,东欧新马克思主义理论家把主要注意力越来越多地投向 20 世纪 70 年代以来西方其他新马克思主义流派和左翼激进思想家所关注的文化批判和社会批判主题。在这一研究领域中,东欧新马克思主义理论家的独特性在于,他们在阐释马克思思想时所形成的理论视野,以及对社会主义历史命运和发达工业社会进行综合思考时所形成的社会批判视野,构成了特有的深刻的理论内涵。例如,赫勒在《激进哲学》,以及她与费赫尔、马尔库什等合写的《对需要的专政》等著作中,用他们对马克思的需要理论的理解为背景,以需要结构贯穿对发达工业社会和现存社会主义社会的分析,形成了以激进需要为核心的政治哲学视野。赫勒在《历史理论》、《现代性理论》、《现代性能够幸存吗?》以及她与费赫尔合著的《后现代政治状况》等著作中,建立了一种独特的现代性理论。同一般的后现代理论的现代性批判相比,这一现代性理论具有比较厚重的理论内涵,用赫勒的话来说,它既包含对各种关于现代性的理论的反思维度,也包括作者个人以及其他现代人关于"大屠杀"、"极权主义独裁"等事件的体验和其他"现代性经验"②,在我看来,其理论厚度和深刻性只有像哈贝马斯这样的少数理论家才

① Predrag Vranicki, Socijalistička revolucija——O čemu je riječ? *Kulturni radnik*, No. 1, 1987, p.19.

② 参见阿格尼丝·赫勒:《现代性理论》,李瑞华译,商务印书馆 2005 年版,第 1、3、4 页。

能达到。

从上述理论特色的分析可以看出，无论从对马克思思想的当代阐发、对社会主义改革的理论探索，还是对当代社会的全方位批判等方面来看，东欧新马克思主义都是20世纪一种典型意义上的新马克思主义，在某种意义上可以断言，它是西方马克思主义之外一种最有影响力的新马克思主义类型。相比之下，20世纪许多与马克思思想或马克思主义有某种关联的理论流派或实践方案都不具备像东欧新马克思主义这样的学术地位和理论影响力，它们甚至构不成一种典型的"新马克思主义"。例如，欧洲共产主义等社会主义探索，它们主要涉及实践层面的具体操作，而缺少比较系统的马克思主义理论传统；再如，一些偶尔涉猎马克思思想或对马克思表达敬意的理论家，他们只是把马克思思想作为自己的某一方面的理论资源，而不是马克思理论的传人；甚至包括日本、美国等一些国家的学院派学者，他们对马克思的文本进行了细微的解读，虽然人们也常常在宽泛的意义上称他们为"新马克思主义者"，但是，同具有理论和实践双重维度的马克思主义传统的理论流派相比，他们还不能称做严格意义上的"新马克思主义者"。

五、东欧新马克思主义的学术影响

在分析了东欧新马克思主义的理论建树和理论特色之后，我们还可以从一些重要思想家对东欧新马克思主义的关注和评价的视角把握它的学术影响力。在这里，我们不准备作有关东欧新马克思主义研究的详细文献分析，而只是简要地提及一下弗洛姆、哈贝马斯等重要思想家对东欧新马克思主义的重视。

应该说，大约在20世纪60年代中期，即东欧新马克思主义形成并产生影响的时期，其理论已经开始受到国际学术界的关注。20世纪70年代之前东欧新马克思主义者主要在本国从事学术研究，他们深受卢卡奇、布洛赫、马尔库塞、弗洛姆、哥德曼等西方马克思主义者的影响。然而，即使在这一时期，东欧新马克思主义同西方马克思主义，特别是同法兰克福学派的关系也带有明显的交互性。如上所述，从 20 世纪 60 年代中期到 70 年代中期，由《实践》杂志和科尔丘拉夏令学园所搭建的学术论坛是当时世界上最大的、最有影响力的东欧新马克思主义和西方马克思主义的学术活动平台。这个平台改变了东欧新马克思主义者单纯受西方人本主义马克思主义者影响的局面，推动了东欧新马克思主义和西方马克思主义者的相互影响与合作。布洛赫、列菲伏尔、马尔库塞、弗洛姆、哥德曼等一些著名西方马克思主义者不仅参加了实践派所组织的重要学术活动，而且开始高度重视实践派等东欧新马克思主义理论家。这里特别要提到的是弗洛姆，他对东欧新马克思主义给予高度重视和评价。1965 年弗洛姆主编出版了哲学论文集《社会主义的人道主义》，在所收录的包括布洛赫、马尔库塞、弗洛姆、哥德曼、德拉·沃尔佩等著名西方马克思主义代表人物文章在内的共 35 篇论文中，东欧新马克思主义理论家的文章就占了 10 篇——包括波兰的沙夫，捷克斯洛伐克的科西克、斯维塔克、普鲁查，南斯拉夫的考拉奇、马尔科维奇、别约维奇、彼得洛维奇、苏佩克和弗兰尼茨基等哲学家的论文。[1] 1970 年，弗洛姆为沙夫的《马克思主义与人类个体》作序，他指出，沙夫在这本书中，探讨了人、个体主义、生存的意义、生活规范等被传统马克思主义忽略的问题，因此，这本书的问世无论对于波兰还是对于西方学术界正确理解马克思的思想，都是"一件重大的事情"[2]。1974 年，弗洛姆为马尔科维奇关于哲学和社会批判的论文集写了序言，他特别肯定和赞扬了马尔科维奇和南斯拉夫实践派其他成员在反对教条主义、"回到真正的马克思"方面所作的努力和贡献。弗洛姆强调，在南

---

① Erich Fromm, ed. , *Socialist Humanism: An International Symposium*, New York: Doubleday, 1965.

② Adam Schaff, *Marxism and the Human Individual*, New York: McGraw - Hill Book Company, 1970, p. ix.

斯拉夫、波兰、匈牙利和捷克斯洛伐克都有一些人道主义马克思主义理论家,而南斯拉夫的突出特点在于:"对真正的马克思主义的重建和发展不只是个别的哲学家的关注点,而且已经成为由南斯拉夫不同大学的教授所形成的一个比较大的学术团体的关切和一生的工作。"①

20世纪70年代后期以来,汇入国际学术研究之中的东欧新马克思主义代表人物(包括继续留在本国的科西克和一部分实践派哲学家),在国际学术领域,特别是国际马克思主义研究中,具有越来越大的影响,占据独特的地位。他们于20世纪60年代至70年代创作的一些重要著作陆续翻译成西方文字出版,有些著作,如科西克的《具体的辩证法》等,甚至被翻译成十几国语言。一些研究者还通过编撰论文集等方式集中推介东欧新马克思主义的研究成果。例如,美国学者谢尔1978年翻译和编辑出版了《马克思主义人道主义和实践》,这是精选的南斯拉夫实践派哲学家的论文集,收录了彼得洛维奇、马尔科维奇、弗兰尼茨基、斯托扬诺维奇、达迪奇、苏佩克、格尔里奇、坎格尔加、日沃基奇、哥鲁波维奇等10名实践派代表人物的论文。② 英国著名马克思主义社会学家波塔默1988年主编了《对马克思的解释》一书,其中收录了卢卡奇、葛兰西、阿尔都塞、哥德曼、哈贝马斯等西方马克思主义著名代表人物的论文,同时收录了彼得洛维奇、斯托扬诺维奇、赫勒、赫格居什、科拉科夫斯基等5位东欧新马克思主义著名代表人物的论文。③此外,一些专门研究东欧新马克思主义某一代表人物的专著也陆

① Mihailo Marković, *From Affluence to Praxis:Philosophy and Social Criticism*, The University of Michigan Press, 1974, p. vi.

② Gerson S. Sher,ed. ,*Marxist Humanism and Praxis*, New York: Prometheus Books, 1978.

③ Tom Bottomore, ed. , *Interpretations of Marx*, Oxford UK, New York USA: Basil Blackwell, 1988.

续出版。① 同时，东欧新马克思主义代表人物陆续发表了许多在国际学术领域产生重大影响的学术著作，例如，科拉科夫斯基的三卷本《马克思主义的主要流派》②于 20 世纪 70 年代末在英国发表后，很快就被翻译成多种语言，在国际学术界产生很大反响，迅速成为最有影响的马克思主义哲学史研究成果之一。布达佩斯学派的赫勒、费赫尔、马尔库什和瓦伊达，实践派的马尔科维奇、斯托扬诺维奇等人，都与科拉科夫斯基、沙夫等人一样，是 20 世纪 80 年代以后国际学术界十分有影响的新马克思主义理论家，而且一直活跃到目前。③ 其中，赫勒尤其活跃，20 世纪 80 年代后陆续发表了关于历史哲学、道德哲学、审美哲学、政治哲学、现代性和后现代性问题等方面的著作十余部，于 1981 年在联邦德国获莱辛奖，1995 年在不莱梅获汉娜·阿伦特政治哲学奖（Hannah Arendt Prize for Political Philosophy），2006 年在丹麦哥本哈根大学获松宁奖（Sonning Prize）。

应当说，过去 30 多年，一些东欧新马克思主义主要代表人物已经得到国际学术界的广泛承认。限于篇幅，我们在这里无法一一梳理关于东欧新马克思主义的研究状况，可以举一个例子加以说明：从 20 世纪 60 年代末起，哈贝马斯就在自己的多部著作中引用东欧新马克思主义理论家的观点，例如，他在《认识与兴趣》中提到了科西克、彼得洛维奇等人所代表的东欧社会主义国家中的"马克思主义的现象学"倾向④，在《交往行动理论》中引用了赫勒和马

---

① 例如，John Burnheim, *The Social Philosophy of Agnes Heller*, Amsterdam-Atlanta：Rodopi B. V. , 1994；John Grumley, *Agnes Heller：A Moralist in the Vortex of History*, London：Pluto Press, 2005，等等。

② Leszek Kolakowski, *Main Currents of Marxism*, 3 vols. , Oxford：Clarendon Press, 1978.

③ 其中，沙夫于 2006 年去世，坎格尔加于 2008 年去世，科拉科夫斯基于 2009 年去世，马尔科维奇和斯托扬诺维奇于 2010 年去世。

④ 参见哈贝马斯：《认识与兴趣》，郭官义、李黎译，学林出版社 1999 年版，第 24、59 页。

尔库什的观点①,在《现代性的哲学话语》中讨论了赫勒的日常生活批判思想和马尔库什关于人的对象世界的论述②,在《后形而上学思想》中提到了科拉科夫斯基关于哲学的理解③,等等。这些都说明东欧新马克思主义的理论建树已经真正进入到20世纪(包括新世纪)国际学术研究和学术交流领域。

六、东欧新马克思主义研究的思路

通过上述关于东欧新马克思主义的多维度分析,不难看出,在我国学术界全面开启东欧新马克思主义研究领域的意义已经不言自明了。应当看到,在全球一体化的进程中,中国的综合实力和国际地位不断提升,但所面临的发展压力和困难也越来越大。在此背景下,中国的马克思主义理论研究者进一步丰富和发展马克思主义的任务越来越重,情况也越来越复杂。无论是发展中国特色、中国风格、中国气派的马克思主义,还是"大力推进马克思主义中国化、时代化、大众化",都不能停留于中国的语境中,不能停留于一般地坚持马克思主义立场,而必须学会在纷繁复杂的国际形势中,在应对人类所面临的日益复杂的理论问题和实践问题中,坚持和发展具有世界眼光和时代特色的马克思主义,以争得理论和学术上的制高点和话语权。

在丰富和发展马克思主义的过程中,世界眼光和时代特色的形成不仅需要我们对人类所面临的各种重大问题进行深刻分析,还需要我们自觉地、勇敢地、主动地同国际上各种有影响的学术观

---

① 参见哈贝马斯:《交往行动理论》第2卷,洪佩郁、蔺青译,重庆出版社1994年版,第545、552页,即"人名索引"中的信息,其中马尔库什被译作"马尔库斯"(按照匈牙利语的发音,译作"马尔库什"更为准确)。

② 参见哈贝马斯:《现代性的哲学话语》,曹卫东等译,译林出版社2004年版,第88、90~95页,这里马尔库什同样被译作"马尔库斯"。

③ 参见哈贝马斯:《后形而上学思想》,曹卫东、付德根译,译林出版社2001年版,第36~37页。

点和理论思想展开积极的对话、交流和交锋。这其中,要特别重视各种新马克思主义流派所提供的重要的理论资源和思想资源。我们知道,马克思主义诞生后的一百多年来,人类社会经历了两次世界大战的浩劫,经历了资本主义和社会主义跌宕起伏的发展历程,经历了科学技术日新月异的进步。但是,无论人类历史经历了怎样的变化,马克思主义始终是世界思想界难以回避的强大"磁场"。当代各种新马克思主义流派的不断涌现,从一个重要的方面证明了马克思主义的生命力和创造力。尽管这些新马克思主义的理论存在很多局限性,甚至存在着偏离马克思主义的失误和错误,需要我们去认真甄别和批判,但是,同其他各种哲学社会科学思潮相比,各种新马克思主义对发达资本主义的批判,对当代人类的生存困境和发展难题的揭示最为深刻、最为全面、最为彻底,这些理论资源和思想资源对于我们的借鉴意义和价值也最大。其中,我们应该特别关注东欧新马克思主义。众所周知,中国曾照搬苏联的社会主义模式,接受苏联哲学教科书的马克思主义理论体系;在社会主义的改革实践中,也曾经与东欧各国有着共同的或者相关的经历,因此,从东欧新马克思主义的理论探索中我们可以吸收的理论资源、可以借鉴的经验教训会更多。

鉴于我们所推出的"东欧新马克思主义译丛"和"东欧新马克思主义理论研究"丛书尚属于这一研究领域的基础性工作,因此,我们的基本研究思路,或者说,我们坚持的研究原则主要有两点。一是坚持全面准确地了解的原则,即是说,通过这两套丛书,要尽可能准确地展示东欧新马克思主义的全貌。具体说来,由于东欧新马克思主义理论家人数众多,著述十分丰富,"译丛"不可能全部翻译,只能集中于上述所划定的十几位主要代表人物的代表作。在这里,要确保东欧新马克思主义主要代表人物最有影响的著作不被遗漏,不仅要包括与我们的观点接近的著作,也要包括那些与我们的观点相左的著作。以科拉科夫斯基《马克思主义的主要流派》为例,他在这部著作中对不同阶段的马克思主义发展进行了很多批评和批判,其中有一些观点是我们所不能接受的,必须加以分析批判。尽管如此,它是东欧新马克思主义影响最为广泛的著作之一,如果不把这样的著作纳入"译丛"之中,如果不直接同这样有影响的理论成果进行对话和交锋,那么我们对东欧新马克思主义的理解将会有很大的片面性。二是坚持分析、批判、借鉴的原则,即是说,要把东欧新马克思主义的理论观点置于马克思主义的理论发展进程中,置于社会主义实践探索中,置于 20 世纪人类所面临的重大问题中,置于同其他新马克思主义和其他哲学社会科学理论的比较中,加以理解、把握、分析、批判和借鉴。因此,我们将在每一本译著的译序中尽量引入理论分析的视野,而在"理论研究"中,更要引入批判性分析的视野。只有这种积极对话的态度,才能使我们对东欧新马克思主义的研究不是为了研究而研究、为了翻译而翻译,而是真正成为我国在新世纪实施的马克思主义理论研究和建设工程的有机组成部分。

在结束这篇略显冗长的"总序"时,我非但没有一种释然和轻松,反而平添了更多的沉重和压力。开辟东欧新马克思主义研究这样一个全新的学术领域,对我本人有限的能力和精力来说是一个前所未有的考验,而我组织的翻译队伍和研究队伍,虽然包括一些有经验的翻译人才,但主要是依托黑龙江大学文化哲学研究中心、马克思主义哲学专业和国外马克思主义研究专业博士学位点等学术平台而形成的一支年轻的队伍,带领这样一支队伍去打一场学术研究和理论探索的硬仗,我感到一种悲壮和痛苦。我深知,随着这两套丛书的陆续问世,我们将面对的不会是掌声,可能是批评和质疑,因为,无论是"译丛"还是"理论研究"丛书,错误和局限都在所难免。好在我从一开始就把对这两套丛书的学术期待定位于一种"开端"(开始)而不是"结果"(结束)——我始终相信,一旦东欧新马克思主义研究领域被自觉地开启,肯定会有更多更具才华更有实力的研究者进入这个领域;好在我一直坚信,哲学总在途中,是一条永走不尽的生存之路,哲学之路是一条充盈着生命冲动的创新之路,也是一条上下求索的艰辛之路,踏上哲学之路的人们不仅要挑战智慧的极限,而且要有执著的、痛苦的生命意识,要有对生命的挚爱和勇于奉献的热忱。因此,既然选择了理论,选择了精神,无论是万水千山,还是千难万险,在哲学之路上我们都将义无反顾地跋涉……

导 论 现代性危机中
"作为文化批判"的审美构想

　　20 世纪是一个风云变幻的时代,西方文明经历了深刻的文化危机,身处危机的人们深刻地感受到了"无家可归"的痛苦,真正体验到了"文化冲突时期由于人类精神嬗变而引发的前所未有的伟大生命价值和意义"①。面对着现代性所带来的工具理性主义与人本主义精神之间的张力和冲突,许多思想家都敏锐地开始关注工具理性统治下人在历史中的地位问题。许多思想家追问:谁将把我们从西方发达工业文明的奴役中拯救出来?面对着这种文化焦虑,知识精英们不仅以感性的方式去体验现代文化的危机,做出直觉的反应,而且他们还以自觉的理性反思对西方文化做出批判。在这种社会文化背景和学术背景下,东欧新马克思主义重要代表人物阿格妮丝·赫勒作为一名有责任感的现代知识分子,从"作为文化批判"的审美视角出发,积极探寻改变人的存在状况,实现人类解放的良药。

一、文化批判视角下的赫勒美学思想

　　同样的社会问题、同样的生存境遇,引发了哲学、社会学、美学等各领域的思想家对现代理性主义文化所做的不同向度的思考。就文化批判理论来说,以理性主义文化批判为主题,形成了具有不同价值取向、不同视野的文化批判群体。我国学者衣俊卿教授总结了 20 世纪西方最有影响的几种文化思潮②:

---

① 衣俊卿:《文化哲学》,云南人民出版社 2005 年版,第 120 页。
② 参见衣俊卿:《文化哲学》,云南人民出版社 2005 年版,第 174～193 页。

1.以叔本华、克尔恺郭尔、尼采、海德格尔和萨特为代表的存在主义思潮。他们向人们揭示了工具理性统治下的人的生存境遇。技术理性的发展导致了人的工具化,人生活在一个完全物化了的世界,孤独、有限、缺憾是人类摆脱不掉的命定状态。但人不是被动的存在物,人同时是有自由个性的个体,由此出发,存在主义高扬人的自由意识和历史责任感,试图通过强化人自身的批判力量和创造力量来帮助人们走出生存困境。

2.以斯宾格勒、汤因比和雅斯贝尔斯为代表的现代历史哲学的文化批判理论。他们依据文化形态史观对20世纪理性主义文化进行了深刻的分析和批判。强调历史的本质是文化的,把文化、精神和人的自由紧密结合起来,呼唤一种沉重的历史责任感,体现了对自由和人性的关切。

3.西方马克思主义的文化批判理论。卢卡奇、科尔施、葛兰西、布洛赫,以及以霍克海默、阿多诺、马尔库塞、弗洛姆、哈贝马斯为代表的法兰克福学派、列斐伏尔、萨特等共同构成了当代西方马克思主义的强大阵容。他们从关注于暴力革命转向了深刻的总体性革命,面临西方的文化危机和文化焦虑,进行全方位的意识形态批判、大众文化批判、工具理性批判等,着眼点在于实现人的生存意义和生存价值。

4.后现代主义的文化批判思潮。以利奥塔、福柯、德里达为代表,强调一种激进的否定原则,取消了自由解放和真理的宏大叙事,消解了终极价值等文化信念,确立了一种激进的文化批判精神。

另外,在美学领域,思想家开展了与启蒙现代性相对立的审美现代性批判。美学家一方面从经院美学出发着眼于审美世界内自身体系的建构,另一方面超越传统美学局限于学科的研究,积极地进行跨学科研究,表现为对社会现代性的反应和批判,这使得20世纪西方美学越来越受到批判理论的影响。20世纪西方美学可以分成两个阶段:

第一阶段,从20世纪初到60年代以前,旧的美学陷入困境,人们纷纷寻找新的支点,学说迭起,流派繁多。美学的主流主要为艺术形式的追求,主要形成了四个对美学具有重要影响的范畴,即形式主义的"形式",表现主义的"表现",精神分析的"隐喻",存在主义的"荒诞"。

第二阶段,从20世纪60年代以后至今。20世纪60年代后,西方美学呈现出多元化的趋势,从结构到解构;从作者、文本到读者、接受;从分析美学到后分析美学;尤其是当代欧美马克思主义美学影响日益扩大。这些都反映着当代文化意义不确定、无中心、多元化的特点,体现了当代社会知识分子对现代文化的重新审视、反思和再批判。尤其是20世纪八九十年代以来,欧美文学、美学研究从以经典作品为基础的文学文本批评转向以考察各种形式的文化涉意实践为基础的文化研究和文化批判。

在这样的社会文化背景下,赫勒作为布达佩斯学派的主要成员之一,在对卢卡奇美学进行继承和批判的前提下,围绕着卢卡奇的"文化可能性"问题,依据自身特殊的生活经历,以追求人的个体的解放和自由为目标,展开了有独特审美视角的文化批判理论。正如赫勒所说:"审美维度是无所不在的。它在社会批判中居首要地位。"①赫勒的以人的生存价值为最终目的,以多学科、多领域的批判为手段的审美现代性思想,为社会批判理论,为人类的解放和自由的实现,都提供了广阔的视野。独特的思考结构是她区别于其他思想家的一大特色,也是本课题选题的意义之所在。当然,这并不是说赫勒的思想就是完全合理的、完美的,在本书的分析中我们还会看到她思想的局限性,但是她的努力可以说是对现代性批判的又一开拓性的尝试。

赫勒的美学思想立足于文化批判,同以卢卡奇为代表的西方马克思主义美学尤其是与法兰克福学派美学相比,有其独特的价值。应该说,自"启蒙时代以来,美学便是哲学通往具体世界的最便捷的桥梁,它对西方马克思主义理论家始终具有一种经久不衰的特殊吸引力"②。从以卢卡奇、科尔施、葛兰西、布洛赫为代表的早期西方马克思主义,一直到以霍克海默、阿多诺、马尔库塞、哈贝马斯等人为核心的法兰克福学派,他们在整个马克思主义理论的发展进程中,"自觉地实现了一种'文化转向',从片面的武装暴力

---

① 傅其林:《阿格妮丝·赫勒审美现代性思想研究》,巴蜀书社2006年版,"序言"第5页。

② (英)佩里·安德森:《西方马克思主义探讨》,高铦等译,人民出版社1981年版,第100页。

革命转向一种更为深刻的总体性革命"①。他们在对现代人普遍异化和面临生存、文化困境的深刻剖析下,切入了现代社会的文化危机问题。法兰克福学派结合时代状况、国际形势,在文化层面对现代社会的官僚体制、意识形态、技术理性、日常生活等领域展开了全方位的批判。可以说,他们始终"与时代同呼吸共命运,关注着20世纪人类的精神状况和文化境遇,关心着发达社会条件下的人的解放和自由"②。在解决现代性困境、追求人的解放和自由的途中,大多数法兰克福学派成员踏上了一条"审美救赎"之路。他们积极地肯定审美对人的解放力量,并把审美救赎问题放到政治学、社会学等更加广阔的学科视野中加以阐释。但是,由于其追求的总体性观念,最后法兰克福学派第一代理论家的构想成为一种"审美乌托邦"的想象。

作为卢卡奇的学生,赫勒的思想与受卢卡奇影响深远的霍克海默、阿多诺、本雅明以及以马尔库塞为代表的法兰克福学派理论有着深厚的渊源和联系,他们都形成了对资本主义现代性进行批判的理论共识,都为争取人类的解放和自由而不断地努力探索。但是赫勒的审美文化批判与法兰克福学派的审美乌托邦相比,更具有实践性和可操作性。赫勒对美学领域关注的基点虽然也在于解决现代人之存在问题,以实现人的价值和解放为本位,但她把美学研究与社会批判以及对现代人的关注,对人的本质、人的存在、人的可能性发展的追问等问题紧密联系起来,多角度地从审美层面触及人的核心问题。她不仅仅从理论上对美学的具体问题,对现代美学体系、现代文化进行批判和重建,更为重要的是在实践上她追随卢卡奇没有完成的任务即"文化可能性"问题,试图把美学、伦理学、政治学问题结合起来。通过微观层面的文化革命,日常生活人道化,激进的需要革命来实现审美的社会批判、社会拯救的功能,最终实现美学的重建、人的解放,实现她激进的"乌托邦共和国"。总体说来,赫勒从人的生存方式入手,为了寻求个体的人的解放,把审美作为她对资本主义文化反思与批判的总体维度,挖掘文化及文化批判的深层、丰富内涵,形成了独具特色的文化批判理论。

---

① 衣俊卿:《文化哲学》,云南人民出版社2005年版,第183页。

② 衣俊卿:《文化哲学》,云南人民出版社2005年版,第184页。

首先,从文化批判的视角切入赫勒的美学理论研究,对于深刻理解赫勒的审美现代性思想有着重要的意义。我们认为赫勒作为东欧新马克思主义的重要代表人物之一,研究领域十分广泛。衣俊卿教授曾概括指出,在赫勒所涉猎的众多领域中,最能代表她的思想的三个相互关联的主题是:人的本质(潜能)、基本需要和日常生活。可以说,赫勒的著作基本上都是围绕着这三个主题,从"激进需要"与"激进哲学"的理论立场出发,展开对当代资本主义和现存社会主义的文化批判以及对未来社会的构想。本书的研究以审美为总体维度,对赫勒的文化批判理论进行考察,为深刻理解赫勒思想提供了新的视角,有助于对赫勒思想进行全面、系统的把握和理解。

其次,对于全面把握东欧新马克思主义有着积极的意义。我们认为,东欧新马克思主义从理论渊源上看是青年马克思的思想和卢卡奇等人所代表的早期西方人本主义马克思主义的继续,从实践上看都产生于社会主义国家中对斯大林及其社会主义模式的内部反思,这使得东欧新马克思主义不可避免地带有一些共同的特征。他们从不同的视角对当代社会、文化的异化等问题进行批判,因此,本书对全面把握东欧新马克思主义有一定的意义。

再次,本书有助于多视角理解和把握 20 世纪的文化危机和文化批判理论。20 世纪西方世界经历了严重的文化危机,面对现代人的文化—历史困境,思想家们开始从文化层面切入现代人的生存境遇,对现存社会展开了全方位的文化批判。批判理论流派繁多,但赫勒以审美为总体维度,以达到人性的解放、个体和类的统一,使"世界成为人性的家园",人能过上"好的生活"为目的,形成了自己实践意义较强的、独具特色的文化批判理论。本课题的研究为我们多视角理解和把握 20 世纪的文化危机和文化批判理论提供了有益的参考。另外,赫勒的作为文化批判的审美思想,具有一定的前瞻性,其在 20 世纪六七十年代就已经以审美为维度进行文化批判的研究,而在西方美学史中,美学转向大规模的文化批判领域是 20 世纪八九十年代的事情。

最后,本书拓宽了审美理论研究的视野,使人们重新关注有关人类生存状况的"文化可能性"问题。近年来,许多美学家都在探讨美学的新问题、新建构和新使命,都意图寻求美学重建的方案。

我们认为,赫勒的美学思想不仅从理论层面对现代美学的困境进行了分析,对现代美学体系的重建提出了建设性的设想,更为重要的是,她在实践层面上把伦理学、政治学和美学结合起来,提出了伦理/道德美学和话语文化的概念,从日常生活和激进的需要革命等微观文化领域探讨美学的重建,对现代人摆脱人的生存困境,解决人现实中的分裂、困惑、冲突有一定的价值。她的审美现代性思想可以说是对卢卡奇"文化可能性"问题的回归,同时其个体解放理论为"文化可能性"问题的解决提供了新的思路。

二、国内外同类课题研究现状及发展趋势

阿格妮丝·赫勒(Agnes Heller,1929—),当代著名女哲学家,东欧新马克思主义的重要代表人物,布达佩斯学派的主要成员之一,现为纽约新社会研究学院教授。学术研究成果丰厚,涉猎领域极为广泛,其思想对东欧新马克思主义以至西方学界都有不同程度的影响。这里,我们试图对其审美文化思想进行研究。

(一)赫勒的研究著述

赫勒一生著述颇丰,其美学思想贯穿于她的很多作品之中。如《日常生活》(*Everyday life / Agnes Heller*; translated from the Hungarian by G. L. Campbell,1984)(中译本,衣俊卿译,重庆出版社 1990 年版),在这本书中,赫勒主要表述了其哲学立场和哲学框架,试图探讨日常生活何以在民主的、人道主义的和社会主义的方向上得以改变的可能性问题;《人的本能》,邵晓光等译,辽宁大学出版社 1988 年版,书中赫勒审视了当代的各种本能理论,最后从心理学、社会人类学的视角提出个体态度可变性、个体解放的可能性依据;《重构美学:布达佩斯学派论文集》(*Reconstructing Aesthetics: Writings of the Budapest School / Edited by Agnes Heller and Ferenc Fehér eds.,1986*),由布达佩斯学派成员有关艺术、音乐和文学方面的论文组成,对卢卡奇《小说理论》中提出的问题进行了再思考,表现了当代激进美学的特征,开始展露出后现代主义的特点;《马克思的需要理论》(*The Theory of Need in Marx*,1976),对马克思的需要理论进行重新解读,并提出自己激进需要的思想;《历史理论》(*A Theory of History*,1982)、《卢卡奇再评价》(*Lukács revalued / Edited by Agnes Heller*,1983)(中译本,衣俊卿等译,黑龙江大学出

版社 2011 年版),书中集结了赫勒等人对卢卡奇从青年到老年思想的重新评价的论文,在表现了对导师卢卡奇思想的深刻体会的同时,也表达了对卢卡奇理论困境的质疑;《对需要的专政》(*Dictatorship Over Needs* / Ferenc Fehér, Agnes Heller, and György Márkus, 1983);《激进哲学》(*A Radical Philosophy*, 1984);《超越正义》(*Beyond Justice*, 1987);《后现代政治状况》(*The Postmodern Political Condition* / Agnes Heller and Ferenc Fehér, 1988);《道德哲学》(*A Philosophy of Morals*, 1990);《从雅尔塔到公开性:斯大林帝国的拆解》;(*From Yalta to Glasnost*:*the Dismantling of Stalin's Empire* / Agnes Heller and Ferenc Fehér, 1991);《激进的普遍主义的壮丽与黄昏》(*The Grandeur and Twilight of Radical Universalism* / Agnes Heller and Ferenc Fehér, 1991);《碎片化的历史哲学》(*A Philosophy of History in Fragments*, 1993);《个性伦理学》(*An Ethics of Personality*, 1996);《生命政治的政治:身体,种族和大自然》(*Biopolitics*:*The Politics of the Body, Race and Nature*, 1996);《现代性理论》(*A Theory of Modernity*, 1999)(中译本,李瑞华译,商务印书馆 2005 年版);《时间是断裂的:作为历史哲学家的莎士比亚》(*The Time is Iut of Joint*:*Shakespeare as Philosopher of History*, 2002);《永恒的喜剧:艺术文学和生活中的喜剧现象》(*Immortal Comedy*:*the Comic Phenomenon in Art, literature, and Life*, 2005);以及《分析羞耻现象的五种方法》[(*Five Approaches to the Phenomenon of Shame*) in Social Research;Winter, 2003];《市民社会有记忆吗? ——对此问题的试探性解答》[(*A Tentative Answer to the Question*:*Has Civil Society Cultural Memory?*) in Social Research;Winter, 2001];《友谊之美》[(*The Beauty of Friendship*) in The South Atlantic Quarterly;Winter, 1998];《日常生活是否会受到危害?》,载《国外社会科学》1990 年第 2 期;《马克思主义伦理学与东欧的未来》,载《国外社会科学》1980 年第 8 期;《形式民主》,载《国外社会科学》1980 年第 12 期;《历史哲学的特殊性》,载《现代外国哲学社会科学文摘》1984 年第 9 期;《情感在艺术接受中的地位》,载《中外文化与文论》2009 年第 2 期;《艺术自律或者艺术品的尊严》,载《东方丛刊》2007 年第 4 期;《对后现代艺术的反思》,载《四川大学学报(哲学社会科学版)》2007 年第 5 期等著作和论文。

我们认为,尽管在赫勒的许多著作中美学和艺术不是直接提到的,但事实上(她也这样认为)审美维度在她的著作中是无所不在的。她从人的生存方式入手,为了寻求个体的人的解放,把审美作为对资本主义文化反思与批判的总体维度,挖掘文化及文化批判的深层、丰富内涵,形成了独具特色的文化批判理论。赫勒认为,审美是贯穿她所有著作的主线,对审美的分析照亮了她在历史、社会、政治和哲学等领域的研究,而且在最近的几年里,她越来越直接地转向美学和艺术问题的研究。她在《文艺复兴时期的人》与《人的本能》等著作里,阐述了对人的本质的独特的理解,并探讨了对于审美自律和文艺复兴时期艺术特征的理解。《日常生活》中探寻了使现存日常生活人道化的可能性,到《马克思的需要理论》和《对需要的专政》等著作探寻了日常生活人道化的核心问题。《重构美学》、《激进哲学》、《美的概念》和《个性伦理学》等著作表达了她对解决当代美学困境,寻求出路的一种设想。从这些主要的著作中,我们可以清晰地看到赫勒以审美为总体维度,紧紧围绕人的本质、人的情感、人的生存境遇、人的可能性发展等问题,把人的美学与人的伦理、政治紧密地结合起来,建构了一种以"文化可能性"问题为中心的有系统的文化批判理论。

赫勒的上述作品成为本书重要的文献来源,在认真阅读与分析这些作品基础上,本书试图运用历史溯源法,阐述其美学思想的来龙去脉,分析其作为文化批判的审美思想的内涵以及历史与现实的启迪作用。

(二)国外研究状况

国外学界,涉及赫勒思想的研究专著与论文在20世纪90年代后开始增多。研究专著主要有:约翰·伯恩海姆编辑出版的《阿格妮丝·赫勒的社会哲学》(*The Social Philosophy of Agnes Heller*/ Burnheim, John. Ed,1994),书中对赫勒的日常生活理论、政治哲学、现代性理论、道德哲学等问题进行了研究;西蒙·托米的《阿格妮丝·赫勒:社会主义、自律与后现代》(*Agnes Heller : Socialism, Autonomy and The Postmodern* / Simon Tormey,2001);约翰·格鲁姆雷的《阿格妮丝·赫勒:历史漩涡中的道德主义者》(*Agnes Heller: a Moralist in the Vortex of History* / John Grumley,2005);米采尔·E.加蒂纳的《日常生活批判》(*Critiques of Everyday Life*/ Michael E.

Gardiner, 2000)中用一个章节对赫勒的日常生活理论进行分析。博士论文有：马纽·巴斯蒂尔斯·乌拉(Manue Bastias Urra)的《从沉默到行动：阿格妮丝·赫勒的政治理论》(1990)，雷纳尔·卢丰(Reiner Ruffing)的《阿格妮丝·赫勒：多元化与道德》(1992)，罗伯特·杰·伊姆蕾(Robert J. Imre)的《阿格妮丝·赫勒的政治理论：一种人类解放的哲学》(*The Politics Theory of Agnes Heller: a Philosophy of Human Emancipation*, 1999)，以及 Anthony Kammas 的《调和激进哲学和民主政治：阿格妮丝·赫勒和布达佩斯学派的作品》(*Reconciling Radical Philosophy and Democratic Politics: The Work of Agnes Heller and the Budapest School*. in Critique, August 2007, 35; Roberts, David.)，《家和世界之间：阿格妮丝·赫勒的美的概念》[(*Between Home and World: Agnes Heller's the Concept of the Beautiful*) in Thesis Eleven, 1999 (59).]; Marios Constantinou 的《阿格妮丝·赫勒这个人：道德人类学的新现代版》[*Agnes Heller's Ecce Homo: A Neomodern Vision of Moral Anthropology*. in Thesis Eleven, 1999 (59).]; John Grumley 的《赫勒的充满悖论的文化现代性》[*Heller's Paradoxical Cultural Modernity*. in The European Legacy, 2001(1).]; Csaba Polony 的《本质是好的，现象是恶的》(*The Essence is Good But All the Appearance is Evil*. An Interview with Agnes Heller, http://leftcurve.org, Mar. 1997)等。

上述西方学者运用社会学、政治学、历史哲学、人类学等学科研究方法，对赫勒的哲学、伦理学、日常生活等诸多思想进行了分析，提出了很多有价值的结论。如对赫勒日常生活思想的分析，是放在西方社会宏观背景下进行的阐述。这些研究成果，对我们进一步深入研究赫勒美学思想做了很好的学术铺垫。但是到目前为止，从审美维度切入赫勒的文化批判理论研究，国外学界还比较少见。有学者已认识到赫勒美学在研究赫勒思想中的重要作用，如西蒙·托米曾说，如果不了解赫勒的美学观点，我们就不能历史地分析赫勒作为政治学家和社会学家的起源。

（三）国内学者的研究状况

国内学者对赫勒学术思想的关注，基本上与西方学者的研究同步，这一学术浪潮首先由衣俊卿教授引领。1990 年，衣俊卿教授翻译出版赫勒的《日常生活》。此后，中国学者对赫勒的日常生活、革命需要、人类学等诸多领域展开研究,尤其是对日常生活、激进的革命需要理论展开了深入研究。如衣俊卿教授的《20世纪的新马克思主义》(合著,中央编译出版社,2001年版);《人道主义批判理论——东欧新马克思主义述评》(中国人民大学出版社,2005年版);《当代学者视野中的马克思主义哲学——东欧和苏联学者卷》(北京师范大学出版社,2008年版);《人的需要及其革命——布达佩斯学派"人类需要论"述评》等,将赫勒的日常生活批判与人道主义关怀紧密联系起来,试图从总体上把握赫勒思想的理论特征。傅其林的专著《阿格妮丝·赫勒审美现代性思想研究》(巴蜀书社,2006年版);论文《论阿格妮丝·赫勒的现代性想象制度理论》(《淮阴师范学院学报》2008年第4期)、《论布达佩斯学派的重构美学思想》(《外国文学研究》2004年第2期),以及阿格妮丝·赫勒的《布达佩斯学派美学——阿格妮丝·赫勒访谈录》(《东方丛刊》2007年第4期)等梳理和阐释了赫勒的美学思想。王秀敏的专著《个性道德与理性秩序——赫勒道德理论研究》(黑龙江大学出版社,2011年版)阐发了赫勒立足于现代人生存境遇和偶然个体的道德理论。李晓晴的专著《激进需要与理性乌托邦——赫勒激进需要革命论研究》(黑龙江大学出版社,2011年版)阐述了赫勒以激进需要为核心的基本需要革命以及建立激进乌托邦的构想。论文方面:王民康:《日常生活和个人——赫勒"日常生活"哲学评述》(《毛泽东思想研究》1998年增刊)。张政文等:《艺术:日常与非日常的对话——A.赫勒的日常生活艺术哲学》(《文艺研究》1997年第6期)。李伟:《阿格尼斯·赫勒的理论追求》(《国外理论动态》2007年第8期)。周宪:《日常生活批判的两种路径》(《社会科学战线》2005年第1期)。颜岩:《走出历史哲学的幻象:阿格尼丝·赫勒后马克思主义思想评析》(《马克思主义研究》2009年第11期);《激进需要与激进乌托邦——赫勒人类需要理论评析》(《哲学动态》2009年第9期);《探寻日常生活人道化的路径:阿格妮丝·赫勒日常生活批判理论述评》(《中外文化与文论》2009年第2期);《阶级解放真能导致人类解放吗?——评阿格尼丝·赫勒的后马克思主义人类解放论》(《山东社会科学》2010年第2期)。赵司空等:《阿格妮丝·赫勒的后现代的乌托邦》(《中外文化与文论》2009年第2期)。王秀敏:《阿格妮丝·赫勒的"个性道德"内涵解析》(《国外社会科学》2011 年第 5 期);《阿格妮丝·赫勒的生存选择理论及当代意义》(《世界哲学》2010 年第 2 期);《赫勒关于理性化进程中道德规则重建的思考》(《求是学刊》2010 年第 1期);《道德个性的生成与社会主义和谐社会的构建》(《理论与改革》2009 年第 1 期)。杜红艳:《走向日常生活的人道化——论卢卡奇与赫勒的日常生活批判理论》(《学术交流》2011 年第 3期)等。

从国内学者的研究状况来看,对于赫勒的美学思想研究主要有傅其林的专著《阿格妮丝·赫勒审美现代性思想研究》,以及他的几篇关于赫勒与布达佩斯学派美学思想的论文。傅其林的作品主要从现代性的角度分析赫勒的美学理论,分析她对美学与现代性的关系的理解,厘清她关于美学的现代性特征、矛盾及其危机的认识,探寻她对美学困境的解决方案及其美学重构的思路,提出了一些有价值的观点。另外,张政文等的论文《艺术:日常与非日常的对话——A. 赫勒的日常生活艺术哲学》,从日常生活的角度进行了分析。学者们对赫勒思想的研究,尤其是对其美学思想的深入研究无论从内容上还是从方法论上,都具有积极的启迪作用。

但是,我们认为上述学者的研究兴趣和视域,决定了他们对赫勒的美学思想研究较少,有的内容基本上没有展开论述。傅其林的作品集中地体现在从现代性视角对赫勒的有关美学思想进行了梳理,阐释了赫勒对于现代美学的认识,探寻其对美学困境的解决方案。目前国内外学者还没有对赫勒的作为文化批判的审美思想进行研究,缺少把赫勒美学同社会理论综合起来研究,甚至把她的美学同人的解放和自由联系起来的尝试,可以说对赫勒美学思想的研究才刚刚起步。本书作者试图在查阅大量赫勒原始文献的基础上,借鉴有关学者的研究成果和方法,结合西方美学的发展趋势(转向批判理论),在探讨重构美学的方案中,结合赫勒在美学、伦理学、政治学领域对美学重建的设想,厘清贯穿于赫勒著作中的美学思想框架,并对其美学思想的时代背景、理论基础及其思想内涵、时代意义进行深入研究。

本书着重分析赫勒美学思想提出的理论渊源、赫勒对现代美学困境的理解,探索她从知识论视角对现代美学理论的重建以及从伦理学、政治学视角为解决现代美学困境而建立的有系统的文化批判理论,即从日常生活人道化、激进的需要革命等微观文化层面寻求人的解放的美学基本思路,并在与康德美学和法兰克福学派美学比较的视域下探讨赫勒美学思想的独特价值。

三、本书的主要内容与基本框架

赫勒一生著述颇丰,出版和发表了30多本专著、几十篇论文,其中最主要的有:《文艺复兴时期的人》、《日常生活》、《马克思的需要理论》、《卢卡奇再评价》、《论本能》、《历史理论》、《重构美学》、《激进哲学》、《现代性理论》、《羞愧的力量》、《个性伦理学》、《对需要的专政》、《超越正义》等。从赫勒的研究著述中,我们看到,赫勒的研究领域十分广泛,她曾把自己关于本能、情感、需要、道德、人格、历史等六个方面的研究统称为"社会人类学"。她以审美为维度,以实现人的自由和解放为目标,一方面致力于对人的存在和本质的探讨,以及对现存世界的批判和对人类存在困境的反抗;另一方面,她又特别关注现存社会主义的民主化和人道化问题,展开了对当代资本主义和现存社会主义的文化批判以及对未来社会的构想。

同时,赫勒的文化批判理论又是与她的审美观紧紧地联系在一起的。作为卢卡奇的学生、助手和同事,赫勒不可避免地"卷入"了卢卡奇的美学之中,虽然害怕完全屈从于一位大师,但她却无意识地跟随了大师的脚步。她曾在19岁时为了卢卡奇的讨论会翻译过康德的《判断力批判》,自此,此书一直是她哲学方面最喜爱的书之一。她编辑出版了布达佩斯学派的美学著作《卢卡奇再评价》、《重构美学》等,写作了论卢卡奇美学的论文,如《格奥尔格·卢卡奇的美学》、《不为人知的杰作》、《卢卡奇与神圣家族》、《群体利益、集体意识以及卢卡奇和戈德曼论知识分子的地位》等。也许作为理性的狡计,卢卡奇逝世之后,以赫勒为主的布达佩斯学派成员比在卢卡奇活着的时候更多地从事审美理论工作,比以前更关注美学和文化哲学。

从这些主要的著作中,我们可以清晰地看到赫勒面对人的普遍分裂,面对人的文化焦虑,紧紧围绕人的本质、人的情感、人的生存境遇、人的可能性发展等"文化可能性"问题,把人的美学与人的伦理、政治紧密地结合起来,把审美与道德的结合看作实现个体永恒超越的最终途径,从文化层面把握人的本质、人的主体性、人的存在问题,寻求人的解放。她本着"哲学是时代精神的精华"的思想,在哲学上由一种宏大叙事转入了对个人伦理、道德、责任、价值的"个体思考"。她认为,革命不再是关于历史必然性或社会阶级的事情,而是关于以道德方式行为的个体的事情,她试图把对个体日常生活的思考与批判以及以建立美的性格与崇高的性格为范式的道德美学结合起来,形成以审美为总体维度的文化批判理论。

依据以上的思路,本书分为三部分内容。第一部分为导论,主要介绍本书写作的目的和意义,分析了国内外关于赫勒美学理论的研究现状,并简单介绍本书的主要内容和基本框架。第二部分是主体,由五个章节构成。第一章探讨卢卡奇与赫勒美学思想的理论渊源。由于师从卢卡奇,赫勒的美学思想基本上是在对卢卡奇美学思想的继承和批判的基础上建立起来的。此部分包括卢卡奇提出的三个问题:文化问题可能吗?艺术作品存在,它们何以可能?赋形生活可能吗?这三个问题归结起来即文化的可能性问题。第二章着重阐述赫勒对美学体系自身的建设。面对现代美学的合法性危机,赫勒指出了现代文化的悖论,并探索了解决办法。在此基础上,赫勒指出了美学的必要性和不可变革性,并对现代美学、高雅文化、艺术概念进行重建。第三章着重阐述赫勒以审美为维度建立起的文化批判理论。赫勒的道德美学不是立足于艺术或抽象的美学领域,而是立足于日常生活的个体,这是美在无家可归的时代的栖息之地。赫勒主张艺术与日常生活的重新结合,倡导审美的多元化需要,提出激进的需要革命,建构美的性格和高尚的性格的道德美学。第四章与康德美学和法兰克福学派美学比较,探讨赫勒美学的理论特征。赫勒在康德美学中找到了解决现代性困境的途径,其道德审美文化是对康德文化哲学的重新建构。由于赫勒的思想承继了卢卡奇的美学思想,不可避免地继承和受到了法兰克福学派美学的影响,所以此部分与法兰克福学派美学比较,探讨赫勒美学对法兰克福学派美学的继承和批判。第五章阐明了赫勒美学思想的理论创新及其限度。探讨赫勒审美文化思想在整个时代背景下的地位及意义,指出赫勒审美现代性思想是对卢卡奇文化可能性问题的回归,同时其个体解放理论为文化可能性问题的解决提供了新的思路。第三部分是结语。

导论　现代性危机中「作为文化批判」的审美构想

13

第一章　卢卡奇与赫勒的美学思想

对于赫勒来说,亚里士多德、康德、马克思、卢卡奇、马克斯·韦伯等人的学说都是她的思想形成中多重的、复合的理论背景,但是卢卡奇作为赫勒的授业恩师和同事,其思想直接影响了赫勒的思想立场、思维路径和主要理论观点。可以说,卢卡奇的美学思想是赫勒美学思想的直接理论来源。衣俊卿教授曾这样评价卢卡奇:"卢卡奇对于哲学和艺术(审美)的关注毫无疑问根植于这种文化守望和家园意识。他所关注的并不是作为给定知识形态的哲学和艺术,而是作为文化批判的哲学和艺术。"① 追随老师的思想轨迹,赫勒的审美文化关注的也是作为文化批判的审美,所以,赫勒思想的出发点与其说是马克思的经济学或社会学,不如说是卢卡奇的美学。卢卡奇在其一生所关注的文化命运中,把美学放到了首要地位,正是通过艺术作品,人类才能成为真正的人,才能超越目前的存在状况。卢卡奇以美学切入文化命运的视域,对赫勒美学思想所关注的主题、视角、探索途径等都产生了深刻的影响。

第一节　一种文化批判理论

格奥尔格·卢卡奇(Geörg Lukács,1885—1971)是 20 世纪西方马克思主义哲学和美学的重要代表人物之一。在总结、研究卢卡奇的美学思想时我们不应只着眼于其《审美特性》的辉煌成就,

14

—————————

① （匈)阿格妮丝·赫勒:《卢卡奇再评价》,衣俊卿等译,黑龙江大学出版社 2011年版,"中译者序言"第 19 页。

特别是当我们看到《审美特性》复杂而深邃的美学思想而感到困惑时,更不能忘记他早年的美学著作。就像《精神现象学》对于理解黑格尔思想的重要性一样,卢卡奇的早期作品也是卢卡奇美学的"真正诞生地和秘密",是卢卡奇的"《圣经》"。一个尚未成熟的思想胚胎,却映照着未来心灵探索的路程。本章试图通过对卢卡奇一生美学著作的简单梳理,勾勒出其美学思想的核心问题,以便更好地理解赫勒作为文化批判的审美的思想内涵。

国内外研究者根据不同的研究目的及标准试图把卢卡奇的思想历程分为若干时期,并认为卢卡奇晚期著作与早年著作在思想上存在着断裂。① 然而,若把卢卡奇的思想历程人为地划分为几个时期或阶段,有时又显得那么牵强附会。如果把卢卡奇的一生及其思想比作一条奔腾不息的河流的话,那么自然有上游、中游和下游之说,然而更为重要的应该是那河流本身奔腾不息的生命运动,即连续性。

事实上,卢卡奇早年与晚年思想尽管存在着各种转变,但仍然围绕着一条生命之线,有着一定的连续性,或者可以说,"卢卡契的生活和思想却异乎寻常地具有连续性,这种连续性表现为他从康德开始,经过黑格尔,再到马克思这条道路上所经历的整个发展和变化"②,他们都集中于一个问题:文化问题。"文化是卢卡奇生命中的'唯一'的思想。"③ 从卢卡奇早期美学著作《心灵与形式》、《小说理论》、《现代戏剧发展史》到《历史和阶级意识》,再到卢卡奇有关艺术的现实主义理论,最后到其晚年著作《审美特性》、《社会存在本体论》,卢卡奇要解决的核心问题就是:如何在日常生活和艺术中发现启蒙的、非拜物教化的意识,从而使人们摆脱日益异化的现实生活。

卢卡奇的学生乔治·马尔库什认为,对于卢卡奇早期著作的更深入的分析,不仅揭露了一开始就有的一系列主观的激进变革

① 有关研究者的代表性意见参见马驰:《卢卡奇美学思想论纲》,东北师范大学出版社 1997 年版,第 8~9 页。

② 张伯霖等编译:《关于卢卡契哲学、美学思想论文选译》,中国社会科学出版社 1985 年版,第 121 页。

③ György Márkus, *Life and the Soul: the Young Lukács and the Problem of Culture*, In *Lukács Revalued*, Agnes Heller ed., Basil Blackwell, 1983, p. 3.

的主题的存在,而且也发现了与后期马克思主义著作在内容和观点上的相似。这些相似之处是卢卡奇早期和晚期著作存在更深的联系的不容争辩的证据。尤为重要的是写于1912—1918年早期的《海德堡美学手稿》,尽管这部著作仍未出版,但是"在伟大的后期著作《审美特性》中的一些重要的基本观点和范畴在此发现,而且经常用同一种术语表达:客体化的概念,'完整的人'(the whole man)和'作为总体的人'(man as a whole),同质化媒介范畴,作为封闭的总体性的艺术作品概念,等等。而且在这里发现了卢卡奇作为适合人类需求的乌托邦实现的艺术作品世界的特征——这个基本的观点在他的后期马克思主义美学著作里与艺术的反拜物教化的使命相关联"①。

当然不可否认,1918年的转变确实对卢卡奇的世界观有很深刻的影响,而且也影响了他解决自己理论问题的方式,所以《海德堡美学手稿》和《审美特性》体现了不同的理论背景和意识形态背景,但二者的目的是相同的,都是为了解决同一个理论问题:文化的可能性问题。马尔库什指出,"《海德堡美学手稿》和《后期美学》②尽管它们之间相隔了近半个世纪,尽管使用了完全不同的概念工具,而且经常会得出相反的结论,但它们都是为了解决同一个理论问题。二者企图在人类的活动体系内确立艺术的地位和功能,并企图解释它与日常生活的关系以及与人类活动和对象化的形式之间的关系。在这个事实背后,(事实上正是这个问题困扰了他的整个生命和事业)存在一个问题,它作为一个理论问题不断地向卢卡奇挑战,这个理论问题便是:文化的可能性问题"③。

一、文化问题可能吗?

(一)生活和心灵:卢卡奇的文化问题

文化是困扰卢卡奇生命的"唯一"的思想,是卢卡奇毕生关心的唯一问题。文化在"今天"可能吗? 为了寻求这个问题的答案,

① György Márkus, *Life and the Soul:the Young Lukács and the Problem of Culture*, In *Lukács Revalued*, Agnes Heller ed. , Basil Blackwell,1983, pp. 2 – 3.

② 中文译为《审美特性》。

③ György Márkus, *Life and the Soul:the Young Lukács and the Problem of Culture*, In *Lukács Revalued*, Agnes Heller ed. , Basil Blackwell,1983, p. 3.

卢卡奇通过自己的行动去创造和实现这种可能性。那么,在卢卡奇的心目中,文化的概念是什么呢? 他认为,文化概念包括的内涵范围要比高级艺术和哲学的内涵广得多,远远超过了"高级文化"的概念。这里文化问题与生活问题等同,与生活意义的内在性等同,是真实生活的代表。

"文化……是生活的统一体,是增强生活、丰富生活的统一的力量……一切文化都是对生活的征服,是用一种单一的力量把所有生活现象的统一……这样,无论你看到生活总体的哪一部分,你总是在它的最深处看到同样的东西。在真实的文化中,每一件事都是象征。"①可见,文化具有一种力量,它能把现实生活中的各种现象同生活的意义结合起来,使生活成为一个完整的统一体。只有在这种真实的文化下生活,个体与类、个人内在的信仰和外在的习俗规范之间的统一才成为可能。也只有在真实的文化下,来源于生活的艺术、哲学等"高级文化"形式才能不被异化。换句话说,对于卢卡奇,文化问题实质上意味着是否能过一种脱离异化的生活问题。

这里我们要区分"生活"、"心灵"和"形式"的概念,"生活"、"心灵"和"形式"是卢卡奇美学体系中的最基本的范畴。卢卡奇心中的"生活"指的是人们的"日常生活"、"普通生活",而"心灵"②则指的是真正的生活,与"真实的内心生活"相关联。在卢卡奇那里,现实的"生活"世界是一个不适于人居住的、原子化、机械化的世界,是一个与人相异化的形式教条、习俗和制度严格的世界。古希腊时期,文化是一个整体,是生活的统一体,"心灵"曾经靠着理性的指引,抱着清晰的目标创造了这个"生活"世界,但"生活"现在对人们来说只是一种存在,没有了曾经的活力,变成了外在于人的

---

① 卢卡奇:《唯美文化》,转引自 Agnes Heller ed. , *Lukács Revalued*, Basil Blackwell, 1983, p. 4。

② 卢卡奇的心灵指的就是人的精神,但是他反对那种作为哲学术语并被人们普遍接受的精神概念,因为后者已经被物化和异化了。在卢卡奇看来,心灵是客观的、普遍的、混沌的和未分化的,是消除资本主义时代文化悲剧的力量之所在。卢卡奇认为,心灵是先验的,而非经验的。参见(匈)卢卡奇:《卢卡奇早期文选》,张亮、吴勇立译,南京大学出版社 2004 年版,第 3 页。

僵化的第二自然①。"与第一自然不同,第二自然不是无声的、彰显的和无感知的;它是各种感觉的综合体,但它已变得僵化和陌生,不再能唤醒沉睡的内心;它是一个死去多时的内心的陈尸所,因此——如果可能——只有借助心灵的再次苏醒的形而上的行动才能唤醒它。"②

可见,普通生活、非真实的生活范畴对于卢卡奇来说是异化的同义语,这种异化在情感上被拒绝,但是必须承认它是人类存在的不可避免的形而上的特征。在这个世界里,日常生活的经验个人是孤独的、孤立的,他盲目地去寻求与他人交往的方式。"日常生活"是一种"单纯的生活"领域,是不真实的存在。

真实的存在是"心灵"。在卢卡奇看来,心灵是一种体验,或者更精确地说,它能够成为体验,但这绝不是说心灵等同于一个人经验的总和。心灵意味着个人意志力的最大程度的发展和最大可能的展现,为了成为一个真实的个人,他的能力、心理能量和那些每个人能够发展和应该发展的独特的潜能。卢卡奇认为,"有两种类型的心灵现实:生活(das Leben)是一种,活着(das Leben / Living)是另一种;两者同样都应是现实的,但它们却不可能同时都是现实。两者的要素都包含在每一个人的每一次体验之中,虽然其强度和深度各不一样;在记忆中时而这个,时而那个,而每一次我们只能感受其中的一种"③。卢卡奇此处所说的"生活"是指真正意义上的、有价值的生命活动,是真实的心灵;而"活着"则是指当下的、被动的生存事实、异化的日常生活。

从形而上的意义上来看,心灵是人类世界的真谛,是每种社会制度和文化作品的创造和发现源泉;从存在的意义上来看,心灵意味着真实的个人,是能够使每个人具有独特的个性和潜在的价值的核心。④ 真实的生活是心灵本身的体验,是心灵积极的体现,是

① 卢卡奇所谓的第二自然与第一自然相对,指的是人类通过自身的劳动所建构出来的异化的商品世界。

② (匈)卢卡奇:《卢卡奇早期文选》,张亮、吴勇立译,南京大学出版社2004年版,第40页。

③ (匈)卢卡奇:《卢卡奇早期文选》,张亮、吴勇立译,南京大学出版社2004年版,第124页。

④ 参见 György Márkus, *Life and the Soul:the Young Lukács and the Problem of Culture*, In *Lukács Revalued*, Agnes Heller ed., Basil Blackwell, 1983, p.7。

人的自我实现。只有通过心灵对生活的积极的斗争,个人才能得到真正的、普遍的拯救。卢卡奇认为:"心灵的方式就是:逐渐摆脱并不真正属于自己的所有事情,确保心灵具有真正的个性,从而最终超越纯粹的个性。这就是这种生活可以成为典范的原因。因为一个单一的人的自我实现意味着所有人的自我实现都是可能的。"①

面对破碎的世界,人如何能摆脱异化的生活,达到"心灵"的现实呢? 早年卢卡奇就开始探讨生活(即"日常生活")与心灵的理想所体现的生命意义之间的区别,开始了对压抑生命的物化生活的抗争。卢卡奇写于 1909 年的早期作品《现代戏剧发展史》的主题就是人的悲剧及其出路的问题。他探讨了在资本主义文化危机背景下现代戏剧的发展状况,把保护人的个体自由的雅典城邦作为理想的文化境界。与由于劳动分工、物化状态剥夺个人个性自由的资本主义社会相对照,卢卡奇用现代戏剧展示了异化的文化存在。经过卢卡奇的思考,他把解决的办法即反对无意义的、机械的和孤独的生活的拯救力量锁定在了"形式"范畴。

按照卢卡奇的观点,"生活"与"心灵"范畴的对立象征着人的主客观世界的双重分裂,象征着生活之整体性的丧失。在他看来,主体心灵只有借助形式的先验功能,把丰富而混乱的现实生活世界纳入有意义的形式中,才有可能克服上述分裂,赋予生活以价值和意义。"形式"是把内心真实的生活与异化的日常生活统一起来的方式,即形式是沟通"生活"与"心灵"的桥梁,是"生活"与"心灵"的中介。

(二)形式:生活与心灵的中介

在卢卡奇的著作中,他特别关注"形式"这一审美范畴,可以说这一范畴在相当大的程度上是制约甚至决定其全部美学思想的核心范畴,因为"形式"是"生活"通向"心灵"的中介。他早期的很多文章都以"形式"为题,如《论说文的本质和形式》、《柏拉图主义:诗歌与形式》、《生活和形式的碰撞》、《欲望与形式》、《瞬间与形式》以及《财富、混乱与形式》等,并赋予"形式"若干意义。

① György Márkus, *Life and the Soul: the Young Lukács and the Problem of Culture*, In *Lukács Revalued*, Agnes Heller ed., Basil Blackwell, 1983, p. 9.

在卢卡奇看来,一件艺术作品的内容在本质上受到作品创作的历史条件、时代特征、地域差异等因素的限制,因此艺术作品往往很难被差异性较大的时代或地域的读者所理解。例如今天的读者很难读懂和理解但丁的《神曲》,而且索福克勒斯的悲剧要比欧里庇得斯的悲剧内容丰富得多,但是《神曲》、《俄狄浦斯王》和《安提戈涅》等伟大的艺术作品对今天的读者来说为什么仍具有超乎寻常的艺术魅力呢?卢卡奇认为,这源于伟大的艺术作品具有某种"形式"。形式是从人的先验的意识中产生的,是心灵中形而上的真实,因此不受时空的制约,可以超越时空而存在。所以,一部艺术作品越是接近于"纯形式",就越具有艺术的普遍有效性。

但是,卢卡奇所理解的"形式"不同于我们通常所说的形式。他认为,"形式"有很多种,首先是指文化形式,它包括哲学、宗教、文学、艺术等许多领域,"形式概念比作品的概念包括的范围要多得多"[1],但卢卡奇常常用艺术形式来指称整个文化的形式。在《论说文的本质和形式》一文中他明确地说:"科学以其内容影响我们,而艺术则以其形式影响我们;科学提供给我们事实及其关联,而艺术给我们的则是心灵和命运。"[2]这里,卢卡奇突出显示了艺术形式的重要作用。

他认为,形式能够使人们理解真正的生活,"形式能够把生活的原料整理成一个自我包容的整体,并且规定这一整体的步调、节奏、波动、可变度和柔韧度。它重视那些感觉重要的部分,剔除那些不重要的东西。它把事物安排在前台或者放置到背景中,并将它们分类"[3]。通过这种赋形过程,形式把日常生活的虚假外表搁置一旁,使隐藏着的心灵突现出来,此时,混乱无序的生活在艺术作品世界里表现为一种有序的宇宙,一种新的生活。

这里形式被表现为一种结构"图式",一种具有整合生活能力的审美形式。但是,卢卡奇的形式概念不仅包括审美形式,而且包

---

① György Márkus, *Life and the Soul: the Young Lukács and the Problem of Culture*, In *Lukács Revalued*, Agnes Heller ed., Basil Blackwell, 1983, p. 10.

② (匈)卢卡奇:《卢卡奇早期文选》,张亮、吴勇立译,南京大学出版社 2004 年版,第 122 页。

③ 转引自 György Márkus, *Life and the Soul: the Young Lukács and the Problem of Culture*, In *Lukács Revalued*, Agnes Heller ed., Basil Blackwell, 1983, p. 11。

含其接近"内容"的一方面。在他看来,形式不仅指审美形式,而且也指审美题材或审美内容。对于艺术形式不仅需要美学理论的分析,同时需要做历史哲学和社会学的考察。因此,卢卡奇说:"形式是文学中真正的社会因素……它联系着创作者和观众,是文学中仅有的既是社会又是审美的范畴。"①因为文学创作者作为一名社会成员,他无疑要把社会的真实状况、人们的情感体验等社会因素和历史因素写入艺术作品当中,这里显然包含艺术作品内容的东西。所以,卢卡奇的形式"既与主观精神的领域相连,也与客观精神的领域相连"②。

可见,卢卡奇赋予形式最重要的意义是生命本真状态的显现,形式表明了与意义的创造相联系的所有功能。形式的结构功能可以使生活中的事实、事件和其他元素统一到有意义的结构中,组成意义的结构模式。形式不仅与主观精神相连,也与客观精神相连,每个独立的形式都是心灵反映生活的特殊方式。卢卡奇认为,"作为一种具体内容的形式,在形式的规定中保持内容的优先性,在对形式的肯定中,是把形式作为审美激发的直接承担者"③。因此,形式是内容与形式的辩证统一。通过这些形式,心灵能够得到净化和同质化,可以使混乱的、"单纯的生活"变得有序化,并赋予生活以意义。在卢卡奇那里,"艺术的最高境界是形式与心灵,即生命的契合……在他那里艺术是'借助形式的暗示',暗示着人生的指向,追寻着哲学、伦理的永恒价值。对形式的重视,始终是卢卡契一生美学研究的重要特点"④。

卢卡奇对文化问题即如何摆脱异化生活的问题的思考都是围绕"形式"这一中心范畴展开的。从《心灵与形式》开始,他就一直在寻找合适的形式,寻求真正的艺术形式存在的可能性。他试图建立一种真正的形式,来克服资本主义生产造成的劳动异化、社会异化和人的异化,从而实现"心灵"(真实的生活)对现实(日常的

①　转引自 György Márkus, *Life and the Soul: the Young Lukács and the Problem of Culture*, In *Lukács Revalued*, Agnes Heller ed., Basil Blackwell, 1983, p. 12。

②　György Márkus, *Life and the Soul: the Young Lukács and the Problem of Culture*, In *Lukács Revalued*, Agnes Heller ed., Basil Blackwell, 1983, p. 11.

③　(匈)卢卡契:《审美特性》(第2卷),徐恒醇译,中国社会科学出版社1991年版,第116页。

④　冯宪光:《"西方马克思主义"美学研究》,重庆出版社1997年版,第83页。

生活)的超越,结束"资本主义文化的悲剧",创建出一种新的文化、新的世界,"这个世界是纯粹心灵现实的领域"①。

因此,卢卡奇在《小说理论》中对小说做了历史哲学的考察,他把小说看作"我们时代的典型艺术形式,因为小说的结构类型与今天世界的状况本质上是一致的"②。之后,他根据小说主人公的类型,提出了三种小说类型模式。第一种小说类型是抽象的理想主义,以塞万提斯的《堂吉诃德》为代表,主人公的心灵与外部世界相比"要么过于逼仄,要么过于宽绰"③。这类小说对行为的描写细致,但缺乏对人物的心理描写。第二种类型是幻灭的浪漫主义,以福楼拜的《情感教育》为代表,行为描写较少,心理分析较多。这两类小说或者偏重客观,或者倾向主观,都没有像史诗那样把生活和意义融为一体。所以他把希望寄托在小说的第三种类型(一种综合的尝试——《威廉·麦斯特的学徒生涯》)上。他认为歌德的《威廉·麦斯特的学徒生涯》"在美学和历史哲学方面刚好处于前两类小说之间:它的主题是成问题的个人在经验理想引导下与具体的社会现实之间的和解"④。最后,卢卡奇认为托尔斯泰的小说比歌德的小说更胜一筹,是一种超越社会生活形式的尝试。

可见,《小说理论》对小说形式的探索,仍然试图寻找小说返回史诗的和谐审美境界的途径,使艺术形式负载人生探索的伦理责任。一方面小说取代史诗是历史发展的必然性,另一方面小说又要在更高层次上回归史诗中人与自然的协调和谐。尽管此时卢卡奇的哲学起点是由黑格尔、歌德和浪漫派提供的,但这是他对资本主义人性丧失的现状的抗拒,在本质上,"《小说理论》不是保守的而是颠覆性的,虽然它建立在非常天真、彻底虚幻的乌托邦的基础

① (匈)卢卡奇:《卢卡奇早期文选》,张亮、吴勇立译,南京大学出版社2004年版,第114页。

② (匈)卢卡奇:《卢卡奇早期文选》,张亮、吴勇立译,南京大学出版社2004年版,第65页。

③ (匈)卢卡奇:《卢卡奇早期文选》,张亮、吴勇立译,南京大学出版社2004年版,第65页。

④ (匈)卢卡奇:《卢卡奇早期文选》,张亮、吴勇立译,南京大学出版社2004年版,第97页。

之上……确切地说,是在追寻一个'新世界'"①。所以,他认为艺术作品是给生活以形式的唯一途径,艺术的存在证明了日常生活的异化是能够被克服的。

二、艺术作品存在,它们何以可能?

艺术作品存在,它们何以可能? 这种康德似的提问方式实际上谈的是艺术的存在基础的问题。艺术为什么能够存在? 谁需要它? 我们把卢卡奇的回答总结为一句话:使人的整个心灵激动起来的需要,人的根本性需要促使艺术存在。使人的整个心灵激动起来意味着什么? 卢卡奇曾援引克罗普斯托克关于诗的思考来表达人的心灵激动的情形:"诗的本质在于,它借助语言由一个侧面表现出我们所认识或能推测出其存在的确定数量的对象,它使我们心灵中最高尚的力量充分地唤发出来,由一个侧面作用到其他侧面,由此使整个心灵激动起来。"②

卢卡奇认为,这种需要不仅表现在人们的日常生活之中,也表现在以极其不同的方式从日常生活中产生出来的"对象化领域"中,如神话、宗教、哲学、文学、艺术、伦理学等之中。只有当生产力与生产关系的发展,为人的个性的整体性和完整性提供最大的可能,并在主观上对生产力的发展表现出明显的威胁时,才产生出这种需求意识,"这时才产生出——也是更自觉地——通过艺术来满足的渴望"③。艺术存在是不容争辩的事实,那么,艺术是如何存在的呢?

(一)艺术的自律和他律:卢卡奇的日常生活理论

自律和他律作为一组二元对立的范畴是现代美学的发现和概括。他律(heteronomy)是"他者的法则",自律(autonomy)是"自身的法则"。作为美学范畴,他律性就是指审美判断的合法性根据不在艺术和美学自身,而在它之外的道德、宗教或政治、社会的要求

---

① (匈)卢卡奇:《卢卡奇早期文选》,张亮、吴勇立译,南京大学出版社 2004 年版,"序言"第XII页。

② (匈)卢卡契:《审美特性》(第 2 卷),徐恒醇译,中国社会科学出版社 1991 年版,第 3 页。

③ (匈)卢卡契:《审美特性》(第 2 卷),徐恒醇译,中国社会科学出版社 1991 年版,第 4 页。

中。自律性或自主性是现代艺术的特征,它把艺术存在的根据规定为艺术自身。现代人们普遍认为,自律是现代道德哲学的核心范畴,康德率先赋予了自律特有的道德色彩,此后将其用于美学。康德美学从纯粹形而上学的角度区分了真、善、美的概念,确立了审美和艺术领域的自主自律性。在康德看来,审美活动是一种既不涉及概念(真),也与功利目的(善)无关的特殊的人类活动(美),因此康德认为,艺术是一种具有独立自主性的自律活动。所以,艺术的自律,意味着艺术从道德、宗教、政治等观念束缚中解脱出来,作为一个独立的价值领域,开始与其他社会文化价值领域区分开来。

如果着眼于艺术对生活世界的意义,人们可以发现在艺术实践即艺术生产、艺术接受和艺术的目的或功能中,存在着一个由早期的工具主义"他律"论向后期的表现主义"自律"论的转型。艺术在发生学上滥觞于为诸如巫术模仿、宗教祭祀与聚会庆典等社会活动的服务性需要之中,这种他律的立场在19世纪开始发生转变,围绕着艺术的自律和他律的关系,美学界掀起了轩然大波。现代艺术理论主张艺术和审美是自律的,它不同于以往艺术对主题与题材的依赖,这种追求自律的艺术观念推崇形式本身的独立意义。

卢卡奇对此提出了自己的看法:"审美被看作是独立的,它失去了与人类社会历史生活的各种联系,它的独立性使它变成了'自然保护公园'而被完全隔离开来,正如很多现代理论所主张的那样。"①卢卡奇坚决反对这种"为艺术而艺术"的唯美主义观念,艺术的自律虽然带来了艺术的解放,但是艺术与现实社会并非是毫无联系的,卢卡奇认为:"只有令人满意地确定出审美在人与外部世界的关系系统中的地位,才能令人满意地规定出审美的本质。"②因此,在卢卡奇早期的《唯美文化》和后期的《审美特性》中,我们可以从他的日常生活理论出发,依据艺术的创造、艺术接受、艺术或美学的目的及功能三个方面归纳出卢卡奇有关艺术自律的思

① (匈)卢卡契:《审美特性》(第2卷),徐恒醇译,中国社会科学出版社1991年版,第1~2页。

② (匈)卢卡契:《审美特性》(第2卷),徐恒醇译,中国社会科学出版社1991年版,第2页。

想——艺术是相对自律的,是自律和他律的统一。

首先,从艺术生产或艺术创造来看,艺术既是自律的又是他律的。艺术作为一个独立的价值领域,是自律的,是与其他价值领域相区别的。在卢卡奇看来,日常反映、科学反映和艺术反映是相区别的,他尤其对比了艺术和宗教的不同。他认为,对于每一部真正的艺术作品来说,审美反映都遵循一个具有普遍性和共同内容的基本方向,即艺术的此岸性。而各种巫术或宗教形象却都关涉人类世界的彼岸性,它们涉及一种超验的现实。但是,他又指出,"我们必须始终牢记,这三种反映所模(摹)写的是同一个现实"①。在卢卡奇看来,人在日常生活中的态度是第一性的,艺术来源于日常生活这一事实说明艺术表现与审美内容是不可分割的,即使是像歌德或席勒的哲理诗、伦勃朗的后期绘画等深刻的思维类型,在审美的意义上,也不可能实现这种分离。

可见,每一种艺术的创造、构成都受一定的社会、历史条件的制约,在作品完成过程中都带有其自身历史的发生和对人类发展的意义。马克思对艺术的社会性的分析正确地概括了其中最本质的东西:"社会的人的感觉不同于非社会的人的感觉。只是由于人的本质客观地展开的丰富性,主体的、人的感性的丰富性,如有音乐感的耳朵、能感受形式美的眼睛,总之,那些能成为人的享受的感觉,即确证自己是人的本质力量的感觉,才一部分发展起来,一部分产生出来。因为,不仅五官感觉,而且连所谓精神感觉、实践感觉(意志、爱等等),一句话,人的感觉、感觉的人性,都是由于它的对象的存在,由于人化的自然界,才产生出来的。"②只有从艺术的"这种社会性出发,才能理解艺术的自律存在以及它的发展"③。艺术创作的最终的基础是由"外部"而来的,是一种社会的需求和社会的委托。艺术来源于日常生活这一现实决定了艺术是自律和他律并存的,忽视各种日常态度与整个文化以及人类文化发展的联系,就会造成文化的歪曲并使之贫乏化。

---

① (匈)卢卡契:《审美特性》(第1卷),徐恒醇译,中国社会科学出版社1986年版,第3页。

② (德)马克思:《1844年经济学哲学手稿》,人民出版社2000年版,第87页。

③ (匈)卢卡契:《审美特性》(第2卷),徐恒醇译,中国社会科学出版社1991年版,第422页。

其次,从艺术接受来看,艺术是自律和他律的统一。卢卡奇认为,完全自律的艺术是不可能的,它必须要考虑到接受者的感受。他在论述戏剧发展史时就谈及,现代资产阶级戏剧是阔人们的艺术,与普通百姓的生活相差太远,它的内容和形式只能被少数艺术精英所接受,而不能被普通大众所理解。因此,卢卡奇极为反对现代唯美主义艺术,在他看来,只有在艺术作品本身始终引导对接受者的感受时,这部作品才能被称为艺术作品。①

卢卡奇在《审美特性》中谈到了 20 世纪上半叶各种短暂的"为艺术而艺术"的美学趋向,它们表现出一种倾向:使作品在客观上存在的审美属性不依赖于每一种效果,这意味着对同时代一般审美判断的否定。看起来这种倾向在主观上可以理解而且有一定的合理性。的确,米开朗琪罗、达·芬奇或贝多芬的伟大不应该取决于小市民张三或李四的趣味,但这里有决定意义的不是张三或李四的美学见解或审美趣味,而是"依存于作为人类自我意识的它的客观性","科学的客观性是基于自在存在本身不依存于意识的性质,而审美的客观性即使在观念上也不能脱离人以及人的思想情感等"。②

哥白尼学说的真理性不依赖于人们是否察觉到或认识到地球围绕太阳运转这一事实,但艺术作品如拉斐尔的《雅典学派》却是审美原理的实现。因为审美反映现实的方式,作为艺术规定的整体性,向人类提供了对自身发展有意义规定的整体性的真实映象,它能够在人身上唤起这种整体性。所以,一部艺术作品的情感效果不应当是无意识的,而应当是代表艺术家有意指导的结果,是受到接受者反应态度制约的,而且只有当艺术的产物表现为激发引导自身内在完整的具体系统时,艺术才能完成这种职能。

最后,从艺术或美学的目的或功能来看,艺术是相对自律的。卢卡奇的美学中没有自然美范畴的位置,美学只涉及人的作品。"为艺术而艺术"作为一种现代艺术的主张是有缺陷的,因为艺术本身不能成为最终的目的,离开了人的生命世界,艺术什么都不

① (匈)卢卡契:《审美特性》(第 2 卷),徐恒醇译,中国社会科学出版社 1991 年版,第 147 页。

② (匈)卢卡契:《审美特性》(第 2 卷),徐恒醇译,中国社会科学出版社 1991 年版,第 147 页。

作为文化批判的审美——赫勒美学思想研究

是。对卢卡奇来说,艺术是人"通过他的劳动而形成人的人们的产物"①,审美反映"是由人的世界出发并且目标就是人的世界"②。在资本主义异化的日常生活世界里,艺术能够撕下那种表面上与人的生活相关,实质上却歪曲了人作为人的本质的假面具,并可以揭示出人的作为存在基础和统一原理的真实本质。也就是说,艺术具有反拜物教化的拯救作用。

正如英国学者帕金森指出的:事实上,卢卡奇在寻求一种通过艺术得到拯救的理论。③ 前面已经提及,艺术的形而上的先验本质为"心灵",即真正的、理想的生活,是意义的源泉,而艺术的形而下的属性则是生活,自发的日常生活。通过艺术的形式,人们实现了日常生活和真正的、更高意义的生活的统一,"艺术形式把人提高到人的高度"④。可以看出,从功能上看,艺术与其他领域之间是相互影响的,"在日常生活和艺术之间具有不断往复的相互作用,在这种相互作用中生活问题转化成特殊的审美形式,相应地从艺术上加以解决,并且在这种相互作用中审美把握现实的成果不断涌流入日常生活,使之在客观上和主观上丰富起来"⑤。

总之,卢卡奇主张艺术既是自律的又是他律的,即是相对自律的。他提醒人们要牢记:"每一领域的这种独立性都是相对的。只有当它们形成和保持着这种独立性时,它们才能在整个人的生活中正确地发挥作用。"⑥卢卡奇经典的日常生活理论概括地道出了这一思想,"人们的日常态度既是每个人活动的起点,也是每个人活动的终点。这就是说,如果把日常生活看作是一条长河,那么由这条长河中分流出了科学和艺术这样两种对现实更高的感受形式

---

① (匈)卢卡契:《审美特性》(第 1 卷),徐恒醇译,中国社会科学出版社 1986 年版,"前言"第 12 页。

② (匈)卢卡契:《审美特性》(第 1 卷),徐恒醇译,中国社会科学出版社 1986 年版,"前言"第 13 页。

③ (英)G. H. R. 帕金森:《格奥尔格·卢卡奇》,翁绍军译,上海人民出版社 1999 年版,第 35 页。

④ (匈)卢卡契:《审美特性》(第 1 卷),徐恒醇译,中国社会科学出版社 1986 年版,第 443 页。

⑤ (匈)卢卡契:《审美特性》(第 1 卷),徐恒醇译,中国社会科学出版社 1986 年版,第 172 页。

⑥ (匈)卢卡契:《审美特性》(第 1 卷),徐恒醇译,中国社会科学出版社 1986 年版,第 450 页。

和再现形式。它们互相区别并相应地构成了它们特定的目标,取得了具有纯粹形式的——源于社会生活需要的——特性,通过它们对人们生活的作用和影响而重新注入日常生活的长河"①。艺术就其作为一种独特的文化现象来说无疑是自律的,但就其作为我们的生活世界中的亲密伴侣而言,则是他律的。卢卡奇的现实主义理论或审美反映论强调的是艺术的客观特性,即他律性;艺术形式则标示艺术自身的独特存在方式,即自律性。他以形式范畴切入审美反映领域,打通了艺术的社会历史制约性和艺术本体的独立自主性之间的壁垒。

(二)艺术的本质:个体与类的统一

谈到艺术,我们会毫不犹豫地说出一系列伟大的艺术作品,但是当我们真正追问什么是艺术、艺术的内在本质究竟是什么的时候,我们又变得茫然起来。艺术是什么? 是什么决定了艺术作品的杰出? 究竟有没有衡量艺术价值的标准? 这些基本问题被一切探索艺术本质与含义的人们不断地重新提出来,卢卡奇从马克思主义的反映论出发,深刻地回答了艺术的本质问题,即艺术是拟人的,是人类的自我意识,是个体与类的统一。

首先,艺术是拟人的,是人类的自我意识。基于日常生活本体论,卢卡奇认为,对于艺术本质的回答"不能和它的社会职能相脱离,而且只能在与艺术起源、与它的前提和条件的紧密联系中来讨论"②。在《审美特性》中,卢卡奇用了很长的篇幅来叙述艺术的起源,他认为,艺术、科学、宗教都起源于巫术,并且它们都是对日常生活的反映,都是对这统一的现实的反映。当然,艺术是与巫术、科学、宗教相区别的反映类型,卢卡奇着重探讨了艺术与科学的区别,它最能说明卢卡奇对艺术本质的看法。他认为,科学是"非拟人化"的,是对实在的意识;艺术是"拟人化"的,是人类的自我

作为文化批判的审美——赫勒美学思想研究

---

① (匈)卢卡契:《审美特性》(第 1 卷),徐恒醇译,中国社会科学出版社 1986 年版,"前言"第 1~2 页。

② (匈)卢卡契:《审美特性》(第 1 卷),徐恒醇译,中国社会科学出版社 1986 年版,第 45 页。

意识。①

　　在卢卡奇看来,艺术与科学的主要区别在于,科学反映不论对认识对象还是对认识主体,都是非拟人化的,它的目的是把物与物的关系描述为"现实的独立于人的自在存在"②。而艺术反映则保持着"绝对的独立性和完整的自身依存性"③。这里关于认识对象的非拟人化是指科学尽可能地拒绝把自然现象解释成是个人力量的影响,即"拒绝人的维度向自然世界的投射"④。认识主体的非拟人化是指人类摆脱了对感官的依赖,能够进行自我控制,使对现实的感受不受人的感觉的限制。眼镜不是非拟人化的,望远镜和显微镜却是非拟人化的,因为它们产生了与整体的人的日常生活非正常的关系,打开了人的感官通常所接触不到的世界。工具使人回复到整体的人的日常生活中,非拟人化却使人感知到一个独立于人的自在存在的、不同质的世界。而"艺术反映按本质说来是拟人化的"⑤。拟人化和非拟人化的区别正在于:究竟是从客观现实出发把现实本身所具有的内容、范畴等提高到意识中,还是由内部向外部、由人向自然界的一种投射。⑥ 前者指非拟人化,后者指拟人化。卢卡奇认为,日常生活的自发性是拟人化的,巫术和宗教也是拟人化的,但就其拟人化来说,艺术反映是与日常生活、巫术和宗教的反映迥然不同的。艺术反映之所以高于日常生活中对现实把握的各种形式,是因为人的存在和活动的物质基础是社会与自然界的物质交换,它最终整体地、直观地反映出与整个人的实际关系,在这种物质交换中包含着每一个个体和人类以及与人类发展的关系。巫术和宗教的拟人化活动是和作为个人或集体一员的实

---

① 参见(匈)卢卡契:《审美特性》(第1卷),徐恒醇译,中国社会科学出版社1986年版,第137、168页;(匈)卢卡契:《审美特性》(第2卷),徐恒醇译,中国社会科学出版社1991年版,第136、140、192页。

② (匈)卢卡契:《审美特性》(第1卷),徐恒醇译,中国社会科学出版社1986年版,第137页。

③ (匈)卢卡契:《审美特性》(第1卷),徐恒醇译,中国社会科学出版社1986年版,第138页。

④ (匈)赫勒:《日常生活》,衣俊卿译,重庆出版社1990年版,第57页。

⑤ (匈)卢卡契:《审美特性》(第1卷),徐恒醇译,中国社会科学出版社1986年版,第168页。

⑥ 参见(匈)卢卡契:《审美特性》(第1卷),徐恒醇译,中国社会科学出版社1986年版,第170页。

际的和想象的个体要求的满足联系在一起的。这种满足具有一种彼岸性,而艺术反映强调的是此岸性,是现实的人的特性,同时普遍化的艺术形象脱离了单纯个体对需要事实的满足,但没有失去个体的直接感受性。这种反映方式能够在人们身上形成新的能力,形成类的自我意识。

但卢卡奇说艺术反映是拟人化的,并不是指艺术家相信个人的力量可以支配世界。只承认人明确而直接地把他自己的形象特性投射到宇宙中才是拟人化的观点是偏狭的,拟人说也包含着强调艺术和艺术感受力的彻底的历史性。马克思曾经明确地强调了人的感官的形成与审美的联系,例如对于音乐来说,"只有音乐才激起人的音乐感;对于没有音乐感的耳朵来说,最美的音乐毫无意义……任何一个对象对我的意义(它只是对那个与它相适应的感觉来说才有意义)恰好都以我的感觉所及的程度为限。因此,社会的人的感觉不同于非社会的人的感觉……五官感觉的形成是迄今为止全部世界历史的产物"①。这段论述表明了人的感受性以及他的对象本身都是社会发展的产物,整个审美原理是人类社会历史发展的一个成果,一切艺术作品都具有作为其起源的历史上的"此时此地"②,若没有对当时历史的"此时此地"的形象活现,就不会有卓越的艺术作品。

艺术作品的拟人性除指艺术作品受历史的制约之外,它更关乎一种意识,一种人类的自我意识。卢卡奇曾说,科学是对实在的意识,而艺术是人类的自我意识。③ 这里要明确认识"对……的意识"与"……的自我意识"的分工。④ 意识把握着对于人的自在存在的世界,通过它人们将世界的自在存在转化为自为存在。通过人对世界的占有,通过人类的实践,人使得外在世界与他自身发生关系,从而征服世界并使之成为人的家乡。而自我意识是建立在

① (德)马克思:《1844年经济学哲学手稿》,人民出版社2000年版,第87页。

② (匈)卢卡契:《审美特性》(第1卷),徐恒醇译,中国社会科学出版社1986年版,"前言"第13页。

③ 参见(匈)卢卡契:《审美特性》(第1卷),徐恒醇译,中国社会科学出版社1986年版,第137页;(匈)卢卡契:《审美特性》(第2卷),徐恒醇译,中国社会科学出版社1991年版,第80、136、140、192页。

④ 参见(匈)卢卡契:《审美特性》(第2卷),徐恒醇译,中国社会科学出版社1991年版,第76~91页。

与人的内在的关系上的,它包括主观对现实的渗透,人们对现实的反映的目的存在于再现围绕人、人的活动、人的关系等的自在存在的现实。

人们可能对此提出异议,认为这种划分并不能区分艺术和历史科学,历史科学也是人对自身的意识。但历史科学表现了在对现实的反映中非拟人化原理的胜利,它致力于对现实事件尽可能再现其客观的本来面目,尽可能排除在对事实的研究、选择和编排中的主观性。尽管在对事实"正是如此"的表述中,出现了历史与艺术的相互作用,但这种相互作用并不排除在各领域中对不同结构的划分,历史科学在文献表述时尽管广泛地使用了审美的表达手段,但它仍然是纯科学的、非拟人化的。因此,卢卡奇认为,"艺术是人类自我意识最适当的和最高的表现方式"①。

其次,艺术的本质是个体与类的统一。卢卡奇认为,由艺术对现实的反映特性(即内容优先于形式,形式具有激发引导特性,并把一定内容的形式作为它的本质)而来的纯粹美学问题只有与人类的东西相关,只有通过现实的反映进入自我意识的内容才能获得它的真正意义。因为艺术作品成功创造的自身世界、艺术作品的现实性,以及它不可抗拒的激发力量正是建立在具体的人类的东西展开的基础上的。没有人类的东西作为艺术作品的内容,对现实的最纯粹的模仿、对形式最熟练的把握、对审美效果可能性的最富生机的创造也只能是"一种无声的矿石变成发响的铃铛"②。所以,艺术作品通过个体和个体命运的形式来表现人类,实现个体的自我意识与类意识的结合。

那么,艺术或艺术作品是怎样使人达到自我意识的呢? 这就触及了艺术作品的一个特点:它的召唤性,对心灵的召唤性。卢卡奇认为,作品是深刻情感的唤起者,这种情感在极其不同的道路上以无限多样的方式触及和激发人的存在的中心。③ 卢卡奇在作品

① (匈)卢卡契:《审美特性》(第2卷),徐恒醇译,中国社会科学出版社1991年版,第85页。

② (匈)卢卡契:《审美特性》(第2卷),徐恒醇译,中国社会科学出版社1991年版,第85页。

③ 参见(匈)卢卡契:《审美特性》(第2卷),徐恒醇译,中国社会科学出版社1991年版,第150页。

中多次提到艺术唤起情感、激情或热情的问题①,认为作品的情感激发效果可以唤起人们直接参与社会实践的意识。例如,《汤姆叔叔的小屋》主要目的不在于引起人们对奴隶的同情而去帮助那些奴隶,而是为了唤起人们为解放一切奴隶、解放一切被压迫阶级而斗争的情感和意志。这样,艺术作品通过唤起人们内心的热情,为人们实际地参与社会生活提供了内容和方向。

但这种召唤尽管对艺术作品来说是必要的,却不足以使之成为一部艺术作品。比如,阅读一部科学作品也会在读者中唤起情感,例如钦佩、羡慕、恐惧等,但科学作品并不因此成为一部艺术作品。一部艺术作品的情感效果不应是无意识的,而应当是代表艺术家有目的指导的结果。卢卡奇极为重视艺术的引导能力,认为引导感受情绪的能力属于艺术构成的本质,这种能力不仅是必要的作品构成的前提,而且在本体论上决定了作品构成。② 他说:"只有在艺术作品本身始终包含着对接受者的感受进行引导的可能,这部作品才能够被承认是艺术作品。"③再比如,艺术作品所唤起的也不仅仅是一种激情。卢卡奇在讨论自然美问题时指出,妻子的照片会唤起丈夫的感情,但严格说来,那并非是一件艺术作品。那么,艺术作品唤起什么样的体验才足以使之成为艺术作品呢? 当我们欣赏一部艺术作品并把它对客观现实的反映作为一种体验时,形成了自我意识,但是这种个体的自我意识如何转变成类的自我意识呢?

卢卡奇认为,只有唤起人的总体性经验,唤起人类的自我意识的艺术作品才能称得上真正的艺术作品,即体现了艺术的本质是个体与类的统一。卢卡奇认为,如果生活中人们没有在概念思考中对这种体验进行反思和体悟,那么体验就几乎不会在人的思想和情感生活中处于主导地位,它就不可能作为生活的需要获得艺术的意图。这里面所隐含的是对人的个体的整体性和连续性的承

① 参见(匈)卢卡契:《审美特性》(第2卷),徐恒醇译,中国社会科学出版社1991年版,第122、123、124、147、150页。

② 参见(匈)卢卡契:《审美特性》(第2卷),徐恒醇译,中国社会科学出版社1991年版,第150页。

③ (匈)卢卡契:《审美特性》(第2卷),徐恒醇译,中国社会科学出版社1991年版,第147页。

认,所以一件艺术作品只有在唤起总体性经验后,才足以使它成为艺术作品。

由此,卢卡奇指出了审美的特性,即"致力于唤起包含着人的整体性的感性现象世界"①。艺术的伟大世界历史使命,其根源就在于:艺术可以使潜在的东西提高成显在的、给予在现实中默然无息的存在一种明确的情感激发的可理解的表现。② 麦克莱伦在谈到卢卡奇的美学思想时指出:"卢卡契的《美学》是他的著述的顶点。……他追随黑格尔和早期的马克思,把艺术描绘为一种人性化的过程,即人的本性和人类统一的反映和表现。"③在卢卡奇看来,艺术的本质在于,它从所有分散的努力中创造一种统一。归根到底,艺术作品世界的和谐统一在于,它使艺术作品同现实发生特殊的联系,即赋予艺术作品以特殊的意义。

对卢卡奇来说,艺术是人的自我意识在其关于类的统一中最合适的表现方式。艺术满足人类深层的生存需要——它以塑造一个新的"世界"的方式来满足人们的需要,置身这个"世界"的人看到了真实的自己并由此心灵激动。无论是艺术创作还是艺术接受,艺术家和欣赏者都能既保持和感受艺术对象的个体性,也能突出和体验艺术对象的类特征。这使得自我意识的规定提高到更高的水平,从个体的自我意识提高到类意识,"处于审美领域的人——不论是创作者或感受者——对种类的属性作出反映,它既关系到对象,也关系到主体,使自我意识突破了单纯日常生活的个别狭窄领域,获得了一种普遍性"④。卢卡奇认为只有自由的艺术才能把人的主体本性、能力、创造潜力的实际完善等可能性变为现实,并自觉地对外部世界施加影响,使人作为人解放出来,在作为类本质的完满个性中得到证实。艺术作品中,个体的人的存在连同关于类的存在一起是一个统一体。

---

① (匈)卢卡契:《审美特性》(第2卷),徐恒醇译,中国社会科学出版社1991年版,第13页。

② 参见(匈)卢卡契:《审美特性》(第2卷),徐恒醇译,中国社会科学出版社1991年版,第62页。

③ 张伯霖等编译:《关于卢卡契哲学、美学思想论文选译》,中国社会科学出版社1985年版,第156页。

④ (匈)卢卡契:《审美特性》(第1卷),徐恒醇译,中国社会科学出版社1986年版,第196页。

(三)审美的结构本质:艺术的特殊性

卢卡奇指出,美学的中心范畴是特殊性,要理解特殊性,就必须理解它与另外两个范畴普遍性和个别性的关系。歌德在《格言与感想》一书中指出:诗人是从一般中寻找特殊,还是在特殊中展现一般,这有很大的不同。黑格尔最早全面地考察了这个问题,后来马克思发展了他的思想。马克思在《〈政治经济学批判〉导言》中谈道:"具体之所以具体,因为它是许多规定的综合,因而是多样性的统一……在第一条道路上,完整的表象蒸发为抽象的规定;在第二条道路上,抽象的规定在思维行程中导致具体的再现。"①马克思在这里说的是一种经济学方法,经济学家应当从实在和具体开始(也就是卢卡奇的"个别性")。但是,由于这种"直接性",表面上看是实在和具体,但事实上是一种抽象,还必须概括它的各部分,从而对它们形成一个普遍的概念(即达到"普遍性")。于是思维行程按原路返回,直到重新达到实在和具体,但是这回"已不是关于整体的一个混沌的表象,而是一个具有许多规定和关系的丰富的总体了"②。卢卡奇把这一思想从经济学拓展到美学,指出特殊性范畴是美学的中心范畴,是审美的结构本质。

卢卡奇认为,特殊性既超出了单纯的个别性,又超出了抽象的普遍性,同时超越了二者的直接统一。"它达到了个别性不仅带有意义,而且充满意义;普遍性不再是个别性的一种先验希冀的目标,而是贯穿于它的各端,寓居于它的所有原子中,即由普遍的东西和个别的东西的单纯直接统一中形成实际的、有机的、新范畴统一体。"③卢卡奇所说的特殊性,是介于普遍性与个别性之间的范畴。特殊性带有一种"普遍化"的意义,是"从个别到普遍的历程",也是"从普遍到个别的历程"。它是个体与普遍之间具有独立意义的必然媒介。

在审美中,艺术作品既要突出日常现象的个别性,又要反映事件的普遍性。通过作品,创作者与读者沟通,这就要保证作品所表

---

① 《马克思恩格斯选集》第 2 卷,人民出版社 1995 年版,第 18 页。

② 《马克思恩格斯选集》第 2 卷,人民出版社 1995 年版,第 18 页。

③ (匈)卢卡契:《审美特性》(第 1 卷),徐恒醇译,中国社会科学出版社 1986 年版,第 343 页。

达的情感不再是一种特称的判断、个人的感受,而是对客观事物的普遍性反映。艺术作品要成为沟通人们内心世界与生活世界的桥梁,帮助人们实现个人与其命运的统一。艺术作品的普遍性是艺术作品体验中个体上升为类意识水平的决定性力量。人们在与日常环境的交往中,很难从环境的个别性中把握它的内在普遍原理。只有使艺术作品的普遍性力量成为深入到人们内心的一种因素和一种动力,才能具体地影响到人们的行为及其命运,从而把普遍性扬弃在特殊性之中。对于个别性来说,其直接性的存在状态使得它无法向他人传达。艺术通过同质媒介再现了这种个别性,使其更容易理解和体验。审美的特殊性通过普遍性更好地表现和传递事物本身的个别性。

卢卡奇的特殊性范畴是与美学的另一个基本范畴"典型"联系在一起的。在审美反映中,人既是对象,又是主体。审美主体本身必须形成人类普遍化和类属性的因素,审美不能涉及类的抽象概念,而只能诉诸具体的感性个体的人,在他们的性格和命运中感性具体地、个别而内在地包含着类的特性和所达到的发展高度,由此产生了审美中心问题之一的典型问题。审美的普遍化就是将个别性提高到典型中。卢卡奇认为,审美反映与科学反映不同,科学反映是揭示出个别事物与一般规律之间的联系,而"审美反映的对象也不可能是一般的,审美的普遍化是将个别性提高到典型中"[①]。更清楚点说,即他认为科学反映是非拟人化的,科学的目的是要尽可能地摆脱日常感官留给我们的印象,并超越日常思维的限制。科学典型通过最大限度的普遍化过程,尽量对日常事物的个别性和特殊性加以抽象,把个别性上升为普遍性。而艺术典型则不同,虽然也经过普遍化,使各种个别性纳入统一的联系中,但是它要保持多样化的特性,并且这种典型要与现实生活中所出现的个人融为一体。

在卢卡奇看来,艺术作品存在的一个深层原因在于审美反映体现了深刻的生活真理。审美反映总是以思考人类的存在与命运为主题,并以个体和个体命运的形式来表现人类,通过个体,人看

---

① (匈)卢卡契:《审美特性》(第 1 卷),徐恒醇译,中国社会科学出版社 1986 年版,第 190 页。

到了自身,看到了人类的命运。审美反映的特性正在于,艺术作品个体既具有感性直接性又包含人类的典型。卢卡奇极为重视典型的意义,他认为,"只有当人类对与自然界处于物质交换中的社会的某种态度具有或达到持续的本质上典型的特性时,艺术(某一门类)才能形成并作为艺术而存在下去"①。由此,我们看到,审美反映并不涉及人的类的抽象概念,但是它又必须体现类的普遍化和类属性的因素,因此,只有借助于感性个体,在个体的命运中包含类特性;只有通过艺术典型的特殊性原则,艺术才能构建一个典型的、"总体的世界"。

三、赋形生活可能吗?

赋形(shape)和赋形生活(shape life)②是卢卡奇思想中重要的美学概念。在卢卡奇看来,现代人的生活是不真实的,现代世界是没有意义的,真实的生活是心灵自身的体验。因此,"心灵"要通过"形式"赋予生活和世界以意义,赋形就是给生活以形式,而艺术形式就是为世界和生活赋形的方式之一。他极为看重论说文的形式,认为论说文是一种艺术形式、一种自律和对一个自律的完整的生活的彻底赋形。事实上,卢卡奇一直为赋形生活进行多方面的探索,通过艺术或审美赋形生活,或通过伦理赋形生活。卢卡奇一生思想的转变能够证明其探索途径的转变,但最终他仍然没有完成这项任务。应该说,赫勒追随老师的愿望,在伦理、审美中为现代人追求有意义的生活不断尝试和努力。因此,在卢卡奇看来,赋形生活如何可能的问题就是如何把人们从异化的现实生活中拯救出来的问题,也是如何让人们过一种真实的生活的问题。卢卡奇认为,艺术担负着这样的职能,因为艺术具有同质媒介的作用,能够把人从"完整的人"转变成"人的整体"(作为总体的人),实现个体与类的真正统一。同时,艺术具有反拜物教化的功能,能够发现

---

① (匈)卢卡契:《审美特性》(第1卷),徐恒醇译,中国社会科学出版社1986年版,第201页。

② 赋形和赋形生活是卢卡奇思想中重要的美学概念。在《小说理论》中,卢卡奇多次使用赋形这一概念,并一直试图探索赋形生活的形式。请参见《卢卡奇早期文选》和《卢卡奇再评价》中的《生活与心灵:青年卢卡奇和文化问题》、《格奥尔格·卢卡奇和伊尔玛·塞德勒》。

并促进人们对抗异化现实的意识。

（一）同质媒介："完整的人"向"人的整体"的转化

"完整的人"、"人的整体"和"同质媒介"是卢卡奇美学中重要的范畴。"完整的人"或"整体的人"①是与资本主义社会劳动分工所导致的片面的、专业化的、分裂的人相对应的。作为整体的人，其心理能力和生理能力是不可分割的，其内涵在于人的整个心灵力量的激活。卢卡奇认为，在每一种人的活动中所有人本身的能力都是有机配合的，资本主义分工破坏了人的这种直接的整体性，使人与自身和他的劳动相异化。所以，在马克思之前，以席勒为代表的浪漫主义运动就憧憬于统一的和整体的人。但是马克思没有单纯地批判资本主义分工，他描述了资本主义日常生活充满矛盾的二重性，"人类的才能的这种发展，虽然在开始时要靠牺牲多数的个人，甚至靠牺牲整个阶级，但最终会克服这种对抗，而同每个个人的发展相一致；因此，个性的比较高度的发展，只有以牺牲个人的历史过程为代价"②。

追随马克思的思想，卢卡奇比较正确地认识了资本主义分工，并对劳动分工本身进行了正确的评价。卢卡奇认为，随着日益提高的文化的发展，"人的活动片面地形成了他的整个个性的一定方面，不论是体质上的或精神上的，而其他方面则暂时被忽视，甚至长期被压抑"③。但卢卡奇同以往那种把人对整体性和完整性的渴望作为普遍的社会需要的中心并对劳动分工进行浪漫主义、反资本主义批判的做法完全不同，他认为，反资本主义的浪漫主义批判

---

① 这里"整体的人"的概念与有些学者的观点不同，有人认为卢卡奇整体的人是指类的整体性。但作者从通读卢卡奇的基本论著看，在《审美特性》中的整体的人不带有任何道德意义，它指的是一种意识状态，是日常生活中运用人的全部能力的人，不论这个人是否异化或畸形化，见（匈）卢卡契：《审美特性》（第1卷），徐恒醇译，中国社会科学出版社1986年版，第37页，他提到"与日常生活中整体的人相对立的是人的整体（关系到一定的对象化）"[（匈）卢卡契：《审美特性》（第1卷），徐恒醇译，中国社会科学出版社1986年版，第38页]。我认为，由于译者对同一个词翻译的不同，导致了人们对完整的人、全面的人、整体的人和人的整体的概念理解上有偏差。在《审美特性》中，译者在第1卷使用了整体的人的概念，第2卷译成完整的人的概念，故作者认为这两个概念在《审美特性》中是一致的。

② 《马克思恩格斯全集》第34卷，人民出版社2008年版，第127页。

③ （匈）卢卡契：《审美特性》（第2卷），徐恒醇译，中国社会科学出版社1991年版，第3页。

完全把劳动分工看成是肢解人性、压抑人性的消极的东西,而没有考虑到"它不仅是人类高度发展所不可避免的一个阶段,劳动分工本身——尽管在资本主义社会存在着各种损害和压抑着人的现象——在人的身上不断地唤起甚至发展着各种特性和能力,它们扩大和丰富了人的整体性概念。因此,甚至在资本主义对整体的人最不利的阶段也不会离弃整体的人。相反,那种肢解的倾向愈发展,其反作用也就愈强烈"①。因此,卢卡奇肯定了日常生活的一个本质特征,即投入生活的是整体的人。

"人的整体"是指在艺术创造和感受中,人们把各种能力、感觉、知识、经验等集中在某一艺术品种的同质媒介上所形成的整体的态度。"人的整体"只有通过同质媒介才能实现。这里卢卡奇使用了"完整的人"或"整体的人"和"人的整体"两个概念,前者侧重于个体,这里隐含着对人的个体的整体性和连续性的承认,是指与被肢解的片面化的人相对立的功能全面发展的人;而后者是指人的"类"概念。

卢卡奇认为,审美反映在人的整体性中的作用与科学反映有着本质的不同,虽然反映的是同一个现实,但科学反映是倾向于非拟人化的,而审美反映是拟人化的,是在审美中把人本身的产物直接地显现为中心地位。"唯独只有艺术——借助于模仿——创造出与现实世界相对立的客观图像,这种图像自身完善成一个'世界',这个世界在其自身的完善中具有一种自为存在,其主观性被扬弃……这种扬弃了的主观性这时唤起了类意识,这种意识在每个人的个性中或多或少是自觉地始终内在地存在着。"②这样,在艺术作品的"世界"中,人们完成了保持其主观性的客观化作用,主观上对类的需求克服了日常生活的独特性特征,从而使日常生活本身被提升、被改造,于是日常生活中"完整的人"转化为"人的整体",人的个体的完整性与类的整体性实现了统一。

而日常生活中"完整的人"在指向审美领域"人的整体"的过程中,"同质媒介"起了重要的中介作用。所谓"同质媒介",就是在人

① (匈)卢卡契:《审美特性》(第 2 卷),徐恒醇译,中国社会科学出版社 1991 年版,第 4 页。

② (匈)卢卡契:《审美特性》(第 2 卷),徐恒醇译,中国社会科学出版社 1991 年版,第 51 页。

作为文化批判的审美——赫勒美学思想研究

自身实践的对象化活动中,人借助于听觉、视觉、语言、表情等属性,经过主观化过程,然后对象化为一种艺术的物质载体。每一艺术品种或每一艺术门类都有一种具体的同质媒介形式作为它存在的基础。同质媒介概念由质上相互不同的媒介(比如说诗的语言媒介、绘画的纯粹视觉媒介等)所具有的本质上共同的特征构成。就同质媒介的特性来说,同质媒介的自身实现体现在艺术作品中,在那里它作为一种媒介而发挥作用。这种媒介不是独立于人的客观活动而存在的外在现实,而是由人的看、听等实践活动自身引起的对象性及其联系的特殊构成原理。它不是人的活动的产物,而是伴随着人的活动,是审美主客体统一的概念。同质媒介在审美反映中联系着主观和客观的统一。一方面人的听觉、视觉、语言和表情等同质媒介的具体属性,直接构成和参与人的生活和实践活动;另一方面同质媒介仍然是高于现实生活的提取物。所以,听觉、视觉等同质媒介是艺术家进行创作、观众进行艺术感受的实践基础。在艺术创作和感受过程中,艺术家和观众将自身投身于某种艺术品种的同质媒介中,并在其个性中创造"艺术世界"的可能性。

卢卡奇认为,"同质媒介首先表现为对世界统觉的限定……在诸感官中,只有视觉和听觉才能形成同质媒介……'嗅觉交响乐'仍然只是一种空洞的儿戏"[1]。当它作为一种手段限定了对外在客观世界的反映,并由某一特殊感官知觉到这种反映,"使世界的一个特殊的同时又是整体的侧面,由如此形成的新的方式加以模写,并象征地加以固定下来,那么这才能构成美学意义上的一种同质媒介"[2]。

由此,完整的人向人的整体的过渡,只有通过艺术作品才能实现,"主体在其自身所完成的由潜在的困钝中唤醒的整体的人的这种暂时变换只有在与艺术作品的生动关系中才能实现"[3]。通过使

---

① (匈)卢卡契:《审美特性》(第 2 卷),徐恒醇译,中国社会科学出版社 1991 年版,第 114 页。

② (匈)卢卡契:《审美特性》(第 2 卷),徐恒醇译,中国社会科学出版社 1991 年版,第 114 页。

③ (匈)卢卡契:《审美特性》(第 2 卷),徐恒醇译,中国社会科学出版社 1991 年版,第 48 页。

完整的人向某种艺术品种或艺术门类的同质媒介转移,人们形成了与艺术处于创造和感受关系中的"人的整体"。每一种同质媒介的具体化不仅使个体感受到创造者的个性,而且还向人类展现了特定历史发展阶段的生存状况。这与完整的人在其日常思维中所做的相比,艺术作品更完整和更清晰地阐释了与人和人类的生存发展相关联的现实的某些环节。可见,正是在艺术的同质媒介中,艺术实现了"完整的人"向"人的整体"(作为总体的人)的转化,实现了个体与类的统一,成为人类的自我意识最高的和最合适的表达。

(二)乌托邦实现:艺术的反拜物教化

对于卢卡奇来说,艺术能够赋形生活的第二种原因,在于艺术具有反拜物教化的功能。卢卡奇认为:艺术的使命在于创造一个适应于人和人类的世界。[①] "文艺同时是对生活核心的揭示和对生活的批判。"[②]这种艺术使命和艺术的二重性告诉我们,每一种艺术,每一种艺术效果都包含着对人的生活核心的激发,同时也不可分割地联系着对生活、对社会以及对由社会所创造的与自然的关系的批评。这便是卢卡奇关于审美的反拜物教化性质的论述。

终其一生,卢卡奇虽经过一些思想波折,但他始终把在现实存在中发现启蒙的、非拜物教化的意识,以及摆脱日益异化的现实生活的乌托邦幻想寄托在艺术作品上,并对此进行了长期的探索和论证。赫勒在谈论卢卡奇生前未发表的手稿("所谓的《海德堡美学手稿》")时说,所谓的海德堡美学实际上包含两个部分,即《艺术哲学》和《海德堡美学手稿》,《艺术哲学》是《心灵与形式》的观点的具体化和明朗化,同时也是通向理解《小说理论》的途径。在这部著作里,卢卡奇把人类存在主要分为真实和不真实两种截然相反的状态,艺术作品作为最终的真实的形式、作为真理、作为无意义的意义而显现。[③]

① 参见(匈)卢卡契:《审美特性》(第2卷),徐恒醇译,中国社会科学出版社1991年版,第16页。

② (匈)卢卡契:《审美特性》(第2卷),徐恒醇译,中国社会科学出版社1991年版,第247页。

③ 参见 Agnes Heller, *Unknown Masterpiece*, In *Philosophy Social Criticism*, 1989, (15)。

第一，对艺术反拜物教化的诉求历程。由于资本主义的发展，交换关系遍及社会和生活的各领域、各角落，物化和随之而来的拜物教化倾向在社会中普遍蔓延开来，卢卡奇继承马克思主义的思想传统和德国批判理论的精髓，对资本主义文化展开批判，并寻求反拜物教化的途径，应该说对艺术反拜物教化的追求是卢卡奇一生追求的目标。

卢卡奇在早期著作中专门考察了资产阶级社会中文化危机的现象，认为危机集中表现为日益增长的个体的异化和现代生活中意义的丧失。在探寻文化出路的旅途上，卢卡奇表达了对资产阶级文化的批判以及对古希腊史诗时代的美好向往，体现了他"憧憬返回古代文明的审美乌托邦倾向"①。"在那幸福的年代里……世界虽然广阔无垠，却是他们自己的家园，因为心灵深处燃烧的火焰和头上璀璨之星辰拥有共同的本性。"②"对于心灵而言，根本就没有什么内部，因为对它来说，既没有外，也没有什么'他者'。……它既不知道自己会迷失自我，也从未想过要去寻找自我。这样的年代就是史诗时代。"③这里卢卡奇表达了对古希腊史诗时代和完整的文化精神的向往，也表达了对未来世界的乌托邦的渴求。卢卡奇的憧憬洋溢着人性自由和文化民主的人道主义情怀，这种美学理想贯串于卢卡奇一生的思想和美学探索中。

为了反对资本主义社会这种机械的、无意义的、孤独的生活，寻求超越异化的日常生活的办法，他极为关注作为艺术形式的现实主义的美学意义。从《心灵与形式》开始，他便一直在寻找合适的形式，他孜孜不倦地研究了戏剧、散文和小说的形式，把悲剧和史诗看作戏剧和叙事文学中最完美的形式。他在一篇论绘画的文章中写道："这一作品表明存在着一个完全和谐的封建的世界，一个幸福的整体。这个世界是一个乌托邦，其中的每一事物都和我们渴望的现实相一致。"④可见，卢卡奇试图通过艺术创造出一个理

---

① 冯宪光：《"西方马克思主义"美学研究》，重庆出版社1997年版，第88～89页。
② （匈）卢卡奇：《卢卡奇早期文选》，张亮、吴勇立译，南京大学出版社2004年版，第3～4页。
③ （匈）卢卡奇：《卢卡奇早期文选》，张亮、吴勇立译，南京大学出版社2004年版，第5页。
④ 转引自刘象愚：《卢卡奇早期的美学思想》，载《北京师范大学学报》1991年第1期。

想的完美的乌托邦世界。他在《小说理论》中把《威廉·麦斯特》作为乌托邦理想的尝试。他认为主人公通过艰难的抗争和冒险的经历,克服心灵的孤独,去寻求与社会现实的和解,从而实现一种新的人文主义的理想。①

就在卢卡奇绝望地探索资本主义文化出路的过程中②,十月革命复活了他心中已经熄灭的希望并使他转向马克思主义,于是在《历史和阶级意识》中,他表达了马克思主义美学的核心问题。"正是《历史和阶级意识》首先明确地表达了马克思主义美学理论传统中非常核心的问题:卢卡契特别关心去发现启蒙的、非拜物教化的意识,如何可以产生于异化的、拜物教化的现实的原动力之中。"③事实上,在大学期间,卢卡奇就开始重视无产阶级的阶级意识问题,当时他与同学一起成立"塔莉亚剧院",卢卡奇担任导演和剧评家,演出的目的是争取无产阶级作为观众,在这一艺术实践活动中,他看到了广大工人同艺术、文化长期隔绝的状态。

所以,卢卡奇提出了"阶级意识"概念,他认为,"只有无产阶级的意识才能指出摆脱资本主义危机的出路"④。卢卡奇的阶级意识概念叫作"被赋予的阶级意识",他给它下的定义是"变成为意识的对阶级历史地位的感觉",或"人们在特定生活状况中,如果对这种状况以及从中产生的各种利益能够联系到它们对直接行动以及整个社会结构的影响予以完全把握,就可能具有的那些思想、感情等等"。⑤"阶级意识不是个别无产者的心理意识,或他们全体的群体心理意识,而是变成为意识的对阶级历史地位的感觉。"⑥可见,在

---

① 参见(匈)卢卡奇:《卢卡奇早期文选》,张亮、吴勇立译,南京大学出版社2004年版,第97~107页。

② 卢卡奇在《小说理论》的"序言"中提及,《小说理论》是在对世界局势的永久绝望的心绪中脱稿的。参见(匈)卢卡奇:《卢卡奇早期文选》,张亮、吴勇立译,南京大学出版社2004年版,"序言"第Ⅲ页。

③ (澳)波琳·约翰逊:《卢卡契的美学思想》,"王鲁湘等编译:《西方学者眼中的西方现代美学》",北京大学出版社1987年版,第167页。

④ (匈)卢卡奇:《历史与阶级意识》,杜章智等译,商务印书馆1992年版,第136页。

⑤ (匈)卢卡奇:《历史与阶级意识》,杜章智等译,商务印书馆1992年版,"译序"第8页。

⑥ (匈)卢卡奇:《历史与阶级意识》,杜章智等译,商务印书馆1992年版,第133页。

卢卡奇看来,阶级意识是一种客观的可能性,是无产阶级的阶级利益和历史利益的合乎理性的表达,是阶级的历史发展和现实实践的产物。在他看来,历史和阶级意识两者实际上是同一的。无产阶级是历史进程中主体和客体的统一体,而无产阶级的阶级意识能够达到对社会历史的总体认识。历史是实体,无产阶级及其阶级意识就是主体。这里他试图通过无产阶级意识的获得来实现对异化现实的根本克服,从而实现他早年的抱负。

但是,在20世纪30年代,卢卡奇重新把理论研究的视角切入到美学理论上来。① 卢卡奇的学生费赫尔曾经指出,20世纪20年代国际形势和社会条件的变化使得《历史和阶级意识》中所表达的概念和想法难以实现。伴随着法西斯主义的兴起和苏联高度集中的体制的出现,卢卡奇对通过国际共产主义者自愿行动来拯救世界的激进的革命的展望,此时烟消云散了。② 可以说,卢卡奇在探索摆脱资产阶级现实的异化生活的过程中,把希望寄托在"输入的无产阶级意识"上的想法没能得以实现,于是他转向了现实主义理论,又重新回到了早期时候探索的道路。应该说,"现实主义的理论还是为启蒙意识建立基础的难题提供了一个恰当的方法"③。费赫尔认为,卢卡奇的"意识形态批判理论实际上是拜物教理论"④,他的现实主义理论"实际上是对拜物教的批判"⑤。

由此,卢卡奇转向了现实主义文学传统,试图找到一条反抗社会现实的非拜物教化的、人道主义的途径。在费赫尔看来,卢卡奇的作为文化批判的美学理论意味着动员启蒙运动的一切浪漫主义

① 对于卢卡奇重新回到美学理论有几种传记方面的解释,一种认为卢卡奇转向文学批评,表达了一种基本政治态度的退却;一种观点宣称卢卡奇的现实主义理论是斯大林政策的代言人;再就是他的学生费赫尔的观点,本书支持费赫尔的观点。见(澳)波琳·约翰逊:《卢卡契的美学思想》,"王鲁湘等编译:《西方学者眼中的西方现代美学》",北京大学出版社1987年版,第167~168页;Ferenc Fehér, *Lukács in Weimar*, In *Lukács Revalued*, Agnes Heller ed., Basil Blackwell, 1983, pp. 75–79。

② 参见 Ferenc Fehér, *Lukács in Weimar*, In *Lukács Revalued*, Agnes Heller ed., Basil Blackwell, 1983, p. 75。

③ (澳)波琳·约翰逊:《卢卡契的美学思想》,"王鲁湘等编译:《西方学者眼中的西方现代美学》",北京大学出版社1987年版,第176页。

④ Ferenc Fehér, *Lukács in Weimar*, In *Lukács Revalued*, Agnes Heller ed., Basil Blackwell, 1983, p. 90.

⑤ Ferenc Fehér, *Lukács in Weimar*, In *Lukács Revalued*, Agnes Heller ed., Basil Blackwell, 1983, p. 94.

因素和人道主义思想来反对那种背弃理性和人道主义的世界。然而,在卢卡奇寻求现实主义文学非拜物教化能力的尝试中,出现了一个普遍存在的疑难,即卢卡奇并没有为非拜物教化的、启蒙的意识的直接性的基础提供任何理论依据。于是与早期现实主义理论不同,他在《审美特性》中摆脱了官方哲学的束缚,试图在对日常生活作动态分析以及在艺术作品中,寻找非拜物教化意识和人道主义意识的基础。他的学生赫勒认为,尽管卢卡奇的观点发生了很大的转变,但他的旧有的主题却仍然没有受到影响,或者说它们被不断地再思考、再表达。①

第二,艺术的本质是反异化、反拜物教化的,目的是实现人的解放。卢卡奇认为,审美与现实生活的联系,审美和艺术所具有的伟大的社会作用不仅为人类的社会实践所证实,而且在理论上也可以从艺术的本质中令人信服地推论出来,"真正的艺术按其本质说来内在地含有反拜物教化的倾向"②。

前面我们谈及,卢卡奇认为,艺术的本质是拟人化的、是个体与类的统一。在《审美特性》中,卢卡奇区分了科学对现实反映的非拟人化特征与艺术对现实反映的拟人化性质。科学试图为我们反映自在的世界,而艺术则向我们反映了一个人的世界,创造了一个人的世界。在艺术作品中,拟人化地反映生活现实并不意味着缺乏世界的客观性;相反,作品的拟人化反映却能够使作品克服第二自然的拜物教化观念,艺术作品所创造的真正的人的世界恰恰向我们揭露了被拜物教化现象模糊和掩盖了的本质。

这种反拜物教化倾向首先表现为艺术具有自发的唯物主义倾向。卢卡奇认为,在特定的社会历史可能性范围内,艺术在真正的审美实践中表现出一种自发的反拜物教化倾向。具体说来,艺术只承认现实存在的客观的外部世界,能够排除在日常生活中形成的各种拜物教化观念,能够真实地表现现实。而且,单纯且彻底的艺术表现方式所具有的拟人化倾向也能将所有描绘的形象投射到现世的平面上,并将各种超验转化为人的内在性。其次这种反拜

---

① 参见 Agnes Heller. *Unknown Masterpiece*, In *Philosophy Social Criticism*, 1989, (15)。

② (匈)卢卡契:《审美特性》(第2卷),徐恒醇译,中国社会科学出版社1991年版,第169页。

物教化倾向表现在艺术的自发的辩证特性上。卢卡奇在《审美特性》中,对艺术的空间性与时间性、对象性的规定性与不确定性、内在性与实体性等几种范畴进行了考察,揭示出真正的艺术对于直接感性的内在世界以及人的环境的反拜物教化作用。艺术作品能够为人们感性直观地呈现出他们"自然的"生存环境和内心世界,打破日常生活和日常思维的拜物教化倾向,为人们揭示出其自身所呈现的现实。由此,艺术实践具有反对人们对于其置身的世界和环境作形而上学的理解的趋向。虽然由资本主义社会和工具理性所造成的拜物教化现象强烈地渗透到日常生活当中,但是艺术实践,尽管未必有艺术家自觉的世界观指导,也能以其自身特有的手段与各种拜物教化倾向作斗争。卢卡奇把艺术的这种特性称作艺术的自发的辩证法。

卢卡奇指出,艺术的本质是人的自我意识,是个体与类的统一,艺术在创作和接受上都具备着使主体从现实的完整的人向理想的总体的人(人的整体)转化的美学功能。对卢卡奇来说,艺术在创作过程中对现实世界所作的整体反映回应了资本主义日常生活对整体性的需求和渴望。卢卡奇认为,在日常生活中,"完整的人依据其倾向保持着他的统一性和完整性"[1],但是这些倾向往往受到现实拜物教化的支配,成为异化意识。而艺术则可以超越这些倾向,超越异化意识,能够"激发出与人类发展和人类本质具有更多和更深刻联系的东西"[2]。与完整的人在其日常思维中所能做的相比,艺术"更完整和更透彻地阐释了与人和人类的发展相关联的现实的某些环节"[3]。

卢卡奇认为,这种对现实的艺术反映的真实性表现为艺术作品客观性和主观性的增强。艺术反映的客观性在于艺术作品排除了个体通向类意识的道路上的主体性的拜物教化观念的阻碍,以达到对社会现实本质的真实反映;同时在艺术作品中一般性与个

---

① (匈)卢卡契:《审美特性》(第 2 卷),徐恒醇译,中国社会科学出版社 1991 年版,第 133 页。

② (匈)卢卡契:《审美特性》(第 2 卷),徐恒醇译,中国社会科学出版社 1991 年版,第 124 页。

③ (匈)卢卡契:《审美特性》(第 2 卷),徐恒醇译,中国社会科学出版社 1991 年版,第 130 页。

别性的整合,实现了个体的特殊的才能和气质与作为一个整体的人类能力的统一。所以,艺术作品为人类提供了一个更真实、更完整的现实,这意味着它能够从其潜能的角度为人类提供对现实的批评。"劳动产品对异化是漠不关心的……但是艺术作品(只要它真是一件艺术作品)则完全相反,它总是不断地、内在地把矛头指向异化","走非拜物主义的道路,这过去是而且现在依然是艺术的任务"。①

艺术作品对现实的整体反映的能力弃置了零散的、片面的、异质的日常生活态度,这种日常生活态度阻碍了类意识的发展,而艺术作品所建立的整体的世界通过同质媒介的作用从接受者那里引发出整体的观点,"由日常的完整的人向感受作品个性的'人的整体'的转化,就真正艺术作品的真正感受而言,意味着在人的全面性方向上的逐步迈进"②。卢卡奇认为,我们的不完全的日常生活态度是资本主义劳动分工的后果,这种原子化、专业化不可避免地导致对社会生活的片面认识,这种片面性阻碍了类意识所需求的整体观。但是艺术作品世界的同质媒介促成了接受者集中的和全神贯注的能力,"艺术的效果,即接受者沉浸在艺术作品中的行为,他对艺术作品的独特'世界'的全神贯注,根源于这一事实,即作品由于它特殊的本性提供了一个比接受者所具有的对现实更真实、更完整、更生动和更有生气的反映"③。艺术借助于声音、色彩、线条、语言等同质媒介的作用,调动了现实中人的各种能力、感觉、知识、经验,最终实现了人的整体。艺术的这一本能就是它的反异化的功能。"一般说来,伟大的文学总有一种往往是卓有成效的反拜物主义倾向。"④

在卢卡奇看来,"艺术的核心之点却是人,是在同世界和环境

---

① (匈)卢卡奇:《关于社会存在的本体论》(下卷),白锡堃等译,重庆出版社1993年版,第655页。

② (匈)卢卡契:《审美特性》(第2卷),徐恒醇译,中国社会科学出版社1991年版,第284页。

③ (匈)卢卡契:《艺术和客观的真理》,转引自(澳)波琳·约翰逊:《卢卡契的美学思想》,"王鲁湘等编译:《西方学者眼中的西方现代美学》",北京大学出版社1987年版,第179页。

④ (匈)卢卡奇:《关于社会存在的本体论》(下卷),白锡堃等译,重庆出版社1993年版,第735页。

打交道时塑造着自我的人"①。"真正的艺术的宗旨,却在于揭示人是怎样经历自己的类命运的,是怎样——有时是在毁灭自己的局部性的生存的时候——把自己提高到一定的个性的水平的,这种个性惟其同时也具有类的性质,才能成为具体的人类的持久的不可缺少的要素。"②可见,从艺术的实际效果来看,卢卡奇对艺术的反拜物教化功能寄予了很高的期望。

第三,卢卡奇认为,艺术的反拜物教化的功能是通过艺术的陶冶作用来实现的。卢卡奇非常强调艺术对接受者的陶冶作用,应该说这种观点是对古代陶冶说的继承和发展。他认为,陶冶作为一般美学范畴超出了亚里士多德的仅限于悲剧的表述,恰恰相反,陶冶概念应该具有普遍性与广泛性。他认为,在美学历史中任何积极的、活跃的和有进步倾向的美学,如古典美学、启蒙运动时期的美学以及俄国革命民主主义美学,都极为重视艺术的伟大的社会作用,都对艺术的实际社会作用给予充分的肯定,并把审美与社会生活联系起来。它的伟大意义在于,"艺术的实施成为人的进而社会生活的塑造力量。艺术适合于对人在一定方向上施加影响,从而对一定类型的人的培养产生促进或阻止作用"③。

卢卡奇把陶冶概念用于整个艺术领域,并赋予了新的内涵。卢卡奇所说的陶冶即使接受者在生活中活动的热情获得一种新的内容和新的方向,使接受者的主观性经过净化而成为道德完善性的一种精神基础,由此而使接受者的主观性得到彻底改变。④ 在陶冶中,人认识到并肯定自己生活的本质,因为各种艺术作品个性能够在接受者身上唤起异样的情感,这引起了接受者的心灵激动。随后伴随着由在现实生活中从未体验到的东西所引发的一种遗憾甚至羞愧的情感,人们在感动的和由于本质的伟大而使人感到惭愧的艺术反映里看到了这种本质。在这种对比与震撼中,艺术作

---

① (匈)卢卡奇:《关于社会存在的本体论》(下卷),白锡堃等译,重庆出版社1993年版,第576页。

② (匈)卢卡奇:《关于社会存在的本体论》(下卷),白锡堃等译,重庆出版社1993年版,第578页。

③ (匈)卢卡契:《审美特性》(第2卷),徐恒醇译,中国社会科学出版社1991年版,第280页。

④ 参见(匈)卢卡契:《审美特性》(第2卷),徐恒醇译,中国社会科学出版社1991年版,第288页。

品中的反拜物教化图像激起了接受者对世界的拜物教化问题的思考、对现实拜物教化的破除以及主观性的自我批评。

艺术反拜物教化的手段是陶冶中典型的运用。卢卡奇指出，日常的完整的人向具体艺术作品的任意一个接受者的"人的整体"的转化，都是在这一极其个体化同时又最普遍的陶冶的方向上完成的。这种既个体又普遍的陶冶便是典型的运用，典型表现的是人们平常难以看到的本质特征(其原因当然在于拜物教化形式的掩盖)，典型的存在是对拜物教化的一种克服，只有在典型中才会把人写成真正的社会的人，也才会产生客观整体性。创造典型，这本身就意味着作家克服了拜物教化了的日常生活，显示了完整的、充满智慧和温情人性的人格力量。

可以说，艺术反映向人指出了人的意志薄弱、不完善和对于"真实生活"的无能为力。在陶冶过程中，人体验着"人类生活的真实现实"，有关人类存在的"真实"与"不真实"的两极对立深刻地影响着自我意识，并在随后转化为道德。卢卡奇坚持认为，真正的艺术应该使审美陶冶与伦理态度结合起来，抛弃了这种结合也就抛弃了各种高度发展的艺术。当然，作品在接受者身上所产生的陶冶作用并不仅限于以全新的眼光看待过去的、新的或未知的生活事实，更重要的是由此形成的眼光在本质上的新奇性改变了人类的直觉和理解力，使他能够在新的视野、新的关系中去感受新事物和新客体。

卢卡奇极其强调艺术在整个人的生存中社会的和人类的功能。"人"曾经有过原始的因而是极其有限的统一，但人作为"完整的人"的直接现实存在随着资本主义劳动分工的发展，随着文明程度的提高或多或少地被掩埋了，人在不同专业被分化、被肢解。但卢卡奇认为，我们不必然接受那种浪漫主义批判，应该看到人的全面发展的曙光，这依赖于艺术的反拜物教化的使命，"艺术在这一过程中起了一种调节器、一种根除妨害进步痼疾的医疗作用"[①]。每一部艺术作品、每一艺术品种，都指向"人的整体"，它们客观化了全面发展的人的真正统一性和整体性。这种理想虽不可能完全

① (匈)卢卡契:《审美特性》(第 2 卷)，徐恒醇译，中国社会科学出版社 1991 年版，第 283 页。

实现,但其中却是人类实际现实存在、实际发展的反映。

应该说,从陶冶的内涵和功能上看,它远远超出伦理意义上的净化及心理意义上的宣泄,陶冶的核心内容是引导人向"人的整体"的转化。所有的个体在艺术享受和理解艺术品时都上升为"类特征"的水平,在自我意识消除了拜物教化的情况下,个体与类的统一得以产生。在情感受艺术的作用而净化的时候,一切个体都获得了人类的回忆,"艺术的社会作用……其附带效果是在艺术中将过去全部人的价值可供体验地存蓄下来,艺术最明晰地显示出在历史舞台上的以及人的整体性全部变换着的人物,由此可能表达出哪些人的价值值得培养、哪些价值值得保留以及进一步发扬,而哪些价值则有理由送入忘却的冥府"①。正是在这种回忆中,艺术品对接受者的呼吁达到了顶点:"你应该改变你的生活。"这里卢卡奇吹响了有关日常生活革命的号角,他说:"不改变人对生活的态度就不可能使社会产生重大的变化,也不可能产生真正的社会进步。"②

从以上分析,我们可以看到,卢卡奇的文化问题说到底是一种伦理学和政治学问题。卢卡奇一生在思想上经历了各种挫折,但萦绕在他心头的仍然是他对人类和体现人类的个人的信仰。从《心灵与形式》、《海德堡美学手稿》到《历史和阶级意识》、《审美特性》等等,都体现了卢卡奇对人的存在的关心和对人的完整性的追求。在卢卡奇看来,人的存在及人的发展是社会演进的基本线索,人的完整性的破坏与维护是人类历史的中心内容,个体与类的统一是历史的真理。卢卡奇美学的目标就是建立整体的人,就是在生活本体中恢复人存在的整体性,就是实际上真正地消除由于资产阶级社会而导致的人类存在的畸形化和肢解,实现人的全面发展,实现人的解放。

对卢卡奇来说,文化的可能性问题就是赋形生活如何可能的问题。就像马尔库什所总结的,它表现为一种伦理学问题、道德行为问题,不管这种行为是积极的还是消极的,它们都依赖于自由,

---

① (匈)卢卡契:《审美特性》(第2卷),徐恒醇译,中国社会科学出版社1991年版,第318页。
② (匈)卢卡契:《审美特性》(第2卷),徐恒醇译,中国社会科学出版社1991年版,第318页。

依赖于个人的自我决定,或者更一般地说,是个人的生活方式问题。① 所以,卢卡奇极为重视美学与伦理学的关系,他说:"在美学与伦理学之间有深刻的联系,没有伦理问题和情感的密切关系,就不可能有实际深入的审美激发。"②就像我们所知道的,卢卡奇计划完成的《美学》原定共分三卷,《审美特性》是第一卷,第二卷为《艺术作品与审美态度》,第三卷为《艺术是一种社会历史现象》。后来在完成《审美特性》后,他感到必须为美学建立一种更广阔的理论基础——伦理学,而为了把伦理学建立在科学的理论之上,他又开始了《关于社会存在的本体论》的写作。从美学到伦理学再到社会存在本体论的研究,是他重建"马克思主义自己的美学(与普列汉诺夫和梅林相对立)"③的思路,这里他阐述了关于社会存在本体论的人道主义美学思想,把文化问题、美学和伦理学联系起来。在他看来,美学是人类的实践活动,是在因果性前提下的目的性选择,所以美学具有伦理学的内核,其伦理目的是指向人的全面自由的发展,这正是艺术和审美的内在动力,达到伦理与美学结合的美学是艺术的理想。

同时,作为历史哲学的卢卡奇美学,从历史视角分析美学范畴,本质上体现了一种社会学问题、政治学问题,因为如何改变现实的物化的生活,过一种真实的生活,归根结底与社会变革和生活模式的改变相关,也与大众运动和运动成功的可能性相关。卢卡奇在早期著作中探索了伴随着第一次世界大战前期资产阶级社会稳固化而出现的美学—伦理学困境,他对资产阶级社会"真实生活"的可能性已深深绝望,他的绝望因第一次世界大战的爆发而加剧,只是十月革命又点燃了他的希望之火,并把他导向马克思主义的立场,于是卢卡奇把希望寄托在未来的新生伦理当中,尤其是寄托在伦理与政治的关系当中。所以,卢卡奇在 1918 年转向马克思主义,并不是一个中断,不是他思想发展过程中的停顿,而是试图

---

① 参见 György Márkus, *Life and the Soul: the Young Lukács and the Problem of Culture*, In *Lukács Revalued*, Agnes Heller ed., Basil Blackwell, 1983, pp. 20 – 21。

② (匈)卢卡契:《审美特性》(第 1 卷),徐恒醇译,中国社会科学出版社 1986 年版,第 460 页。

③ (匈)卢卡奇:《卢卡奇自传》,杜章智等译,桂冠图书股份有限公司 1990 年版,第 26 页。

在伦理与政治的关系中发现对这个问题在理论和实践上的解答。对于这一问题的解决方案后来为赫勒解决现代人生存困境问题提供了基本的思路和框架。

第二节　赫勒对卢卡奇美学的评价

应该说,赫勒的哲学、美学以及文化批判的观点主要来自于卢卡奇的遗产,其中包括卢卡奇的物化理论、总体性概念、"类本质"以及审美自律与他律统一的日常生活理论等等。赫勒在追随导师的事业中,表达了自己对导师思想的评价,从内心深处流露出对导师生活和工作的看法。回顾并了解赫勒对卢卡奇本人及卢卡奇美学的评价为我们更好地理解赫勒对美学形式的思考,了解其美学理论的视角以及通过作为文化批判的艺术和审美来实现人类拯救和解放的美学思想提供了捷径。就像赫勒的深情表达,"卢卡奇在生命最后40年主要兴趣在于美学。……几乎我们所有论卢卡奇的著作除了《历史与阶级意识》之外都主要是他的美学著作。有趣的是,不是我们跟随他的步伐,而是我们没有这样做,我们在某种程度上可能这样做"[1]。

一、心灵与形式:卢卡奇与伊尔玛关系的再创造

在赫勒看来,卢卡奇是一个充满悖论的人,一生当中始终在信念与绝望之间徘徊。为了理想的目标,为了心灵深处的真实的生活,他不断在理论上和生活中进行赋形生活的尝试。因为在他看来,赋形生活的问题就是文化可能性问题,同时表现为一种伦理学、社会学问题,"每一个哲学家都必须践行他的哲学;没有被生活体现的哲学不再是哲学。但是这种哲学——介于生活和所创造的作品之间矛盾的哲学——如果没有这一过程中生活本身的被毁灭就不能被实践"[2]。因此,在工作和婚姻生活两者之间,卢卡奇毅然选择了前者,他抛弃了生活,抛弃了爱情,抛弃了他深爱的伊尔玛。

① 傅其林、阿格妮丝·赫勒:《布达佩斯学派美学——阿格妮丝·赫勒访谈录》,载《东方丛刊》2007年第4期。
② Agnes Heller, *Geörg Lukács and Irma Seidler*, In *Lukács Revalued*, Agnes Heller, Basil Blackwell, 1983, p. 30.

赫勒认为,正如克尔恺郭尔创造了他与里季娜·奥尔森的关系,卢卡奇也创造了他与伊尔玛·塞德勒的关系。卢卡奇通过他者的命运、他者的著作以及他者的形式的棱镜一遍遍地创造了这种关系。事实上,真实的和虚幻的伊尔玛之间没有任何客观的相似性,这种关系的再创造是卢卡奇根据柏拉图的行为准则构想的生活的可能性。他者只是一个模糊的形态,是虚幻的想象,"唯一真实的存在是做梦的人"[①]。所有的关系都表明,卢卡奇在践行一种姿态,一种独自表达生活的姿态:"生活能被赋形吗?""昨天夜里,我又一次感觉到:伊尔玛就是生活。"[②]这就是卢卡奇一遍一遍对自己重复的问题,是卢卡奇一生都在关心的问题:创造如何发生? 形式怎样能产生? 如何赋形生活? 形式怎样能产生于一个混乱的、乏味的、无生活的以及文化被遗弃的世界? 在卢卡奇看来,每一个个体都"创造"与他者的关系,而且不断地再创造它。所以,他创造了与伊尔玛的关系,为的是在行动中更清楚地表达文化的可能性问题。

　　卢卡奇与伊尔玛·塞德勒(Irma Seidler)于1907年首次相遇,心灵的碰撞激起了两个年轻人爱情的火花。当爱情不断升华,很自然地考虑到共同生活的时候,卢卡奇退却了。就像他在日记中写的:"有所顾忌:(结婚是不可能的)…… 我已经做好准备迎接将来可能出现的不安和恐惧,我担心幸福的生活会让我变得懒惰,更担心丰富的生活可能会让我迷失方向。"[③]于是他毅然选择了柏拉图式的爱情方式。他追求与伊尔玛精神上的沟通,他说伊尔玛是他的"生活",是他"灵魂的主宰",但他却不能与伊尔玛生活在一起。因为在他看来,伟大的爱必须是禁欲主义的,凡是有创造的个体都必须接触生活,但仅仅是为了超越生活。为了他的事业,为了他的理想,为了他的"形式",卢卡奇放弃了伊尔玛,最后伊尔玛以自杀的方式结束了这场"爱的神话"。

　　① Agnes Heller, *Geörg Lukács and Irma Seidler*, In *Lukács Revalued*, Agnes Heller, Basil Blackwell, 1983, p. 27.

　　② Agnes Heller, *Geörg Lukács and Irma Seidler*, In *Lukács Revalued*, Agnes Heller, Basil Blackwell, 1983, p. 28.

　　③ Agnes Heller, *Geörg Lukács and Irma Seidler*, In *Lukács Revalued*, Agnes Heller, Basil Blackwell, 1983, p. 31.

卢卡奇为了坚守和实现他的理想,追逐希腊式"幸福时代"的完美家园,塑造了与伊尔玛刻骨铭心、令人心碎的爱情悲剧。用赫勒的话来说,"卢卡奇通过他哲学上的'我'建立了他和伊尔玛之间的关系;他把他的生活和哲学的真理联系在了一起"①。卢卡奇爱伊尔玛,同时又害怕伊尔玛,但是,"他害怕,不是因为他的生活,而是因为他的创作"②。赫勒引用卢卡奇写给伊尔玛的信来表述卢卡奇的真实想法,"我想要完成的事业只有不被生活束缚的男人才能够完成。我越来越强烈地感受到,真正重要的东西是在孤独中发生的……我把品味孤独当作一种伟大的'救赎的'快乐"③。

卢卡奇在与伊尔玛分手后,写了《生活和形式的碰撞——索伦·克尔恺郭尔与里季娜·奥尔森》,其中对克尔恺郭尔与奥尔森的关系的分析,深刻地再现了他的内心世界,表达了他对爱情和婚姻的看法,以及对赋形生活的问题的解答:"克尔凯郭尔曾说,现实与可能性无关;但是,他却将自己的全部生活奠立在了一个姿态上面。""或许这个姿态……就是悖论","在勾引者面具下站立着的,则是一个因为禁欲主义而自愿将自己冻结在他的姿态中的清心寡欲的人。""在克尔凯郭尔的寓言中,为了生活而拯救男人的正是女人,但女人这么做仅仅是为了遏止男人、将男人拴在生活的有限性上。"④这里我们可以找到他创造与伊尔玛关系的答案。

在赫勒看来,卢卡奇对爱情和婚姻是接近于冷酷无情的,"格奥尔格·卢卡奇希望在与伊尔玛·塞德勒的关系中'证明'他自己的心灵,证明自己人类的确定性。他不想去爱,而是想要寻求一种确定性。他不渴求爱情,而是同样寻求这种确定性,寻求对他自己真实性、救赎和恩赐的证明。这就是他那个时候对'爱'与'被爱'

---

① Agnes Heller, *Geörg Lukács and Irma Seidler*, In *Lukács Revalued*, Agnes Heller, Basil Blackwell, 1983, p. 30.

② Agnes Heller, *Geörg Lukács and Irma Seidler*, In *Lukács Revalued*, Agnes Heller, Basil Blackwell, 1983, p. 43.

③ Agnes Heller, *Geörg Lukács and Irma Seidler*, In *Lukács Revalued*, Agnes Heller, Basil Blackwell, 1983, p. 43.

④ (匈)卢卡奇:《卢卡奇早期文选》,张亮、吴勇立译,南京大学出版社 2004 年版,第 146、147、149、155~156 页。

的理解。但是它们对伊尔玛来说,却有着不同的含义"①。所以,在卢卡奇的论克尔恺郭尔的文章中,表现了一种赋形生活的绝望,因为卢卡奇和伊尔玛对爱的理解是完全不同的。对于伊尔玛来说,"拉手"意味着"去爱";对于卢卡奇来说,"拉手"只意味着救赎的姿态,而拯救才意味着"去爱","他们都爱对方,但是谁也没有感觉到爱,因为'我爱你'这句话对彼此的意义是不同的"②。

卢卡奇通过恋爱来践行自己哲学理想的尝试是失败的,同时也证明他是伟大的、高尚的。在赫勒看来,卢卡奇是一个有教养的、值得尊敬的人,他害怕伊尔玛是因为他为了伊尔玛而害怕,他不想把她转化成一种工具。道德律是存在的,道德律要求人们不能把他人当作工具,对于这种神圣的道德律令,卢卡奇"一直保持着最高的戒律状态,轻浮的'审美文化'不是他的路径"③。这就是为什么卢卡奇将伊尔玛变成了神话,为什么他在她面前很谦卑,为什么他说:"要保持对她的尊敬,因为我永远都是不对的。"

卢卡奇在孤独的工作中创造了他的作品,但是因为没有生活,作品最终不能够被创造。"伊尔玛成为了他创作的工具,即使卢卡奇不想用她来这么做。如果通过形式我们接近生活,那么不将生活转化成工具是不可能的。"④所以,他把伊尔玛变成一种神秘的姿态,变成一个自己永恒渴望的没有被物化的对象。因为对他来说,或者对于他的作品来说,至关重要的不是与她在一起,而是她的存在本身。命运给了他属于他的孤独——但是他再也不想要这些了。他将伊尔玛,他的爱,他的生命和他的作品融合到一起,但是人类不能将其他人仅仅当成工具,这是他的悲剧。但是他同时也将悲剧融入了生活中。"生活依赖于形式,并通过实现形式而报复

---

① Agnes Heller, *Geörg Lukács and Irma Seidler*, In *Lukács Revalued*, Agnes Heller, Basil Blackwell, 1983, p. 37.

② Agnes Heller, *Geörg Lukács and Irma Seidler*, In *Lukács Revalued*, Agnes Heller, Basil Blackwell, 1983, p. 38.

③ Agnes Heller, *Geörg Lukács and Irma Seidler*, In *Lukács Revalued*, Agnes Heller, Basil Blackwell, 1983, p. 60.

④ Agnes Heller, *Geörg Lukács and Irma Seidler*, In *Lukács Revalued*, Agnes Heller, Basil Blackwell, 1983, p. 59.

了自身。"①

二、艺术取消拜物教：尚未解决的实质性问题

在赫勒看来，卢卡奇的思想展示了所有理论都具有的不同程度的乌托邦色彩，它表达了苏格拉底式的乐观，也表达了一种幻想。我们看到，卢卡奇一生都在寻求一条摆脱拜物教化的恶性循环的途径，并为此做了努力。个体到底如何才能在一个充满了异化的世界里获得真实的和正确的意识呢？《历史和阶级意识》的回答指出了这个意识归属于无产阶级，但是正如卢卡奇后来公开自我批评的，在那里他以"阶级"概念代替了"类"和"个体"概念。赫勒曾经回忆说："卢卡奇经常向我们，即他的弟子，谈及《巴黎手稿》的阅读对他的自我批评具有多么决定性的意义：人的类概念，以及'类本质'（gattungswesen）在马克思思想中的核心作用的发现，对他是一个巨大的思想震撼。'阶级'不能代替'类'——他当时开始这样理解马克思的立场，但是，正是这样一种替代，构成了《历史和阶级意识》的特征。"②

于是卢卡奇又回到了艺术，在艺术中找到了"个体"与"类"。他认为艺术的本质是个体与类的统一，个体与类在"生活本身中"的统一。这种统一体现了类与个体的结合，并提供了取消拜物教化的意识，"艺术是一种对象化，其功能是消除拜物教"③。在享受、品味和理解艺术品时，所有个体都能提升到"类特征"的水平，在个体消除了拜物教意识的同时个体实现了统一，而且当情感受到艺术的陶冶和净化时，一切个体都拥有了对类的记忆，艺术作品满足了这样的哲学构想："你必须改变你的生活。"但是，问题出现了：是否所有的艺术作品都能被看作个体并具有独立的个性？卢卡奇说艺术取消拜物教中的艺术是什么样的艺术呢？卢卡奇抨击现代艺术也异化了，那么他所说的艺术又来源于何处呢？赫勒认为，卢卡

① Agnes Heller, *Georg Lukács and Irma Seidler*, In *Lukács Revalued*, Agnes Heller, Basil Blackwell, 1983, p. 61.

② （匈）阿格妮丝·赫勒：《卢卡奇的晚期哲学》，衣俊卿译，"阿格妮丝·赫勒主编：《卢卡奇再评价》"，衣俊卿等译，黑龙江大学出版社2011年版，第230页。

③ （匈）阿格妮丝·赫勒：《卢卡奇的晚期哲学》，衣俊卿译，"阿格妮丝·赫勒主编：《卢卡奇再评价》"，衣俊卿等译，黑龙江大学出版社2011年版，第238页。

奇的这个哲学构想中存在着几个尚未解决的实质性问题。

首先,作为个体与类统一的艺术概念本身缺乏可靠的基础。卢卡奇主张,艺术是人类的自我意识,是个体与类的统一,因此,艺术具有取消拜物教的功能。但是赫勒认为,"他的这一断言本身尚需适当的基础"①。因为是否所有的艺术作品都能被看作个体、看作具有独立的个性,这依赖于作为总体的艺术概念。

赫勒认为,《哈姆雷特》和 B 小调弥撒曲从个体与类的统一的意义上说是独立的。但是人们不能把个别的歌曲和单独的戏剧看成是独立的,因为尽管它们毫无疑问也具有"类世性特征"(world - like character),但却不具有个体与类统一的艺术的本质特征。这里,赫勒向我们揭示出,艺术本质与艺术存在是相分离的,这不仅表现为历史的分离,而且也表现为结构的分离。艺术本身并不是与艺术本质相一致的概念,艺术本质是一个价值概念,它与那些从日常生活中创造出来的艺术的对象化相一致。卢卡奇认为,尽管艺术同日常生活相分离,但是只有当日常思维中艺术知识的原初形式作为独立的对象化世界摆脱了日常世界的控制时,它们才能表达类本身。也就是说,一部作品只有当它脱离了日常思维框架,超越了日常生活,才能在本质上被认为是艺术作品。此时艺术作品作为个体代表了类的要求,而不是日常的个人生活的拜物教化要求,"这就是消除拜物教的功能不属于一般的艺术,而唯独属于伟大的艺术对象化的原因所在"②。所以,对于卢卡奇,并不是所有的艺术作品都能被称为真正的艺术作品,只有唤起人的总体性经验,唤起人类的自我意识的艺术作品才能称得上真正的艺术作品,即它们体现了艺术的本质是个体与类的统一。伟大的艺术作为"个别的作品"体现着类特征,它们在其个体性中同时也表达了人类的本质。

当然,赫勒认为这种个体与类的统一是我们的假定,"如果我们不假定它们在其个性中同时表达了我们的类的本质,那么,就不可设想它们具有永恒的有效性:作为人的存在,我们在它们的主人

① (匈)阿格妮丝·赫勒:《卢卡奇的晚期哲学》,衣俊卿译,"阿格妮丝·赫勒主编:《卢卡奇再评价》",衣俊卿等译,黑龙江大学出版社 2011 年版,第 239 页。
② (匈)阿格妮丝·赫勒:《卢卡奇的晚期哲学》,衣俊卿译,"阿格妮丝·赫勒主编:《卢卡奇再评价》",衣俊卿等译,黑龙江大学出版社 2011 年版,第 239 页。

公及其命运中看到了我们自己的自我。它们与我们对话,是因为通过它们,我们能够与自己对话"①。这表现了艺术作品有效性的"解释学循环"特征,即艺术作品的有效性表明了它们是具有"类特征"意义的存在,而它们"类特征"的存在则是由有效性这个事实来证实的。由此我们便会看到问题之所在。如果根据卢卡奇的艺术概念(个体与类的统一),只有伟大的艺术作品从日常思维和日常生活中分离出来,在其个体性中体现了类特征,才具有取消拜物教化的功能,那么我们如何去想象几乎整个现代艺术都是拜物教化意识的表现? 这样得出一个结论:现代艺术并没有脱离日常生活。很显然这个观点是经不起推敲的,而且这与卢卡奇一贯坚持的现代艺术与日常思维的隔阂日益扩大的观点相矛盾。现代艺术作品毫无疑问拥有个别性,但它们的类特征表现在哪呢? 卢卡奇对此表示怀疑,但是根据解释学循环,艺术品的有效性证明了它们在类特征意义上的存在,卢卡奇如何确定这些艺术作品在将来会失去有效性,这又很矛盾。赫勒认为,卢卡奇认识到了这个倾向,但问题没有得到解决。

其次,赫勒认为卢卡奇有关创作本身如何发生和接受净化的可能性理论存在着缺陷。如果如卢卡奇所说,日常生活和日常思维是拜物教的,如果取消拜物教化仅仅发生在艺术领域,即发生在艺术作品的创作和接受过程中,那么生活在拜物教化环境中的艺术家又如何摆脱拜物教化去创作艺术作品? 艺术家和观众又如何在艺术享受和陶冶中体验情感的净化和升华呢? 当然,艺术作品的确具有一种召唤内心情感和心灵的力量,而且这种力量能够同质化我们的存在,普遍提高人的素质。像卢卡奇指出的,艺术内在地、本能地具有走向总体的人的特征,即日常的完整的人向具体艺术作品的任意一个接受者的"人的整体"的转化。但是艺术如何能通过其召唤心灵的力量而使我们升华到"类特征"的水平呢? 我们又如何会理解艺术作品的启发,会接受对日常各类拜物教化活动的终止呢?

对于创作本身如何能够发生的问题,卢卡奇进行了解释。卢

---

① (匈)阿格妮丝·赫勒:《卢卡奇的晚期哲学》,衣俊卿译,"阿格妮丝·赫勒主编:《卢卡奇再评价》",衣俊卿等译,黑龙江大学出版社 2011 年版,第 239~240 页。

卡奇在《审美特性》和《关于社会存在的本体论》中,从艺术的这一审美特性出发,论证了艺术家超越世界观的指导的"现实主义的伟大胜利"的理论。卢卡奇指出:"由于艺术家是以真正的个性(这种个性蕴涵着具有追求人及其世界的自为合类性的深刻的、强烈的意向)的眼光来观察世界的,因而能够在这个世界的单纯的此在的基础上,在艺术的摹拟中产生出一个反抗异化的,摆脱了异化的世界,这是完全不依艺术家本身的主观的、局部性的观点而转移的",现代一些资产阶级作家,虽然主观上未必是在自觉地维护人的整体性,但其作品关注异化的人和人的异化,正像马克思所要求的那样,感觉已经成了理论家,"马克思主义经典作家们(马克思在《神圣家族》中,恩格斯和列宁分别在论及巴尔扎克和托尔斯泰时)都曾一清二楚地指出过艺术作品产生过程中的这个根本的本体论问题"。① 这就是说,艺术不仅能让读者感受到走向总体的人的体验,不仅反对日常生活中一般人的物化意识,它也能反对艺术家本人的物化意识。他甚至这样说:"马克思和恩格斯在他们的全部有关著作中,只是突出强调了这样一个核心问题,即艺术作品的作者能够表现出与本阶级的意识形态基本方向截然相反的重要的意识形态。"②

对于在接受过程中如何升华为"类特征"的问题,赫勒认为,卢卡奇本人意识到了这个缺陷,并在《审美特性》中加了艺术心理学的相关内容。卢卡奇试图通过艺术感官的参与来解释人自身具有"为艺术开放"的直觉,从而找到人通过艺术直觉把握事物本质的特殊能力的基础。赫勒认为,虽然卢卡奇对感官经验的结果做了大量的分析,但对其产生原因的分析却很少,尽管如此,这并不影响卢卡奇思想的合理性。我们可以看到,卢卡奇从青年到老年、从悲剧世界观到素朴的乐观主义,始终围绕着艺术取消拜物教化思想探索人类解放的道路,并对进行艺术斗争而争取人类解放充满信心。

① (匈)卢卡奇:《关于社会存在的本体论》(下卷),白锡堃等译,重庆出版社1993年版,第655页。

② (匈)卢卡奇:《关于社会存在的本体论》(下卷),白锡堃等译,重庆出版社1993年版,第840页。

作为文化批判的审美——赫勒美学思想研究

三、历史哲学美学:对卢卡奇美学总体性的批判

由于自己特殊的经历,赫勒很早就对历史哲学感兴趣,她曾经写了历史理论的三部曲,即《历史理论》、《碎片化的历史哲学》、《现代性理论》,其后由于自身对于艺术、文学等的兴趣又写了《时间是断裂的:作为历史哲学家的莎士比亚》等著作。在这些著作中,赫勒用后现代的视角分析了历史哲学的特征,比如宏大叙事、救赎理念、进步观念以及目的论、乌托邦等,并提出了自己的历史理论。在她看来,所有的历史哲学都是关于大写的人的历史,是一些思想家主观的哲学建构,而她的企图代替历史哲学的历史理论虽然也包含了进步的价值,但是与各种历史哲学相比,"它没有使进步本体化。而与此相反,所有的历史哲学都把'进步'、'退步'和'永恒的重复'本体化了"①。基于这些对历史哲学的基本立场,赫勒认为,卢卡奇美学是一种历史哲学,具有宏大叙事、神学救赎以及"应然"状态的历史进化等历史哲学特征。

首先,在赫勒看来,只要卢卡奇进行哲学美学研究,即从美学视角解决文化可能性问题,他的美学就一定是历史哲学。他"或是调整他自己的哲学以建立一种新的哲学体系,或是完全放弃哲学。如果他选择第一条道路,按照他的生存选择,他就被迫不仅要去选择而且要去实践所谓的'辩唯'(diamat)的一般形而上学"②。从前文的分析中,我们可以看到,卢卡奇美学所要解决的问题就是文化问题,即在资本主义罪恶的时代,如何构建完整的文化,摆脱人自身的异化,过一种真实的生活的可能性问题。正如衣俊卿教授所描述的:"这是一种建立在关于文化的两极对立结构之上的历史哲学:一端是完整的文化和自由的人所代表的总体性(整体性),一端是分裂的文化和异化的人所遭遇的现实物化。这种'善'和'恶'的对立与冲突构成卢卡奇全部思想的内在文化动因。"③在《重构美学》中,赫勒和费赫尔对以卢卡奇为代表的现代历史哲学美学进行

① Agnes Heller, *A Theory of History*, Routledge and Kegan Paul, 1982, p. 230.

② (匈)阿格妮丝·赫勒:《卢卡奇的晚期哲学》,衣俊卿译,"阿格妮丝·赫勒主编:《卢卡奇再评价》",衣俊卿等译,黑龙江大学出版社2011年版,第230页。

③ (匈)阿格妮丝·赫勒:《卢卡奇再评价》,衣俊卿等译,黑龙江大学出版社2011年版,"中译者序言",第17页。

了批判,认为:"从黑格尔、谢林、克尔恺郭尔到卢卡奇,所有重要的美学都同时是一种历史哲学。"①

可以说,卢卡奇在早年《小说理论》和《现代戏剧发展史》中对资本主义文化危机的探索就展露了历史哲学的视角,用一种历史的解释分析资本主义的文化特征。比如《小说理论》中多处运用了历史哲学概念,"古希腊世界结构的历史—哲学发展","形式的历史哲学问题","小说的历史哲学制约性及其重要意义","托尔斯泰在史诗形式的历史哲学中的二元处境"等等。正如卢卡奇在评价《小说理论》时说,"本书感到棘手的美学的'当下'问题……即从历史哲学的观点来看,发展导致对决定当下的艺术演化的诸美学原则的取消"②。

作为一种历史哲学,卢卡奇美学表现了总体性的范式。就艺术形式而言,他认为,艺术形式不是单纯的结构或表达方式,而是和艺术的表现对象紧密联系在一起的,"艺术的任务是对现实整体进行现实和真实的描写……因而真正的艺术总是向深度和广度追求,它竭力从整体的方面去掌握生活"③。因此,艺术形式应该是内在地有机统一的,具有完整的结构形态,就像卢卡奇所向往的古希腊文化,是社会和历史总体性在艺术形式上的必然反映。

其次,赫勒认为,卢卡奇对艺术本质的理解导致了卢卡奇美学的历史哲学特征。卢卡奇认为,艺术的本质是个体与类的统一,现代社会的文化可能性问题的解决依赖于个体与类的统一和实现。所以,在卢卡奇看来,艺术的本质是一个结果,是人类发展的结果,是历史哲学的目标。于是卢卡奇在《审美特性》中描述了一种历史哲学,在那里,个体与类的统一显现为历史的真理。他清楚地认识到,这种历史哲学只能寄希望于美学的形式才能实现,因为当一个人不是通过艺术而是通过社会生活的总体性方法去获得时,他就会陷入死胡同。正像卢卡奇在《历史和阶级意识》中所做的那样,

① Agnes Heller and Ferenc F, *The Necessity and the Irreformability of Aesthetics*, In *Reconstructing Aesthetics*: *Writings of the Budapest School*, Agnes Heller ed., Basil Blackwell, 1986, p. 5.

② (匈)卢卡奇:《卢卡奇早期文选》,张亮、吴勇立译,南京大学出版社 2004 年版,"序言"第Ⅷ—Ⅸ页。

③ (匈)卢卡契:《卢卡契文学论文集》第 2 卷,中国社会科学院外国文学研究所外国文学研究资料丛刊编辑委员会编,中国社会科学出版社 1981 年版,第 22 页。

作为文化批判的审美——赫勒美学思想研究

他忽视了个体与类的概念,试图以阶级代替类,从而陷入僵局。

如何能在生活本身中实现个体与类的统一呢?卢卡奇从早年开始,经历了各种思想上的转变,最后回到了早期的《海德堡美学手稿》,在艺术中寻求反拜物教化的途径,提供反拜物教化的意识,实现个体与类的统一。"这一实体就是艺术本身"①,它为真理的产生提供了全部的可能性,"正如我已经提及的那样,《审美特性》是一种历史哲学。历史的真理问题在艺术中产生,并通过艺术得以解决"②。因为在卢卡奇看来,艺术家可以通过强化自身的主体性,从而获得客观性,并通过自己对时间的敏感和深刻的体验达到类特征的水平。这种对时间的体验既流逝了也被保留了,它化作世俗的永恒凝结在艺术品当中,构成了艺术作品跨越时空的普遍有效性。正如赫勒所说:"艺术品也是人类的记忆,如果我们能享受由已逝去时代的冲突所产生的艺术杰作,那是因为我们在这些冲突中,发现了我们自己的生活和我们自己的冲突的前史。"③

再次,赫勒认为,卢卡奇的美学体现了历史哲学的中心范畴——进化的思想以及救赎的希望。卢卡奇执着地相信存在进化,并且时常地谈及艺术的进化,尽管他承认,艺术对人的本质的表现是没有进化的。因为,艺术通过特殊性的形式显示了"为我们存在的类特征",所以,从艺术作品产生那一刻起,个别的艺术作品层出不穷,不分上下、高低,都是历史的产物。时代的精神,时代的变化不会改变伟大艺术作品的有效性。所以,在赫勒看来,卢卡奇艺术的进化概念只在一处展现,这体现在《审美特性》中关于艺术"为争取解放而斗争"一章中,这章的最后一部分的标题为"解放的基础和前景"。

卢卡奇认为,艺术为人类历史的进化提供了一种发展前景,因为艺术作品作为个体与类的统一,总是表现了人的内在性,或者说艺术作品是人的内在性的对象化,而恰恰在这种对象化中,人类历

---

① (匈)阿格妮丝·赫勒:《卢卡奇的晚期哲学》,衣俊卿译,"阿格妮丝·赫勒主编:《卢卡奇再评价》",衣俊卿等译,黑龙江大学出版社 2011 年版,第 238 页。
② (匈)阿格妮丝·赫勒:《卢卡奇的晚期哲学》,衣俊卿译,"阿格妮丝·赫勒主编:《卢卡奇再评价》",衣俊卿等译,黑龙江大学出版社 2011 年版,第 242~243 页。
③ (匈)阿格妮丝·赫勒:《日常生活》,衣俊卿译,重庆出版社 1990 年版,第 115 页。

史进化。神话和宗教是一种超验的表达,只有艺术是一个自由的世界,在这个世界里,艺术将"重返故里",回到人的日常生活中来。"只有这个自由的世界也是一个进化的世界。艺术证实了个体和类的统一的可能性。艺术的本质是'类特征'水平上的进化的可能性之保证。但是,那一进化本身是一个应该。卢卡奇本人并不使用应该,而是宁愿使用前景。"①赫勒认为,卢卡奇之所以放弃写作《美学》的第二部分,是因为"历史的"那部分卢卡奇已经写出来了,它已经包含在《审美特性》中。费赫尔也曾评论,卢卡奇的理性主义的"历史哲学是一种普遍的进步概念"②。在卢卡奇美学中,作为主客统一体的审美接受者是特殊的个人与类统一的最可能的范例,用费赫尔的话来说,"一个彻底的进化论者的历史哲学在这里展现在读者面前,它作为一个历史哲学的普遍原则完成了马克思所说的神秘任务:系统发生与个体发生的融合"③。

对于卢卡奇来说,艺术本身就是他或整个人类可以信赖的"维吉尔",有如《神曲》中的"维吉尔"把但丁从地狱引入天堂一样,卢卡奇对艺术也抱有极大的希望,希望艺术来实现救赎。"内在于这一美学之中的历史哲学是按照希望的精神(在有保障的希望的意义上)构想的。这正是这本著作能够很容易被人们定位于仅次于《历史和阶级意识》的真正杰作的原因。"④在赫勒的丈夫费赫尔看来,卢卡奇美学就像人类审美教育的宣言,是席勒人类审美教育的复活,因为在卢卡奇心目中,"非异化"的领域首先是审美领域,"只有在审美领域,主体和客体才能实现统一"⑤。

事实上,卢卡奇一生,无论是在早年对古希腊完整性的史诗文化的渴望以及阐发资本主义罪恶时代小说形式的出现,还是对无

作为文化批判的审美——赫勒美学思想研究

---

① (匈)阿格妮丝·赫勒:《卢卡奇的晚期哲学》,衣俊卿译,"阿格妮丝·赫勒主编:《卢卡奇再评价》",衣俊卿等译,黑龙江大学出版社 2011 年版,第 243 ~ 244 页。

② Ferenc Fehér, *Lukács in Weimar*, In *Lukács Revalued*, Agnes Heller ed., Basil Blackwell, 1983, p. 90.

③ Ferenc Fehér, *Lukács in Weimar*, In *Lukács Revalued*, Agnes Heller ed., Basil Blackwell, 1983, pp. 103 – 104.

④ (匈)阿格妮丝·赫勒:《卢卡奇的晚期哲学》,衣俊卿译,"阿格妮丝·赫勒主编:《卢卡奇再评价》",衣俊卿等译,黑龙江大学出版社 2011 年版,第 244 页。

⑤ Ferenc Fehér, *Lukács in Weimar*, In *Lukács Revalued*, Agnes Heller ed., Basil Blackwell, 1983, p. 102.

产阶级革命阶级意识的诉求;无论是中年现实主义美学的转向,寻求反拜物教化的途径,还是晚年对艺术实现个体与类的统一的青睐,都集中成为一个问题,一个历史哲学问题——文化的可能性问题,它体现了一种救赎的、宏大叙事的、总体性的历史哲学美学特征。

应该说,赫勒对卢卡奇美学的评价是极其中肯的,一方面作为卢卡奇的学生,赫勒本着"吾爱吾师,吾更爱真理"的原则,对卢卡奇美学,卢卡奇的内心世界以及卢卡奇一生的悖论进行了深刻剖析,并展开了深入的批判;另一方面,出于对老师的尊重和爱戴,在骨子里她又追随着老师的精神和思想,为人类的解放和文化可能性的实现寻求方案。正如赫勒自己所表述的,"也许人们害怕完全屈从于一个大师;也许人们如果从事不同的主题才能更好地使自己没有冲突地从一个敬爱的大师那里解放出来。我认为,我们没有意识到这个动机,但是仍然有这样一个动机。……卢卡奇逝世之后,我们一些人如马尔库斯、瓦伊达和我,比在他活着的时候更加多地从事审美理论工作……也许作为理性的狡计,以前布达佩斯学派的成员比以前更关注美学和文化哲学"①。

① 傅其林、阿格妮丝·赫勒:《布达佩斯学派美学——阿格妮丝·赫勒访谈录》,载《东方丛刊》2007年第4期。

第一章 卢卡奇与赫勒的美学思想

第二章　赫勒的审美现代性思想之一：对现代美学理论的重建

　　"翻开人类文明的史册,美学的思考对人类社会和人自身的塑造具有不可或缺的重要性。在原始时代,美学的思考寄生在原始宗教的玄思之中;在古典时代,各种文明渐臻成熟,美学扮演了塑造民族文化精神的重要功能;在现代化的进程中,技术的高度发达导致了工具理性在日常生活中的霸权,美学则担当了反思现代性和恢复感性的作用。"①西方社会的现代性给整个人类社会以及人的精神世界带来了巨大的变化,人类的审美领域相应地呈现出与传统艺术完全不同的趋势和完全不同的审美价值取向,这就导致了审美现代性问题的出现。

　　美国学者卡林内斯库指出:"可以肯定的是,在十九世纪前半期的某个时刻,在作为西方文明史一个阶段的现代性同作为美学概念的现代性之间发生了无法弥合的分裂。(作为文明史阶段的现代性是科学技术进步、工业革命和资本主义带来的全面经济社会变化的产物。)从此以后,两种现代性之间一直充满不可化解的敌意……"②在卡林内斯库看来,有两种冲突的现代性:审美的现代性和社会领域中的现代性。审美的现代性是与社会现代性相对立的,是从感性的审美方式中对社会现代性的批判和抗议。

　　这种用审美批判社会现代性的审美现代性思想可以追溯到席勒。在《审美教育书简》中,席勒认为,正是现代文明本身的过度发

---

　　①　周宪:《美学是什么》,北京大学出版社2002年版,第19页。
　　②　(美)马泰·卡林内斯库:《现代性的五副面孔》,顾爱彬、李瑞华译,商务印书馆2002年版,第47～48页。

展造成了现代人性的分裂,只有审美趣味能够给社会带来和谐,只有审美的表象能够协调感性和理性,使人成为整体。这种用审美拯救现代人性的理想是审美现代性的应有之义之一。这种审美现代性在艺术领域内部,则表现为现代艺术对传统艺术的反叛,从艺术内容和艺术形式上都呈现出与传统艺术完全不同的价值追求,与古典艺术的传统范式相抗衡,追求艺术独立自律,形成一种新的艺术价值观念。因此,审美现代性作为一个美学概念,应该包含两种内涵:一是在艺术框架和艺术系统内部对传统的艺术观念进行创新,并对艺术提出新的理解和看法,即对美学传统的超越和重建;二是对现代社会现代性所造成的危机的自觉反抗,对社会各领域的批判。

依据审美现代性的发展路径,我们认为,赫勒的审美现代性包含两个方面:一是在美学领域内部对现代美学理论的重建;二是构建了日常生活中审美、道德融为一体的文化批判理论。在赫勒的许多著作中,她依据一贯坚持和倡导的文化批判的原则和方法,对现代美学理论和现象进行分析和检视,揭示了现代美学的困境和现代艺术的社会职能,同时为现代美学辩护,提出现代美学和艺术现象的生长点和发展途径。其中对现代文化悖论的揭示,对历史哲学美学、日常生活审美化等重要文化现象的批判具有前瞻性和后现代的特征。

第一节　对现代美学学科的批判与重建

一、现代美学的历史哲学特征

现代美学是近代启蒙思想摆脱中世纪基督教神学意识形态的重要成果,但启蒙运动的附带结果是导致神性的失落,进而导致美学与理性主义纠缠不清。因而,美学作为一个学科,从 18 世纪诞生开始,就"不再是'纯'美学","美学从这时起,就已经成为一种普遍哲学,它依据从自己的体系中推论出来的普遍的意识形态和普遍的理论偏好,评价和解释'审美领域'、'美学'、'对象化的美'以及在这个框架内的艺术。对这个问题,即'审美(对象化的美、艺术和各种艺术)在生活和历史中的地位'的回答,不可分割地与第二个问题的回答联系在一起,即'在哲学体系中,审美居于什么样的地位?'"①所以,在赫勒和费赫尔看来,亚里士多德的《诗学》和布瓦洛的《诗的艺术》体现了典型标准的"纯"美学的特点,因为它们排除了所有种类的社会因素,纯粹地表达审美判断并使之体系化。而现代美学则相反,它所关注的不是纯粹的审美判断和审美感受,而是普遍的意识形态。因此,在赫勒看来,现代美学是一种历史哲学美学,具有普遍的意识形态性、宏大叙事和独断论等特点。

首先,赫勒与费赫尔认为,近现代美学从黑格尔到谢林,再到克尔恺郭尔和卢卡奇,"每一种有重要意义的美学同时都是一种历史哲学"②。只有康德不同,康德把美与知识和道德性对立,康德美学没有形而上学,只是一种批判,作为一种结果,它只是从感受的和经验的视角表达了美学的复杂性,而现代历史哲学美学的特点则是对充满问题的现存资产阶级社会的认识,它为现代美学体系和现代艺术作品所承担的历史性和保存类价值的任务奠定了坚实的基础。

按照这种思路,接下来,美学就必须把艺术和各种艺术创造活动,按照活动和对象化的等级体系排列出来,这种"排列"是资产阶级社会的思想家所特有的,是完全按照自己所设想的概念来排列的。比如说青年谢林,他按照自己的概念体系把美学放在哲学体系的最高峰,以此与他所设想的有机的集体主义社会相连;而老年黑格尔却在他的《美学》中,把审美领域放在他的"绝对精神"的较低等级。因为在黑格尔看来,审美感受只是感受的困惑。然而,这却是世界历史危机形势的表达。崇尚审美的古希腊时代已经消逝,审美在人类活动等级体系中的位置降到了较低的等级。所以赫勒与费赫尔认为,"这种审美的'消退'并不意味着伟大的思想家

---

① Agnes Heller and Ferenc F, *The Necessity and the Irreformability of Aesthetics*, In *Reconstructing Aesthetics: Writings of the Budapest School*, Agnes Heller ed., Basil Blackwell, 1986, p. 5.

② Agnes Heller and Ferenc F, *The Necessity and the Irreformability of Aesthetics*, In *Reconstructing Aesthetics: Writings of the Budapest School*, Agnes Heller ed., Basil Blackwell, 1986, p. 5.

的'美感'的缺乏,而是一种历史哲学美学的特征的表述"①。

赫勒认为,每一种具有历史哲学特征的美学理论,都会把艺术放到人类的活动体系中,当然并不是每一种美学理论都会在体系内创造一种等级体制。是等级制还是非等级制,这依赖于一种历史哲学视角。例如,如果从"祛魅的世界"的视角看,审美想象的世界就会被剥夺,因为在那里,选择等级体制本身就是不能接受的。然而,在赫勒和费赫尔看来,对于美学而言,等级体制在审美的世界里是不可避免的。比如一个最一般的问题:艺术是什么?它对什么有益? 作为个体和群体出现的艺术作品对此给予了不同的回答,但是如何在它们中进行选择呢? 对这个问题的回答恰恰创造了等级体制。因此,如果美学作为一种历史哲学学科,忠于自己的原则,那么它就必须根据曾经给定的概念来排序各种艺术,其结果便是,各种艺术的审美价值将取决于哲学体系。

于是,我们看到,具有历史哲学起源和特征的美学,不是免除价值干扰的社会学的陈述和解释,而是带有极端个人色彩的独断论性质的判断。"事实上,具有历史哲学精神的美学可以称得上足够的傲慢,它可以仅仅通过创造一个历史时代的等级体系,就让人完全信服它的普遍的价值序列原则,以此来创造一个各种艺术和艺术分支的等级体制。"②例如,在黑格尔的美学体系中,抒情诗占据了首要位置,因为抒情诗是发达的主体性即资产阶级的产儿,作为一个进化论者,黑格尔把资产阶级社会看作是他的绝对精神的家园;卢卡奇则恰恰相反,他把史诗和戏剧放在更高的位置,因为在他看来,史诗和戏剧是世界危机形势的证明,资本主义是文化对象化的道德上的敌人;而阿多诺却对音乐情有独钟,极易受抒情诗的影响,因为他痛恨资本主义制度,试图超越被给定的世界,超越资产阶级社会的冷酷,所以,对于抒情诗和音乐在等级体系中的提升是一种"否定的辩证法"的历史哲学判断。

———————

① Agnes Heller and Ferenc F, *The Necessity and the Irreformability of Aesthetics*, In Reconstructing Aesthetics: *Writings of the Budapest School*, Agnes Heller ed., Basil Blackwell, 1986, p. 6.

② Agnes Heller and Ferenc F, *The Necessity and the Irreformability of Aesthetics*, In Reconstructing Aesthetics: *Writings of the Budapest School*, Agnes Heller ed., Basil Blackwell, 1986, p. 7.

这种历史哲学美学最终导致了一种偏见、一种意识形态。因为它的等级体系根据历史哲学的前提排列各种艺术和艺术分支，并根据这种被给定的历史哲学原则对艺术家进行选择，所以历史哲学的转向经常意味着对具体的艺术作品的评价的转变。例如，由于联系着历史哲学，克尔恺郭尔把莫扎特的歌剧《唐·乔万尼》(Don Giovanni)抬高为音乐中的王子和模范；同样，一种历史哲学预设驱使着诺瓦利斯对于《威廉·麦斯特》作出不公正的判断；卢卡奇曾经明确表述，"因为我的历史哲学已经转变，所以在我的艺术评论中，托尔斯泰代替了陀思妥耶夫斯基，菲尔丁代替了斯特恩，巴尔扎克代替了福楼拜"[①]。

应该说，这并不是完全错误的，从黑格尔到卢卡奇，所有有代表性的艺术理论都或多或少地依赖于历史哲学的前提。所以，费赫尔认为，"从一种特殊的历史哲学推论出一种美学理论并没有错误"，但是"所有这些理论已经成为标准文化(canonic cultures)的强烈的拥护者"。[②] 这导致了理论家们无理地拒绝了所有与他们严格的标准不相符的新的作品，把它们从美的天堂中驱赶出去，于是历史哲学美学所带来的问题显露出来。

赫勒曾在很多著作中表述了她对历史哲学的看法，她认为历史哲学，即大写意义上的历史，是现代文明化的主题，但不是真正意义上的人类的历史。这种包括过去、现在和未来的人类历史的历史哲学，"只是我们对于我们的历史的思想上的建构"[③]。由此，我们可以看到，在赫勒看来，历史哲学美学只是一种个别思想家的主观上的趣味，具有独断论和目的论的倾向。

其次，为了更清楚地揭示现代哲学美学的困境，赫勒和费赫尔把资产阶级社会的艺术理论——哲学美学，同前资本主义时代的艺术理论做了对比。前资本主义时代的艺术理论不具有哲学美学的意义，它们大多数把艺术能力看作一种专门的能力，不把艺术、

作为文化批判的审美——赫勒美学思想研究

① Agnes Heller and Ferenc F, *The Necessity and the Irreformability of Aesthetics*, In *Reconstructing Aesthetics: Writings of the Budapest School*, Agnes Heller ed., Basil Blackwell, 1986, p. 8.

② Ferenc F, *What is Beyond Art? on the Theories of Post - Modernit*, In *Reconstructing Aesthetics: Writings of the Budapest School*, Agnes Heller ed., Basil Blackwell, 1986, p. 69.

③ Agnes Heller, *A Theory of History*, Routledge and Kegan Paul, 1982, p. 281.

审美和对象化的美看作担负有特殊功能的生活领域。那时,美是内在于生活的,与伟大、道德性、行为规则以及宗教思想等没有什么不同。这种没有区分的"混合物"的结果是,并不需要为艺术建立一种哲学理论基础,人们的"审美判断经验地建立在一种普遍存在的和普遍认同的共通感的基础上"①。

这种靠经验的共通感所形成的价值判断,没有意识到它的哲学基础也不需要这种哲学基础,而且大量的例子表明,以前存在的共通感的判断具有绝对的有效性和持久性,甚至等级体系都能被子孙所接受。先前的共通感所表达的价值等级体系或许已经改变,但是价值领域从来就没有变。比如说,在瓦萨里的《名人传》②中,所有的画家都扮演了一个角色,虽然可能重新安排了价值标准,但是所有的画家都"记录在案",无一遗漏。正如赫勒和费赫尔所说,"我们所了解的早已被共通感考虑的每个人都在不断预定的(ever‐given)子孙中找到了拥护者"③。

资产阶级时代的美学则完全不同。它的具体的美学判断"不是带有普遍性的、占主导地位的共通感的最好、最完美的表达,而是由一个个体意识形态决定和一种特殊哲学体系假设的结果"④。赫勒认为,这种形势导致的结果是,现代哲学美学所包含的谬误的数量至少与真理等同。因为在资产阶级时代,传统的共同体已经解体,审美判断丧失了凭借经验而形成的社会共通感,从而使现代的审美选择逐渐由"鉴赏家"来完成,因而现代的审美评价带有个人的或某种哲学体系的偏见和意识形态。

---

① Agnes Heller and Ferenc F, *The Necessity and the Irreformability of Aesthetics*, In *Reconstructing Aesthetics*: *Writings of the Budapest School*, Agnes Heller ed., Basil Blackwell, 1986, p. 8.

② 瓦萨里,文艺复兴巨匠米朗琪罗的得意门生,著有文艺复兴艺术史《艺苑名人传》,他论述了近三个世纪的艺术史,按照新的价值标准,破天荒地将建筑、绘画、雕刻三种艺术形式当作一个整体,同时提出了一套艺术批评体系来评价艺术作品的优劣和高下。

③ Agnes Heller and Ferenc F, The *Necessity and the Irreformability of Aesthetics*, In *Reconstructing Aesthetics*: *Writings of the Budapest School*, Agnes Heller ed., Basil Blackwell, 1986, pp. 9 – 10.

④ Agnes Heller and Ferenc F, *The Necessity and the Irreformability of Aesthetics*, In *Reconstructing Aesthetics*: *Writings of the Budapest School*, Agnes Heller ed., Basil Blackwell, 1986, p. 10.

同时,赫勒和费赫尔认为,在这一过程中,艺术作品的"题材内容"(object content)(Sachgehalt)过时了,而"真理内容"(reality content)(Wahrheitsgehalt)开始出现。这两个概念是本雅明发明并加以区分的。[①] 他认为,一件传世之作的题材内容和真理内容在创作之时应该是紧密结合在一起的,真理内容是作为题材内容的真理内容而显现的。"题材内容"是艺术作品的意义维度,它与现在联系得更为紧密,从现在产生并服务于现在。而真理内容具有持久有效性,至少在原则上是可以被以后的时代理解和想象的,它独立于特定的具体的创作环境,与人类的总体进化相连。但是赫勒和费赫尔认为,这种进化只不过是从现代的观点"构建"的连续性,因此,在艺术作品当中所发现的某种"真理内容"超越"题材内容"的每一个判断,都有可能是一种冒险。因为我们"不能保证这种由后人建构起来的连续性拥有真正存在的连续性,不能保证所发现的真理内容会进入艺术快乐的连续性当中,同样不能保证所发现的真理内容不只是接受者的主观的、暂时的趣味判断"[②]。

由此,我们可以看到,在前资产阶级时代,基于一种普遍认同的共通感,艺术作品的真理内容和题材内容是有机地统一的。而资产阶级时代,由于共通感的丧失,其美学理论是个体的意识形态立场思考的结果,在这里,真理内容并没有在题材内容中有机地显现。所以,在赫勒和费赫尔看来,现代审美判断不会得到普遍的承认,而且在很多情况下,审美判断必须得到现代美学家的解释,否则我们很难理解这些审美判断的立场和观点。比如,无论在文艺复兴时代还是在现代,我们都能理解为什么瓦萨里把米开朗琪罗看作是最伟大的艺术家,然而在那以后的艺术中,我们只有靠解释才能理解某种立场,如莱辛对拉辛的拒绝态度,卢卡奇对卡夫卡否定性的批判,等等。

艺术作品的题材内容和真理内容表达了现代哲学美学的特

---

① 本雅明在《歌德的〈亲和力〉(1911—1922)——献给尤拉·科恩》一文中,以歌德的小说《亲和力》为范本,区分了艺术的题材内容和真理内容的关系。参见陈永国等编:《本雅明文选》,中国社会科学出版社 1999 年版,第 43~114 页。

② Agnes Heller and Ferenc F, *The Necessity and the Irreformability of Aesthetics*, In *Reconstructing Aesthetics: Writings of the Budapest School*, Agnes Heller ed., Basil Blackwell, 1986, p. 10.

点,即现代美学体系和现代艺术作品要保证艺术作品的历史性和类价值的有效性。资产阶级美学似乎让我们看到了现代"艺术家的悲剧",即现代艺术家的任务是在一个既没有共同归属感也没有文化的世界里,被迫去创造普遍的文化价值,如果他成功了,他就脱离了日常世界,也因此脱离了自己的生活。也就是说,如果艺术作品保持了永久有效的真理内容,也就失去了它的"题材内容",即艺术作品的历史性。所以,现代美学是一种历史哲学,正如本雅明所说:"所有的美正像启示一样,本身就包含着历史哲学的秩序,因为美不是观念的显现,而是观念之秘密的显现。"①

二、哲学美学的必要性和不可变革性

从前面的分析中,我们可以看到,现代美学在当代语境中面临着很大的困境,这在很大程度上是现代性危机的一个表征。面对现代的美学困境,是忽略它还是批判它,抑或是直视它寻求其他途径? 赫勒和费赫尔在对现代美学困境进行详细分析的基础上,没有采取视而不见或激烈批判的极端做法,而是在现代语境下赋予哲学美学存在的合理性,并通过对"反对派"的分析,得出美学是必要的,同时又是不可变革的。

首先,赫勒从现代哲学美学的诞生中寻求其存在的合理性。要认识产生这一困境的根源,就必须回到现代哲学美学诞生时的具体语境之中。美学作为一门独立的学科已走过了 200 多年的历程,最初由鲍姆加登提出,他针对当时理性主义盛行,提出了对感性认识的科学,即感性学。赫勒与费赫尔认为"美学作为一门独立的哲学学科是资产阶级社会的产物"②。这并不是说以前的哲学家没有对艺术、美学和审美领域的存在和本质进行过思考,也不是否认从柏拉图到基督教的各种本体论中不存在思想体系。他们从不同的前提出发,把世界描述为对美的模仿,创造了超出本体论的类似的美学,因此也可以说产生了美学。然而,"美学作为哲学体系

第二章　赫勒的审美现代性思想之一：对现代美学理论的重建

---

① 本雅明:《歌德的〈亲和力〉(1911—1922)——献给尤拉·科恩》,"陈永国等编:《本雅明文选》",中国社会科学出版社 1999 年版,第 109 页。

② Agnes Heller and Ferenc F, *The Necessity and the Irreformability of Aesthetics*, In Reconstructing Aesthetics: *Writings of the Budapest School*, Agnes Heller ed., Basil Blackwell, 1986, p. 1.

中一门相对独立的学科,是资产阶级社会的产儿",同时,它的存在也伴随着这样的认知,即"初生的资产阶级社会本质上是存在问题的"。① 正是 18 世纪中期社会的动荡和危机促成了最初的有代表性的作品——美学的产生,这意味着美学自产生之日起就从审美领域反映了资产阶级社会的存在状况以及对资产阶级社会的存在问题的应对方案。简单地说,有问题的社会才产生了哲学美学。

赫勒和费赫尔认为,引起美学作为一门专门化的哲学学科独立发展起来的第一个因素是出现了一种追求美和美的对象化的专门的活动。这种活动"具有一种独立自主的功能。也就是说,它不是人类其他种类活动的附属物,不是各种意识形态的调解工具,不是神学与宗教信仰的婢女,也不是不同群体自我意识的表达,而是独立于所有这些活动的活动(尽管或许表达了它们中的一些思想),而是一种自我独立的活动"②。这说明哲学美学不是依附于其他事物的,是专门对美学和审美活动进行的独立反思。

对于这种独立追求美的活动,赫勒和费赫尔认为要认识和区分历史上追求美的活动的两个不同的时期。第一个时期即相对较早的时期,所有的"高级文化"从日常生活与生产活动的所有类型中分离出去,而且艺术家、专业化的艺人从其他的社会阶层中分离开来。这一时期是与普遍的文明发展同步的,或者更确切地说,是普遍的文明发展的一部分,因此这个时期并没有出现现代意义的哲学美学。第二个时期,也就是存在问题的时期,即建立在有目的的理性统治基础上的资产阶级活动普遍化时期。在古希腊、前资本主义时期,人的理性和感性是统一的,人们按照美的尺度进行生产。而在资产阶级时期,技术理性占统治地位,马克思认为的"按照美的规律来创造"的行为已经被异化。这样,高级文化,作为一个专门的"生产分支",为了弥补从这个世界消失的美,必须屈服。于是,哲学美学作为资产阶级社会的对立与补充因素就获得了存

① Agnes Heller and Ferenc F, *The Necessity and the Irreformability of Aesthetics*, In *Reconstructing Aesthetics: Writings of the Budapest School*, Agnes Heller ed., Basil Blackwell, 1986, p. 1.

② Agnes Heller and Ferenc F, *The Necessity and the Irreformability of Aesthetics*, In *Reconstructing Aesthetics: Writings of the Budapest School*, Agnes Heller ed., Basil Blackwell, 1986, pp. 1 – 2.

在的必要性与合法性。

自美学产生以来,许多思想家对美学的独立性提出了各种看法。赫勒和费赫尔认为,这种美学的功能独立性曾被卢梭以一种彻底的乌托邦的态度加以否定地评价,他试图取消美学的独立性,并试图把对象化的美学消解在缺乏中介的自然的大众生活的同质性当中,也就是渴求自然的生活世界的美。而康德把这种功能独立的活动与其他活动联系起来,从而使它进入一个体系,比如康德把审美判断力即审美活动的"器官"作为纯粹理性和实践理性的调节器纳入其整个批判体系。黑格尔则在普遍的历史哲学中授予古希腊为审美时代。

在赫勒和费赫尔看来,所有这些思想家对于美学和审美活动进入哲学体系以及它们在这个体系内相对独立的功能的评价与论证,都证明了一个事实:"美的对象化在任何情况下都是一种分离的活动类型,正因为在整个活动体系中是独立的,所以它才需要一种解释。"[1]这说明了哲学美学的产生过程,正是审美独立,才需要解释,才产生了哲学美学。正如阿多诺曾指出的,艺术和美学理论存在于两个不同的领域,但两者是相通的,"对艺术品的哲学解释的任务不能把艺术品和概念相等同,把艺术品同化进概念中。正是通过哲学的解释,艺术品的真理性才展现出来"[2]。所以,就艺术自身的表达来看,离开了哲学的理论解释,就无法传递其真实,艺术作品正是通过这种理论解释而展开其"真实的","审美经验务必转入哲学,否则就不是真正的审美经验"。[3]

现代哲学美学产生的第二种原因是资产阶级社会缺乏那种在传统社会中建立在有机共同体基础上有机地发展起来的共通感。赫勒与费赫尔认为,现代资产阶级时代是一个被无限地个体化、个性化的时代,它从传统社会那种古老的原则和规范的桎梏中解放出来。在这种解放的过程中,传统社会那种个体与共同体的有机联系被打破了,人们审美的主观趣味随着主观性的沉迷,变得鲁

---

[1] Agnes Heller and Ferenc F, *The Necessity and the Irreformability of Aesthetics*, In Reconstructing Aesthetics: *Writings of the Budapest School*, Agnes Heller ed., Basil Blackwell, 1986, p. 2.

[2] (德)阿多尔诺:《否定的辩证法》,张峰译,重庆出版社1993年版,第12页。

[3] (德)阿多诺:《美学理论》,王柯平译,四川人民出版社1998年版,第228页。

莽、傲慢、目空一切。主观趣味的混乱、恶劣需要哲学美学进行调节和解释,所以哲学美学作为"对恶劣、混乱的趣味的仲裁者"而出现。这样看来,美学是为了克服现代资产阶级社会主观趣味的困境而出现的。

正如我们前面所提到的,在前资本主义时代,由于生活在自然的共同体当中,凭借审美经验的共通感,人们可以理解美、理解艺术作品,那时,艺术作品的题材内容和真理内容是有机统一的。用赫勒和费赫尔的话来说,"前资本主义时代的艺术概念把'题材内容'等同于'真理内容'(或者更确切地说,不能在二者之间作出区分)",但这样导致了另一个结果,即"它们在其他的'题材内容'中发现不了任何东西"。① 也就是说,在前资本主义时代,艺术作品的"真理内容"与其说是建立在共通感的基础上,不如说是建立在共同体的"题材内容"基础上,所以,艺术作品或审美判断依赖于普遍的、可接受的宗教的、伦理的前提,依赖于这种共同的"题材内容"。当共同体解体,这种共通感消逝的时候,人们不再能理解艺术作品,因为它们是"缺乏历史性的"②。当人们面对过去的艺术作品,他们只能以自己的共通感来欣赏过去时代的作品,但是哲学美学却可以想象先前时代的艺术作品,因为当"题材内容"隐退的时候,只有现代美学才能掌握"真理内容"。所以,哲学美学从这一点来说,又有着一定的优越性,它是对缺乏共通感的社会所形成的艺术作品的一种解读。也可以说,哲学美学是在现代共通感消逝的社会里,人们寻求主体间联系和理解的一个纽带。

哲学美学作为一个专业的分支而出现的第三个因素便是艺术从日常生活中脱离。在赫勒和费赫尔看来,现代美学面临着一个悖论的境地,即一方面艺术从日常生活中分离出来意味着艺术失去了它的生活证据、生活基础,而另一方面还必须要给艺术的特殊的社会功能一个基础。在资产阶级社会,随着自然共同体的解体,

---

① Agnes Heller and Ferenc F, *The Necessity and the Irreformability of Aesthetics*, In *Reconstructing Aesthetics*: *Writings of the Budapest School*, Agnes Heller ed., Basil Blackwell, 1986, p. 12.

② Agnes Heller and Ferenc F, *The Necessity and the Irreformability of Aesthetics*, In *Reconstructing Aesthetics*: *Writings of the Budapest School*, Agnes Heller ed., Basil Blackwell, 1986, p. 11.

人们的日常生活越来越原子化、专业化,公众生活和公众活动越来越少,产生于原子化和专业化的日常生活需要体系下的现代艺术和美逐渐让人们难以接受和理解。这样,艺术与生活越来越脱离了。事实上,艺术不是原子化的,而是主体间性的,是非专业化的,而且是不需要特殊的技能或知识就可以接受的。因为艺术是可交流的,所以是共通的。"通过这种可交流性,艺术创造了人类的交往,它构成了一个理想的社会和一种公众生活。"[1]然而,现实生活中确实需要艺术的存在,需要艺术对给定的日常生活提供一种"相反的形象",需要艺术来重新获得被遗弃的总体性,需要艺术重新拾回生活的、公众的和集体的特征,需要通过艺术抒发情感的体验,超越异化的日常生活。

如何去解决这个悖论呢? 在赫勒和费赫尔看来,前两个世纪的哲学美学一直在试图完成这个任务,试图为艺术的生活证据和艺术的社会功能寻求理论的基础。艺术的这个悖论首先表现为,必须在理论上解释:为什么在生活关系日益异化的过程中,艺术作品和美的对象化活动被认为具有对"类价值"进行保护的特殊的新的功能。艺术取代了生活作为"类价值"承担者的地位,因为生活逐渐变得缺少价值了,这是世界历史新时期存在重大问题的表现,所以,世界历史必须靠哲学美学的帮助来证明这个承担者——艺术的存在理由。

但是赫勒和费赫尔认为,"类价值"的保护者承担着一个极其模糊的功能,因为这个保护者既是一个价值保护者,又是一个生活的替代者。一方面艺术作品要保存类价值,即保证艺术作品的价值有效性、永恒性;而另一方面艺术本身也保存了生活的原子化。作品本身只是一种"美的现象",伴随着接受效果的消逝,我们又回到生活当中,这就是激进地否定现代资产阶级社会的艺术作品向总体性宣战的原因。但它们在否定总体性的同时又伴随着对总体性的支持,所以这种支持又会变成赤裸裸的"应然"状态。

这个基本悖论的第二个维度就是艺术作品的历史性和有效性之间的矛盾。从马克思对希腊艺术对人们产生不朽的魅力的评价

---

① Agnes Heller and Ferenc F,*The Necessity and the Irreformability of Aesthetics*,In Re-constructing Aesthetics:*Writings of the Budapest School*,Agnes Heller ed. ,Basil Blackwell, 1986,p.2.

中,我们可以清楚地理解这对矛盾。马克思说:"困难不在于理解希腊艺术和史诗同一定社会发展形式结合在一起。困难的是,它们何以仍然能够给我们以艺术享受,而且就某方面说还是一种规范和高不可及的范本。"[①]因此,赫勒和费赫尔认为,艺术作品作为解释价值有效性的最重要的主题之一,其原因就在于"它本身恰恰证明了为什么哲学美学产生于资产阶级社会"[②]。

赫勒和费赫尔认为,哲学美学出现的第四个因素是伴随资产阶级艺术商品化产生的问题,哲学美学应运而生。资产阶级商品生产的普遍化使得艺术作品的创造出现了新的趋势。大众对艺术的接受开始服从于商品实现的规律,于是,艺术作品的创造也按照市场供求关系来调节,很少去顾及艺术作品的结构,而且艺术作品是否被广泛地接受有时与艺术作品的质量,包括它的深度、宣泄情感的影响,它的积极作用或作为生活的替代品的功能无关。阿多诺曾经描述过艺术商品化的现象:一些故弄玄虚的美学家,在美感享受意义上乔装打扮作品的艺术形式,以使人们获得感官上的愉悦,这样"似乎使艺术作品更接近于消费者"[③]。但是这种仅仅供欣赏者享乐与陶醉的艺术作品,阿多诺更愿意称呼它为商品,而不是作品;对于欣赏者而言,更愿意称呼为"消费者"。阿多诺认为,存在着这样一种事实,"人们对艺术作品欣赏愈少,却对其知之愈多,反之亦然"[④]。因此,阿多诺说,现代美学"存在一种危险的倾向,也就是背离美学题材的倾向,以及紧密追求观众或者说审美品酒员(aesthetic wine - taster)的快感体验的倾向"[⑤]。这种趣味包含一种主观的偏向,在这种情况下,就要求对艺术作品的影响进行哲学解释,同时这种解释是构成艺术作品不可分割的一部分。

这里,我们可以看到,赫勒和费赫尔没有像浪漫派那样抹去现代美学的困境,而是承认现代美学困境,并针对其状况论证其存在的必要性和合理性。也就是说,现代艺术需要一种哲学理论即哲

---

① 《马克思恩格斯选集》第 2 卷,人民出版社 1995 年版,第 29 页。

② Agnes Heller and Ferenc F, *The Necessity and the Irreformability of Aesthetics*, In *Reconstructing Aesthetics*: *Writings of the Budapest School*, Agnes Heller ed. , Basil Blackwell, 1986, p. 4.

③ (德)阿多诺:《美学理论》,王柯平译,四川人民出版社 1998 年版,第 23 页。

④ (德)阿多诺:《美学理论》,王柯平译,四川人民出版社 1998 年版,第 22 页。

⑤ (德)阿多诺:《美学理论》,王柯平译,四川人民出版社 1998 年版,第 560 页。

学美学为其提供说明和解释。正如阿多诺所说,"没有一部艺术作品是纯粹从自己本身出发得到理解的,所有作品就象是精神与社会相联的要素一样,都是一种由自身逻辑和整一性出发被造就而成的东西"①。

其次,赫勒和费赫尔对反哲学美学进行了批判性的考察,最后得出结论:哲学美学是不可变革的。自现代哲学美学产生以来,它过多地把个别哲学美学家的主观审美趣味普遍化,导致具体的审美判断"错误率"极高,于是引起了一场彻底反对"抽象美学观"的浪潮。"反对派"认为,造成"错误率"高的主要原因在于哲学美学在理论方法上遵循"演绎的程序",即"美学家根据他自己所理解的历史观念,对某个特定历史时代作否定的或积极的评价,并根据它们在世界历史时代等级体系中或高或低的地位,演绎出对某种艺术、艺术分支以及艺术作品的价值判断"②。这些美学家自己设定了一个框架,在人类对象化活动体系和哲学体系中,把美学放到一个预定的位置,即把艺术放在其人类精神演进的模式中。

这种现象愈演愈烈,于是从 19 世纪末开始,美学界逐渐展开了一场统治整个民族文化的运动,而且矛头直接指向哲学美学。这场反抗美学体系化权威的运动来自于社会各界,并不仅仅是实践派艺术家的自发的抵制。德国哲学家康拉德·费德勒作为"理论派"的反对者,曾经表示"没有普遍的艺术概念(art),只有各种具体的艺术(arts)。艺术概念是一种武断的抽象,一个理性主义的神话,它试图迫使每一件事情统一于一个体系,来自于这一神话的同一性的美学判断是无效的,是与活生生的、具体存在的艺术不相关的"③。

另一种声势浩大的反抗运动的主要口号是,艺术批评必须取代哲学美学。艺术批评具有一种归纳法的特征,它不需要把单个

---

① 转引自王才勇:《现代审美哲学新探索——法兰克福学派美学述评》,中国人民大学出版社 1990 年版,第 44 页。

② Agnes Heller and Ferenc F, *The Necessity and the Irreformability of Aesthetics*, In *Reconstructing Aesthetics: Writings of the Budapest School*, Agnes Heller ed., Basil Blackwell, 1986, p. 13.

③ 转引自 Agnes Heller and Ferenc F, *The Necessity and the Irreformability of Aesthetics*, In *Reconstructing Aesthetics: Writings of the Budapest School*, Agnes Heller ed., Basil Blackwell, 1986, p. 14。

的艺术作品放入任何专制的体系中。它在方法论上的假定就是，艺术分析应该专注于作品具体的存在和具体的特征，抛弃所有的哲学预设，或者至少应独立于对"整体的"艺术功能的欣赏。这种艺术"归纳"概念的假定要求只依赖于艺术作品，与哲学美学无生活的抽象毫无关系，这已经形成了普遍的、共同的要求。

但是赫勒和费赫尔却对这种具有归纳特征的反哲学美学运动提出质疑。他们认为，尽管反哲学美学运动如此广泛，但并没有解决什么问题。哲学美学的"错误"和批评不是来源于它的演绎特点，"错误"并不适合描述哲学美学的状况，所谓的艺术的"归纳"概念并没有排除掉哲学美学所具有的哲学预设，"在那些公开的印象主义者的批评当中，这些预设也总是存在的，只不过不那么明显"①。从大量的事例来看，人们并没有摆脱抽象，为了迎合日常生活的需要，以一种简化的形式出现哲学思考是不可避免的。即使对"艺术的演绎概念"最有敌意的或者最质疑的批评，也深深地打上了哲学文化的烙印。

赫勒和费赫尔认为，这方面最突出的代表就是阿多诺。阿多诺认为，传统美学有两种极端的表现形式②：一种是自上而下的哲学美学，体现了抽象的哲学演绎的特点；一种是自下而上的经验美学，体现了归纳的经验分析。传统美学已经废退，表现出与日益发展的现代艺术的不一致。他尤其提出了对哲学美学的看法："如同哲学体系或道德哲学这种观念一样，哲学美学这一概念看来已经非常过时陈腐了。"③阿多诺在音乐社会学的论著中提供了新音乐"无根性"的特征，尽管评论有一些不公正，但是对作品本身的评价却是完全独立的。虽然阿多诺反对哲学美学，但是赫勒和费赫尔认为，阿多诺对新音乐理性主义的"演绎"结构的深爱和对20世纪伟大的作曲家巴托克(Bartok)音乐所具有的大众化、平民化的反感，都深深地植根于他的哲学的价值前提。所以，赫勒和费赫尔把

————————

① Agnes Heller and Ferenc F, *The Necessity and the Irreformability of Aesthetics*, In *Reconstructing Aesthetics : Writings of the Budapest School*, Agnes Heller ed. , Basil Blackwell, 1986, p. 14.

② 参见(德)阿多诺：《美学理论》，王柯平译，四川人民出版社1998年版，第557～603页。

③ (德)阿多诺：《美学理论》，王柯平译，四川人民出版社1998年版，第557页。

阿多诺美学同黑格尔和卢卡奇的美学等一同归为哲学美学。

　　另外,赫勒和费赫尔认为,从印象主义批评所主张的纯粹趣味判断来看,艺术批评并没有摆脱哲学美学的阴影。印象主义者最喜欢的一句话就是:"我喜欢这个,有时代特点!"赫勒和费赫尔认为,这句话只表达了主体的个人的判断,只显现了主体的特征,而没有体现艺术作品的特征与价值。他们认为康德对这个问题的阐述是非常正确的,康德说,就趣味判断是一种审美判断而言,趣味判断体现了一种普遍的因素——共通感。但是这种共通感不像是在前资产阶级社会作为经验性的存在而存在,而是作为一种设想而存在。每一种趣味判断都声称审美有效性,而恰恰因为它是一种声称审美有效性的趣味判断,才在某种程度上削弱了它自身的主体性,逐渐被拓展成一种规范。

　　对此最不可辩驳的例子是,趣味判断必须对自身加以说明,必须解释自身,解释它的决定,并说出它的决定的原因。对艺术作品内容与形式的剖析实际上就是自我解释,比如说"我之所以喜欢这部艺术作品,是因为它在内容上……在形式上……"最后要依赖于演绎的方式建立新的判断。赫勒和费赫尔认为,这种趋势把艺术概念分割成两个不可调和的敌对的阵营:社会学的和形式主义的。这是只有在哲学美学时代才有的不可抵制的运动特点,前资本主义时代可没有这种艺术观点,因为它们不需要被迫为自身,为自己的选择和判断寻找一个哲学基础。所以,"建立在主观的趣味判断基础上的归纳批评主义,随着趣味判断被拓展为一种规范,最后陷入了自我欺骗的泥潭"①。

　　问题是,在现代社会,这种个人的趣味判断是如何被扩展成一种规范的呢? 赫勒和费赫尔认为,现代社会既没有同质化的共同体,也没有形成一种"预定的"经验的共通感,那么,现代个体是如何表达和形成集体的趣味判断的呢? 如果说个人的趣味判断必然要超越单一的主体性,那么这种普遍性来源于何处? 这种主体间的普遍性来源于何处? 赫勒和费赫尔认为,马克斯·韦伯对于现代精神的论述深刻地解释了这个问题,"现代精神不再是一神论

第二章　赫勒的审美现代性思想之一:对现代美学理论的重建

①　Agnes Heller and Ferenc F,*The Necessity and the Irreformability of Aesthetics*,In Reconstructing Aesthetics:*Writings of the Budapest School*,Agnes Heller ed.,Basil Blackwell,1986,p.15.

79

的。根据现代动态社会普遍的多元主义,现代的神话里没有上帝,只有众神"①。根据韦伯的比喻,我们或许可以说,成为审美规范的每一个趣味判断都表达了某一社会阶层、某一社会群体的共同的趣味。这构成了现代趣味普遍性的界限,共通感的界限。赫勒和费赫尔承认,尽管成为规范的每一个审美判断都是韦伯现代美学神话中的"女神",但是"女神"的数量不是无限的。古代的共通感是一种自发的总体性,亚里士多德的"共通感"既包括审美也包括伦理和法律。而现代的趣味判断拓宽了它的纯主观的特征,把它延伸到整个群体,最后形成规范,这就产生和表达了某种共通感。但是它与艺术的"演绎"概念不同,它只是试图把握整个审美经验领域,因此,它始终处于这种"永恒的新的轮回"中。

由此,赫勒和费赫尔认为,倡导反哲学美学的艺术批评并没有超越哲学美学的界限。所有哲学美学的错误都与伟大作品的判断有关。它们或者根据自己的哲学背景低估伟大的艺术现象,或者依据理论抽象把粗制滥造的艺术作品看作有意义的和伟大的作品。然而,印象主义者,坚持归纳的艺术批评家们,却关注于"日常的、时尚的领域"②,强调感受和纯粹的新颖,造成艺术作品华而不实,使艺术的地位失去尊严。可见,哲学美学和反哲学美学都各执一端,存在演绎和归纳方法上的矛盾。赫勒和费赫尔认为,这正是资产阶级时代美学结构自相矛盾的表现,"美学最深层的二难抉择困境似乎如此:既不能从形而上(即借助概念),也不能从形而下(即借助纯经验)的角度将其聚结为一体"③。

三、赫勒的重构美学方案

在赫勒和费赫尔看来,为了解决资产阶级哲学美学的困境,反哲学美学的艺术理论家和批评家所采取的方法和策略不但没有超

① Agnes Heller and Ferenc F, *The Necessity and the Irreformability of Aesthetics*, In *Reconstructing Aesthetics*: *Writings of the Budapest School*, Agnes Heller ed., Basil Blackwell, 1986, p. 16.

② Agnes Heller and Ferenc F, *The Necessity and the Irreformability of Aesthetics*, In *Reconstructing Aesthetics*: *Writings of the Budapest School*, Agnes Heller ed., Basil Blackwell, 1986, p. 17.

③ (德)阿多诺:《美学理论》,王柯平译,四川人民出版社 1998 年版,第 576 ~ 577 页。

越哲学美学,反而使资产阶级美学陷入了两难的境地。正如阿多诺在《美学理论》里引用哲学词典中对美学的描述一样,"没有任何一门其他哲学学科,像美学学科那样如此脆弱地依赖于诸先决条件。美学犹如风标似的,'被每一阵哲学风、文化风以及科学风吹得摇摆不定。人们一会儿从形而上和规范的角度考察美学,一会儿又以经验的和描述的方式探讨美学。一会儿从艺术家的观点出发来思索美学,一会儿又从消费者的观点出发来对待美学。一会儿把艺术视为美学研究的中心,把自然美当作一种初级阶段;一会儿又把艺术视为自然美的代用品'(Moritz Geiger——莫利茨·盖格尔语)。这便是对 19 世纪中叶以来美学所面临的二难抉择困境(dilemma)的恰如其分的描述"①。

那么,如何去解决这一悖论,美学又在何种意义上进行重构呢?赫勒和费赫尔试图从悖论产生的根源上寻求解决途径。他们并没有从细节上阐述悖论产生的决定性因素,而是从艺术作品的"题材内容"和"真理内容"入手,把二者的统一与产生审美经验的共同体联系起来,以此寻求解决途径。他们提及了一个事实,即资产阶级社会没有共同体,艺术家只能间接地在市场上与公众见面,这造成了现代艺术趣味和观念的分离,艺术作品"题材内容"和"真理内容"的分裂。这是资产阶级美学悖论产生的最基本的原因。

康德曾经说,"为了把美的对象评判为美的对象,要求有鉴赏力,但为了美的艺术本身,即为了产生出这样一些对象来,则要求有天才"②。因为艺术家在每一个有意义的艺术作品中都创造一个新的观念,观念的创造是天才的作品。作为普遍性的观念,它不能在概念中产生,也不能在演绎中获得。所以,美的艺术的作品是"鉴赏力和天才的结合"③,即天才和趣味的结合。但是,康德又认为,资产阶级艺术最基本的困境就是存在两种类型的艺术作品,一种类型是只有观念而没有趣味,另一种是只有趣味而没有观念,而

---

① (德)阿多诺:《美学理论》,王柯平译,四川人民出版社 1998 年版,第 557～558 页。

② (德)康德:《判断力批判》,邓晓芒译,人民出版社 2002 年版,第 155 页。

③ (德)康德:《判断力批判》,邓晓芒译,人民出版社 2002 年版,第 164 页。Taste 译为"鉴赏力"或"趣味"。

后者绝不是天才的作品。① 这样的矛盾现象在前资本主义时代是不存在的,因为那时新观念是以潜在的形式沉浸在共同体的趣味中的,这些观念是能够被普遍承认并代表普遍的乐趣的。而且那时观念和趣味是互为前提的,没有趣味就不存在观念,没有观念也不存在趣味,因为观念体系的共同体与"共同体本身"并没有分离。资产阶级社会却相反,艺术家是孤立的个体,即使他是天才,也只能按照孤立的个体的能力去创造观念。可见,时代的问题也决定艺术作品的"题材内容"。

但是艺术家的职责就是创造观念,他不能依赖任何集体性的存在,因此,艺术家必须能够做到在缺乏趣味或鉴赏力的条件下创造观念。也就是说,艺术家创造一部艺术作品,它或许能引起普遍的尊重,或许没有任何反响,这与他是否具有审美价值无关。没有观念的趣味的出现,以及体现这种趣味的艺术作品的出现及普及,在资产阶级社会是极其明显的。艺术家、天才或许能够在缺乏趣味的条件下创造观念,创造他的艺术思想,但这并不危害他的作品的"意义"和"使命",评估的接受者作为批评家不会对它的观念作出反应。正如我们看到的,非普遍化的判断的作者创造了纯粹主观的趣味判断,没有任何的审美特征,然而批评主义作为一种艺术类型,却属于资产阶级公众生活的一部分,是公众生活的显现。在这个时代之前,并没有系统的艺术批评。批评家的作用就是通过揭示自己对艺术作品的接受过程,自己的艺术体验,来影响其他的接受者,从而使自己的判断普遍化,形成一种公众观点。当然解决这种自相矛盾的形势的方法也是自相矛盾的:或者违背趣味来评判观念,或者违背观念来谈论趣味。前者是所有归纳的艺术批评的方式,尤其是经验的印象主义者;后者是哲学美学或历史哲学美学的方法。

为了深入地解释悖论产生的原因,赫勒和费赫尔从艺术作品的"形式"、"世界观"和"真理内容"的视角,展示资产阶级艺术的特征。每一部伟大的艺术作品都创造一个新的观念,这就是"青年卢卡奇"称作"形式"的东西。前面我们已经看到,艺术作品的观念、形式以及"真理内容"的必不可少的基础,是前资本主义世界的

作为文化批判的审美——赫勒美学思想研究

---

① 参见(德)康德:《判断力批判》,邓晓芒译,人民出版社2002年版,第157页。

共通感,它或者存在着,或者以潜在的意义存在着。但是赫勒和费赫尔认为,我们可以说"真理内容"的基础是共通感,也可以说真理内容来自于各种共同体的集体性立场的"题材内容"。这种集体性的"题材内容"是一种内容或者说主题,同时是一种世界观,内容从属于世界观,是世界观的一个因素。赫勒和费赫尔认为,在某种意义上,卢卡奇是完全正确的,"当他写《现代戏剧发展史》的时候,他说,正是世界观构成了艺术作品的形式"①。如果说艺术作品以一种普遍想象的方式,产生于有机的集体的"题材内容"中,那么它就不需要解释和评论,形式、观念和"真理内容"就很容易在艺术作品的评价中与"题材内容"统一起来。或者说,至少它不会导致任何问题,从而使得艺术家可以发现合适的题材内容,从中产生新的观念。前资本主义时代的艺术,或许更适合康德的标准,没有概念的艺术的乐趣,因为从概念上掌握题材内容是多余的,题材内容是明显的、预定的。比如说,作为共同的文化财产的古代或基督教神话,作为一种"主题"从来都不能有问题,因为根据经历了各种变迁之后的神话主题的意义,其立场或者是一个完整共同体的集体的世界观,或者是履行公共职能的社会阶层的集体性的世界观。

以上这种"题材内容"与"真理内容"之间的自然的或有机的联系在资本主义社会是极其混乱的。真理内容赖以产生的"题材内容"是有问题的,部分原因在于艺术作品的题材内容具有过度的"个体化"特点,它需要对其进行评论和解释,这样他者——接受者才能掌握和理解它。它需要创作者和接受者之间进行持续不断的交流和理解,这样主观的主题才能传送创造者的个性的印迹,才能成为主体间的。"题材内容"有问题的另一种原因是作品选择的题材内容不一定具有审美价值,因此,主题和世界观的发现成为艺术品获得成功的主要条件。因此,资产阶级内容与形式分离的整个审美神话的起源就归咎于这些因素。这个主题是什么?这个世界观是什么?这样的概念性问题看起来太历史哲学化、太社会化,但这不仅仅意味着历史哲学或社会学侵入了纯审美的领域。更重要的是我们要看到,这些问题产生于资产阶级艺术的真实的结构。

① Agnes Heller and Ferenc F, *The Necessity and the Irreformability of Aesthetics*, In Reconstructing Aesthetics: *Writings of the Budapest School*, Agnes Heller ed. , Basil Blackwell, 1986, p. 19.

不是作为个体构成的艺术作品使得这些概念性的问题成为必要，而是"题材内容"的个体特征很难转化为主体间的情绪。因此，在评价"真理内容"的时候，我们也总是评价构成真理内容的世界观，这就是为什么美学是一种历史哲学。世界观评估者的立场、接受者的立场在评价具体的艺术作品时，发挥着决定性的作用。

在青年卢卡奇看来，构成形式的世界观被吸收在形式中，所以，就突出的艺术作品而言，这使得纯粹的审美判断成为可能。但是本雅明认为，"题材内容"只有在经历了极其缓慢的过程后才能过时。当代的人无论有意识还是无意识，都要面对这个"题材内容"，面对从属于世界观的主题，面对这个立场，这构成了艺术作品的个性。因此，对于现代艺术接受而言，那种完全脱离世界观、脱离生活、脱离题材内容的纯粹的审美判断不是稀有，而是根本不可能。甚至从过去时代的作品来看，尽管产生于过去存在的共通感，与它的题材内容相一致、相融合，但是这个"题材内容"也具有具体的特性，因为评价者是从现代的观点解释它。所以，在赫勒和费赫尔看来，"演绎和归纳判断的自相矛盾是现代不可避免的世界历史形势"①。美学向何处去？如何重构美学？继续坚持哲学美学的道路，还是走归纳批评的途径，抑或是开辟"第三条道路"？赫勒和费赫尔在重新审视现代美学的两种极端形态的优缺点后，提出重建美学的设想。

赫勒和费赫尔认为，演绎的或哲学美学的最伟大的成就就是它为哲学美学的起点，为哲学美学普遍化的基础选择了人类这个概念，提出了一些这样的问题："普遍的"艺术是什么？普遍的艺术功能是什么？在人类的活动体系中艺术的地位是什么？等等。因为在资本主义美学中，作品的"题材内容"和"真理内容"是分离的，所以，哲学美学始终在声称艺术作品的总体性问题，但是这仅仅是一种设想，而且这种对普遍性的声称曾多少次被证明是没有事实根据的，因为哲学美学在它的立场和个体的艺术作品的特殊性之间仍然存在着距离。本雅明作为美学体系化的最激烈的反对者表达了相反的态度，他把哲学美学看作是异化的世界等级体系的代

---

① Agnes Heller and Ferenc F, *The Necessity and the Irreformability of Aesthetics*, In *Reconstructing Aesthetics*: *Writings of the Budapest School*, Agnes Heller ed., Basil Blackwell, 1986, pp. 20 – 21.

表,认为这种美学体系使得活生生的个体或艺术作品屈服于体系的要求。演绎美学必须要知道,尽管它意识形态的背景对于把现代接受者引入对现代艺术的深刻的洞察力是必不可少的,但是,它必须接受这一事实,哲学美学不能形成纯粹的审美判断,因为纯粹的审美判断要求脱离生活、脱离共通感、脱离集体性的立场或世界观。

另外,他们认为,归纳的艺术批评面临着同样的危险,它与哲学美学一样,同样偏爱主观的意识形态。这种对作品分析的介入同演绎的审美判断一样,只不过这些偏爱不那么清楚和明晰。另外,归纳的艺术批评对于一些趣味群体的特殊性的认同隐藏了其本身快速过时的危险。"对暂时流行的趣味群体共通感的自我认同,把归纳艺术批评所允诺的纯粹的审美判断变成了一种极其不稳定的平衡状态。"[1]但是,赫勒和费赫尔并没有悲观失望,他们对美学的未来充满希望,因为他们看到了美学悖论的另一个极端——归纳艺术批评的两个闪光的优点。第一,艺术作品的个体性作为一个个体,作为一个活生生、具体的"小宇宙",在大多数情况下代表着对人类总体性的更好的具体的表达,它比总体化的体系更好地体现人类总体性,因为"总体化的"体系经常体现异化的等级特征。第二,现代艺术作品是一种"个体",它几乎不屈服于普遍的规则,不屈服于某一艺术类型的规范。几乎每一个有意义的个体都创造一个新的类。至于用哪种个体来展示哪个类的问题,这需要归纳的艺术批评来回答。因此,归纳的艺术批评对于当代的艺术接受,即有关个体和类的特征来说,比哲学美学作的贡献要大,而且更有意义。

因此,赫勒和费赫尔得出结论,"在某种意义上,美学的自相矛盾的特征是不可超越的。因而,它的'错误的源泉'也是不能消除的。另一方面,它又是不可或缺的"[2]。这意味着我们不能排除任

---

① Agnes Heller and Ferenc F, *The Necessity and the Irreformability of Aesthetics*, In *Reconstructing Aesthetics: Writings of the Budapest School*, Agnes Heller ed., Basil Blackwell, 1986, pp. 21 – 22.

② Agnes Heller and Ferenc F, *The Necessity and the Irreformability of Aesthetics*, In *Reconstructing Aesthetics: Writings of the Budapest School*, Agnes Heller ed., Basil Blackwell, 1986, p. 22.

何一种美学类型,它们有其存在的合理性,是资产阶级的产物。所以,赫勒和费赫尔选择了一条折中的道路,对于哲学美学和归纳批评这两个极端,要努力避免各自立场所带来的内在的危险,或者至少把危险降到最低。演绎批评由于注重艺术概念的普遍化,从而导致对个别艺术品价值的评价失真,所以其必须质疑与艺术作品有关的价值判断有效性的过程;同时,归纳批评过于强调特殊性,从而导致艺术作品价值极易过时,所以也必须质疑有关超越现在价值的特殊判断的有效性。也就是要正确对待艺术作品价值永恒性和短暂性之间的矛盾,因为在他们看来,"艺术品的价值和审美判断的有效性是应该统一的,这是一种艺术的设想"①。

赫勒和费赫尔的重构美学思想与现代主义美学家阿多诺、后现代主义美学家沃尔夫冈·韦尔施的重构方案有一定的相似性,同时又体现了不同的特点。应该说,赫勒和费赫尔的重构美学方案既没有抛弃哲学美学,也没有摆脱归纳批评,因为他们在对美学进行彻底的考察之后,认为一方面现代艺术尽管与艺术概念背道而驰,但是还必须要哲学美学为其提供解释;另一方面归纳艺术批评凸显了艺术作品个体与类的关系,二者在当代美学发展中是不可或缺的。正如阿多诺认为的,美学务必要认识这一辩证哲学的信条,即"事实与概念并非截然对立的,而是互为中介的"②。既然悖论是无法根治的,所以,现代美学是必要的,不可改变的。于是,赫勒和费赫尔在后现代多元主义美学立场上选择了一种折中主义的立场,承认二者存在的合法性,同时尽量增加其审美判断的合理性。

这与阿多诺的立场基本上是一致的。阿多诺在分析了目前美学的形势后认为,"说来道去,美学从目前看非但没有废退过时,反而是必不可少的、合乎时宜的"③。那么,美学的出路何在? 阿多诺选择了"第三条道路",即介于哲学美学和经验美学之间的道路,"美学只有通过一种途径可望弄懂今日的艺术,那就是通过批评性

---

① Agnes Heller and Ferenc F, *The Necessity and the Irreformability of Aesthetics*, In *Reconstructing Aesthetics: Writings of the Budapest School*, Agnes Heller ed. , Basil Blackwell, 1986, p. 22.

② (德)阿多诺:《美学理论》,王柯平译,四川人民出版社 1998 年版,第 577 页。

③ (德)阿多诺:《美学理论》,王柯平译,四川人民出版社 1998 年版,第 573 页。

和自我反思"①。这种"批评性和自我反思"既认同了演绎分析,也认同了归纳总结,同时这条道路也意味着既不是单纯的抽象的哲学美学,也不是单纯的经验美学,它是包含于经验中的演绎、演绎中的经验。用阿多诺的话来说,是以"内在的方式对艺术作品进行反思"②,即在人们的审美经验中反思艺术作品所体现的逻辑。在阿多诺看来,美学是对人们艺术经验的哲学反思。可见,阿多诺试图建立一种综合哲学演绎和经验美学的美学,而赫勒和费赫尔试图在减少其各自弊端的前提下,让哲学美学和归纳批评平行发展,这种立场可以被描述为"保守的结构主义者"③。

我们可以看到,赫勒和费赫尔试图在美学体系内部寻求重构的方案,同时赫勒在美学之外也在积极探索超越美学的途径,比如她在 20 世纪 90 年代后提出的道德美学思想,试图结合伦理学和美学来帮助解决目前美学的困难(见本书第三章)。她的这种思想在当代极具超前性和前瞻性,因为当代著名哲学家、美学家韦尔施也提出了其"重构美学"的主张。韦尔施针对当代社会普遍存在的审美化进程提出了自己的看法,他认为当今的审美化给今日的美学带来了新的问题,"传统美学部分地要为审美化进程中的缺点负责"④。韦尔施试图建立一种超越美学的美学,即把美学作为一种基础,建立一种元美学,并试图在美学之外,如伦理学等领域寻求超越途径,提出一种伦理/美学。他说:"今天人们已不能无视美学之外的美学,即使你只想在美学的内部来开拓哪一种合法的美学。"⑤他所主张的反对日常生活审美化,建立一种伦理美学以及美学多元化的思想都与赫勒和费赫尔的美学思想有一定的相似性。但是,赫勒和费赫尔并不完全赞同后现代的许多思想,他们对后现代的反哲学美学,追求和迷恋异质性都提出了有益的批评。

---

① (德)阿多诺:《美学理论》,王柯平译,四川人民出版社 1998 年版,第 571 页。

② (德)阿多诺:《美学理论》,王柯平译,四川人民出版社 1998 年版,第 573 页。

③ 参见 Agnes Heller and Ferenc F, *Reconstructing Aethetics: Uritings of the Budapest School*, Basil Blackwell, 1986。

④ (德)沃尔夫冈·韦尔施:《重构美学》,陆扬、张岩冰译,上海译文出版社 2002 年版,第 114 页。

⑤ (德)沃尔夫冈·韦尔施:《重构美学》,陆扬、张岩冰译,上海译文出版社 2002 年版,第 114 页。

第二节 对现代艺术概念的批判与重建

有人说，"现代美学有三个转向，那就是转向艺术，转向人的独创性，转向人类境况"①。美学从探讨美日益转向探讨艺术。由于受到老师卢卡奇的影响，赫勒也十分看重艺术和审美对日常生活中人的作用。在她看来，艺术是人确立自己与类本质关系的关键，通过艺术，主体自身得到改变，从排他主义的特性转变为个体的个性，以消除日常生活的异化结构。为此，赫勒从《日常生活》开始，便着手探讨艺术在日常生活中存在的必要性，而后随着她哲学视角的转变逐渐对后现代的艺术现象进行反思，对艺术终结论进行了批判，并对后现代的艺术概念进行了重新界定。

一、艺术的必要性

赫勒认为，艺术在人类生活中是必不可少的。

首先，艺术是类本质的承担者，是主体间交流的工具。赫勒沿用卢卡奇美学的艺术概念，指出"艺术是人类的自我意识，艺术品总是'自为的'类本质的承担者"②。马克思在《1844 年经济学哲学手稿》中曾经指出："动物只是按照它所属的那个种的尺度和需要来构造，而人懂得按照任何一个种的尺度来进行生产，并且懂得处处都把内在的尺度运用于对象；因此，人也按照美的规律来构造。"③这里"内在的尺度"便是人的有意识的尺度、审美尺度、价值尺度，用美的尺度来构造、生产成为人类的美的一个维度。所以，艺术品总是体现了人的类的内在的价值，总是把世界描绘成人的世界，描绘成人所创造的世界。在艺术史上，在艺术价值尺度发展的巅峰，我们看到了那充分体现类本质，体现人类价值发展的个体、个体的情感、个体的态度，用赫勒的话说，艺术品能否"存活"，依赖于它是否成功地反映了"类"这一价值尺度。可以毫不夸张地说，在某种程度上，艺术品就是人类的记忆，当我们享受已去时代

① 周宪：《美学是什么》，北京大学出版社 2002 年版，第 76 页。

② （匈）阿格妮丝·赫勒：《日常生活》，衣俊卿译，重庆出版社 1990 年版，第 114 页。

③ （德）马克思：《1844 年经济学哲学手稿》，人民出版社 2000 年版，第 58 页。

的伟大的艺术作品之时,我们为之动容,那不是因为别的,而是因为它们在个体性中同时体现了人类的本质,在这些冲突与情境中,我们"发现了我们自己的生活和我们自己的冲突的前史"①,我们在艺术品的主人公和命运中看到的是我们自己,我们通过它们跟自己对话。

同时,在赫勒看来,在人类的经验和理解的领域里,艺术作品保证了主体间性的实现,是主体间交流的工具。赫勒继承了卢卡奇美学思想所体现的"存在主义的解释学"②。卢卡奇在《海德堡美学手稿》中谈道,艺术作品不仅是人类的创造物,而且是规范的体现,这是属于审美有效性领域的东西。赫勒认为,假定艺术作品如卢卡奇所主张的,是一种由一个活生生的、有感觉的、有经验的主体所创造的规范,它能在其他的生命主体中引出合乎规范的经验,那么,这种艺术作品的存在就保证了主体间性的实现,它们的可能性将被表述为主体—客体—主体的关系。这里的主体应该是一个完全的主体,一种克尔恺郭尔意义上的"存在",而不是某种抽象的或一般意义上的例子。客体应是一个意义的世界,而不是一种或另一种意义的概括。那么,这个"世界"会是一种交流工具,是一种没有调解任何具体意义的调节"意义"的工具。此时,艺术作品被假定为一个主体把一个规范的东西带入到一个世界,在这里,它能被其他主体理解和占用,可以说,艺术作品是"主体间意义的生产者,不是一个或另一个主体间的意义,而是类似大写的意义,所有意义的意义"③。

其次,赫勒认为,"创造的艺术可以通过净化而作为道德锤炼的代理人而活动"④。即艺术的同质媒介在把个体上升到类本质水平的过程中,使个体的"特性"转变为"个性",实现个体与类的统一。在赫勒看来,艺术创造过程中特性的中止是完全的和毫无保留的,在艺术的同质媒介把创作者提升到类特征的水平时,他的特

① (匈)阿格妮丝·赫勒:《日常生活》,衣俊卿译,重庆出版社 1990 年版,第 115 页。

② 参见 Agnes Heller, *Unknown Masterpiece*, In *Philosophy Social Criticism*, 1989, (15)。

③ Agnes Heller, *Unknown Masterpiece*, In *Philosophy Social Criticism*, 1989, (15).

④ (匈)阿格妮丝·赫勒:《日常生活》,衣俊卿译,重庆出版社 1990 年版,第 115 页。

性是被废止的,他的个性的痕迹是被留在艺术品的世界中的。也就是说,一方面在艺术创作过程中,艺术品渗透和表达了创作者个体的生活情境、生活体验和人生感悟,表现了个体是以个性化方式对其日常生活的真实描述,但创作者在艺术创作时也能从日常生活中跳出来,超越自己的日常生活,以一种非日常的态度来审视、观照自己的日常生活,从而中止了其排他主义个性。正像赫勒所说:"在艺术的世界中,即在这一独特的对象化中,同样没有纯粹特性的空间,即没有那种尚未被塑造为个性的特性的空间。"①另外,作者在艺术创作中不仅表达了自己的生活,同时也反映着他人的生活,不只要超越自己的生活,也要提升他人的生活,既成为自己又成为他人。因而,其个性就有了类的性质,其个体提升到了类本质的领域,实现了个体与类的统一。

同时,人们在艺术接受的活动中,特性也是被废止的,观众(听众)同艺术品的作者一样被提升到类本质的水平。但是,在艺术体验中,特性的中止并不在同一尺度上发生,其范围和强度也不完全依赖艺术品的深度和价值,在不同情况下,这种精神上向同质媒介的跃迁,其强度也远不相同。赫勒引用了卢卡奇称之为艺术品接受中的"前摄"理论和艺术品体验的"滞后"问题来说明这个问题。接受"前摄"的东西用心理学的术语来说就是"原有的认知结构"。在我们开始享受艺术品时,我们总是习惯从自己的亲身经历和日常的感受出发,我们带有原有的认知结构去看问题,即我们带有自己原有的感情色彩和知识储备,而且更为重要的是,我们常常用我们生活的社会的价值判断和意识形态来判断和欣赏艺术品。这种"前摄"的东西基本上决定了何种艺术品能被人们完全吸收,能把观众(听众)毫无保留地提升到类特征的水平。比如同他此前生活经验相一致的艺术品,或者与他生活经验完全不同的艺术品,这引起了他心灵的震颤,达到了与艺术品的共鸣。所以,我们经常可能不会为一件举世闻名的杰作而感动,反而为一件看起来比较渺小但与我们自身时代面临的问题关系比较密切的艺术品所"震撼"、所"惊愕",这样就出现了类似古典悲剧所达到的净化效果。所以,

---

① (匈)阿格妮丝·赫勒:《日常生活》,衣俊卿译,重庆出版社1990年版,第115页。

赫勒确信,"一件艺术品可以改变我的生活和我同世界的关系"①。

当然,在艺术体验中还存在着复杂的艺术品体验的"滞后"问题。读完一本小说,欣赏完一幅绘画,我们常常会思绪良久,有可能这件艺术品改变了我们的生活和我们同世界的关系,比如《名人传》。但这一现象的发生并不完全依赖体验的强度,不完全依赖我们被打动的程度。赫勒认为,导致体验直接向日常生活的转变,是十分罕见的现象,而且在"未受教育"的接受者和习惯为艺术品所占据的接受者之间,情况是不同的:前者这种情况很容易发生,反而后者,艺术体验是非自然状态的,欣赏之后,接受者没有任何改变,又回到了与艺术完全不同的日常生活世界。

所以,在赫勒看来,艺术的作用是间接的,它只是为道德的进步、人格的净化提供尺度。"艺术自身不能使生活人道化,但是,在存在着使自己的生活和他人的生活人道化的渴望之处,艺术可以提供尺度,它可以为这一事业提供情感和理智的支持。"②

最后,艺术是日常生活不可分割的组成部分,艺术与日常、日常生活、日常思维的关系极为密切。赫勒极为重视艺术在日常生活中的作用,"可以肯定,艺术也在日常生活中发挥着重要作用。如果我记得不错的话,我在论日常生活的著作中讨论了这个问题,我在书中强调,自在对象化领域如果没有艺术归属其中的自为对象化领域就不能被再生产。这种影响的'方式'随着不同的工具而历史性地发生变化。在当代,主要工具之一就是大众媒介"③。

西方许多思想家都倾向于在艺术与日常生活的隔离和对立中理解艺术:亚里士多德认为艺术是或然律的认识,奥古斯丁把艺术看作上帝之美的昭示,海德格尔把艺术视为解救凡人沉沦的希望所在,尼采、马尔库塞认为艺术是生命的挽歌,等等。赫勒认为,正是这种对日常生活的拒绝造成了西方思想家对艺术理解的矛盾。事实上,艺术生成于日常生活之中,正如卢卡奇所说:"如果把日常

---

① (匈)阿格妮丝·赫勒:《日常生活》,衣俊卿译,重庆出版社1990年版,第117页。

② (匈)阿格妮丝·赫勒:《日常生活》,衣俊卿译,重庆出版社1990年版,第117页。

③ 傅其林、阿格妮丝·赫勒:《布达佩斯学派美学——阿格妮丝·赫勒访谈录》,载《东方丛刊》2007年第4期。

生活看作是一条长河,那么由这条长河中分流出了科学和艺术这样两种对现实更高的感受形式和再现形式。"①所以,艺术是日常生活的一部分,它构成了日常生活中日常与非日常的对话。人只有在日常生活的视域与框架下才能发现艺术的真正本质,理解艺术的真实的功能。

赫勒在她的《日常生活》中吸收了卢卡奇的日常生活理论,认为艺术同科学一样是人类知识和自我知识的类的对象化。作为一种"理论态度",它们是直接从给定集合体的日常需要中产生出来的,并取得了具有自身价值的对象化领域的独立地位。所以,审美方式的前提和原初的模型内在于日常思维的异质复合体中,审美过程中伴随的审美体验也总是以某种形式在日常生活中进行。例如,从个体、社团的生活方式到民族和国家的节日宴会,几乎都伴随着音乐、歌舞等艺术形式。纤夫的拉纤伴随着有节奏的喊号声,男女的爱情在歌曲与诗歌中颂扬,几乎人的所有情感都要通过某种艺术形式来宣泄、表达。正是在艺术欣赏中,在艺术品中,我们了解了过去时代人们的悲欢离合,了解了逝去时代人们的个性,同时也找到了我们在生活中的影子。所以,艺术品使我们找到了日常生活和类本质活动的渗透关系,用恩斯特·费舍的话来说,艺术是必不可少的。艺术为个人超越其特性,形成自身与类的自觉关系,成为个体而提供机会。

二、高级艺术的悖论及其建设性方案

虽然艺术在人们的日常生活中是必不可少的,但是随着现代社会格局的发展,艺术的问题变得越来越复杂,尤其是有关高级艺术判断标准问题,它导致了现代艺术悖论以及现代文化悖论的产生,赫勒对此问题进行了研究和探索。应该说,赫勒对现代艺术悖论的阐释起源于马尔库什的两种文化概念:"高级文化"的文化概念和人类学的文化概念。赫勒认为,这两种文化概念都会导致悖论的出现,于是提出了"文化话语"的文化概念。这三种文化概念按照产生的历史顺序分别为:被理解为"高级文化"的文化概念、

---

① (匈)卢卡契:《审美特性》(第1卷),徐恒醇译,中国社会科学出版社1986年版,"前言"第1页。

"文化话语"的文化概念以及人类学的文化概念。其中对高级艺术和文化的考察中,赫勒引入了现代性的双重机制——技术想象和历史想象,以此来避免高低艺术区分所产生的悖论。

在对高级文化的分析中,赫勒主要以高级艺术为话题,当然也论及神学和科学,但经常把高级艺术与高级文化等同。在赫勒看来,作为"高级文化"的文化概念就是被黑格尔称为绝对精神的东西,包括有代表性的艺术作品,神学、科学和哲学,它们都是人的心灵、想象力及双手的创造物。"高级"与低级相对,是指高于日常生活和思想层面的空间领域,高级艺术与形而上学的想象具有一致性。在赫勒看来,高级和低级总是相伴的,"没有低级文化就没有高级文化"[1],这里低级并不具有原始的特征,而是与不高雅的、粗陋的、异己的相联系。所以,"高级文化"概念的形成并不是由最原始的文化逐渐、次第地发展而来的,它来自于"现代性的动力",来自于"他者的建构",因为"一个民族几乎不可能因为它的民众创造了伟大的艺术或哲学作品就是一个拥有高级文化的民族"[2]。

赫勒根据阿伦特在《过去与未来之间》中对古希腊人没有的"文化"问题进行了探讨,分析了"高级文化"观念的形成过程。阿伦特认为,虽然我们总是在谈论古代雅典的高级文化,但是古代雅典的高级文化不是在雅典形成的,而是罗马人"发明"的。在雅典,"诗"和"技艺"是融于生活之中的,与当时的宗教生活、伦理生活和政治生活密不可分,由于当时根本没有形成独立的文化或艺术星团,所以没有文化的说法。赫勒赞同阿伦特的说法,罗马人发明了文化,文化是希腊人提供的标尺,是罗马人的典范。在当时,文化的经典是美的尺度而不是高级文化的尺度。伴随着希腊化和希腊主义,罗马人区分了"有文化"和"没文化"的人,有文化的人指的是有趣味的人,能够讲希腊语、理解希腊的艺术典范并能够欣赏希腊文化的人,而没文化的人是指不懂希腊语并对希腊艺术一无所知的人。这时罗马人还没有使用现代意义的"高级文化"或"高级艺术"等词语,但是"当高级文化(以及高级文化中的高级艺术)的观念出现时,与高级文化同化就成为没有文明传统的人们的一项任

---

[1] (匈)阿格尼丝·赫勒:《现代性理论》,李瑞华译,商务印书馆2005年版,第167页。

[2] (匈)阿格尼丝·赫勒:《现代性理论》,李瑞华译,商务印书馆2005年版,第165页。

务和一种抱负"①。于是罗马的精英们看到了自己习俗、神话、建筑等的粗陋,看到了自己与希腊的差异,他们发自肺腑地向希腊人学习,学习希腊人的生活方式,学习欣赏希腊艺术。在希腊主义时期,他们成功地被同化了。

所以,赫勒认为,拥有"高级文化"需要有现代性的动力,需要一种启蒙,一种质疑的精神。另外,还需要有"能够(允许)向其同化的、作为一种相对开放的生活方式范例的'他者',以培养进入这种被认为较高级的(但一开始是相异的)生活方式的意愿"②。因此,我们看到,古希腊没有高级文化,基督教没有高级文化,而希腊化和现代世界却有。

但是人们如何从低级文化进入到较高级的文化呢? 在赫勒看来,进入高级文化领域的机会不是由文化继承得来的,而是"由形成一种有文化的判断力的能力获得的"③,即高级文化通过高雅趣味而获得,这种文化判断的能力就是高雅趣味。高级文化是可以通过某种途径学到的东西,它具有自由性和公开性,不论身份高低、贵贱,所有类型的人都可以培养高雅趣味,拥有高雅趣味的人欣赏伟大的艺术作品,而艺术家创造艺术作品,不"进入"高级文化。这便涉及进入高级文化领域的趣味标准问题了,即什么文化是低级的,什么文化是高级的,高级文化和低级文化按照什么标准来进行区分,是有趣味还是无趣味,是有"好"趣味还是有"坏"趣味,谁的趣味标准是权威,高级文化和低级文化的区分是否有效等等一系列问题以及随之而来的趣味的悖论。

赫勒是在非现代文化与现代文化的对比中,分析高级艺术和低级艺术的悖论的。在非现代文化中,趣味标准是固定的,是按照有无趣味来划分的。在那里,有一部分人是有趣味的,而其他人是没有趣味的,但是他们中存在着核心的趣味标准,核心的趣味范例,比如高雅的典型、高级现实的典型。人们能从无修养的、愚蠢的东西中,区分出文明化了的东西,区分出普遍接受的一致性的高级的东西,比如区分出优雅习俗和不雅的习俗,优美的诗歌和原始节奏,等等。总之,趣味标准是唯一的,稳固的。然而,在现代,趣

① (匈)阿格尼丝·赫勒:《现代性理论》,李瑞华译,商务印书馆2005年版,第166页。
② (匈)阿格尼丝·赫勒:《现代性理论》,李瑞华译,商务印书馆2005年版,第167页。
③ (匈)阿格尼丝·赫勒:《现代性理论》,李瑞华译,商务印书馆2005年版,第168页。

味标准不再是单一的、而是流动的、变化的和暂时性的,所以,人们不再以有无趣味来划分高低文化,而是以好趣味和坏趣味来划分。"现代性的动力导致了对趣味判断的不断修正"①,也许在今天举世瞩目、符合最高标准的艺术作品,明天就变得声名狼藉,而且趣味判断的标准也是多元的,你可以认为这幅画很美,风格独特,别人也可以认为这幅画很丑,一无是处。可见,在现代文化中,有好趣味的人的趣味判断是可以经常不一致的。但是,随之而来的问题是:是否还需要一个趣味标准? 也就是说,高级文化和低级文化的区分是否有效、是否有意义。如果现实中仍需要有一个趣味标准的话,谁是趣味标准的权威?

赫勒认为,高级文化虽然包括科学,而且真正有教养的人必须要懂得有关物理运动、天文等知识,但是,人们从来不认为类似有关星座或物理运动的判断是主观的趣味判断。所以,"形而上学的解体和哥白尼转向首先是在艺术趣味问题上,以及一般而言有关美的问题上开始的。在真善美的三位一体中,美的地位最先被动摇,并随即成为了被讨论的问题"②。曾经被认为是真实的、美的东西如今被认为是不真实的、不美的,曾经被认为是正确的、符合伦理道德而加以接受的东西如今被认为是错的。美在现代经历无家可归的命运,过去时代美的理想的典范不再是永恒的。现代多元主义的、个体性的特征打破了稳固的趣味标准,没有人有资格担当客观的趣味判断的法官。

休谟曾经很好地描述了现代趣味标准的悖论困境,"美就不是客观存在于任何事物中的内在属性,它只存在于鉴赏者的心里;不同的心会看到不同的美;每个人只应当承认自己的感受,不应当企图纠正他人的感受"③。所以,人们没有权利告诉他人,什么东西会令人愉悦,什么不会,因为在你看来是美的、令人愉悦的东西,可能在别人眼里却是相反的情境。休谟否认了趣味判断的客观性,但是休谟并不认为因为趣味判断是主观的就丧失了审美趣味的真实标准,"尽管趣味仿佛是变化多端,难以捉摸,终归还有些普遍性的

① (匈)阿格尼丝·赫勒:《现代性理论》,李瑞华译,商务印书馆 2005 年版,第 169 页。
② (匈)阿格尼丝·赫勒:《现代性理论》,李瑞华译,商务印书馆 2005 年版,第 170 页。
③ (英)休谟:《论趣味的标准》,吴兴华译,"古典文艺理论译丛编辑委员会编:《古典文艺理论译丛》第 5 册",人民文学出版社 1963 年版,第 4 页。

褒贬原则"①。有些人还是能够对高级艺术作出正确判断的,"只有卓越的智力加上敏锐的感受,由于训练而得到改进,通过比较而进一步完善,最后还清除了一切偏见——只有这样的批评家对上述称号才能当之无愧。这类批评家,不管在哪里找到,如果彼此意见符合,那就是趣味和美的真实标准"②。这种休谟式的趣味标准在赫勒看来是悖论性的,趣味的标准不是基于艺术作品本身的客观的属性,而是由文化精英们不断建构的。这些文化精英阶层决定什么是好的趣味,什么是坏的趣味,从而形成了趣味标准的权威,但是成为文化精英的一员又取决于他有好的趣味。这种境况在过去的生活中是能够被普遍认可的,因为在"社会现实"中,欧洲确实出现了一个文化精英阶层,他们决定着趣味标准,而且人们能够带着这种悖论生活。

但是现代民主化使得人们不再能忍受这种趣味悖论。民主是以平等原则为核心的,而且人们日益要求超越政治平等走向实质平等。这种实质化的民主制度使人们坚信,"没有人比别人强,也没有人比别人更聪明或更能干。当然,也没有人拥有比其他人都要好的趣味"③。如果有人声称自己的趣味比别人的好,那他就是一个精英主义者,而不可能是一个好的民主主义者。其结果是,他不能证明自己的趣味比别人的更好,他只好选择放弃把自己的趣味作为趣味标准的想法。可见,现代民主导致不能形成趣味标准。

但是,现实生活中,如果真的没有趣味标准,人们又如何来衡量艺术品的价值呢?在赫勒看来,对艺术问题或美的问题的论证,同对形而上学或科学真理问题的论证一样,都"需要有一个所有人都理所当然地接受的'始因'作为根据",所以,"人们才总是回到主观性问题,回到作为品质之唯一标准的趣味,并最终回到趣味的标准——它最终被证明是一个不牢靠的、没有稳固基础的出发点"④。

① (英)休谟:《论趣味的标准》,吴兴华译,"古典文艺理论译丛编辑委员会编:《古典文艺理论译丛》第5册,人民文学出版社1963年版,第6页。

② (英)休谟:《论趣味的标准》,吴兴华译,"古典文艺理论译丛编辑委员会编:《古典文艺理论译丛》第5册,人民文学出版社1963年版,第12页。

③ (匈)阿格尼丝·赫勒:《现代性理论》,李瑞华译,商务印书馆2005年版,第171页。

④ (匈)阿格尼丝·赫勒:《现代性理论》,李瑞华译,商务印书馆2005年版,第171~172页。

作为文化批判的审美——赫勒美学思想研究

96

同时,赫勒认为,如果真的不存在趣味标准,或至少是在哲学上不存在确立的标准,那么就没有高级艺术和低级艺术之分了,作为高级文化的文化概念就不可能成立。现代社会,每个人的趣味都是同等重要的,而且,高级文化和艺术的标准又是多元的,所以第一种文化概念被认为是不民主的。

赫勒从趣味标准入手,揭示了现代艺术(文化)的悖论。她认为,"高级文化概念的悖论源于其作为两极性的规范性。它必须排斥低级文化,但却不能排斥掉。因为它必须承认趣味是艺术美与艺术品质问题上的最终裁断者,却既不能把决定性的趣味等同于每个人的趣味,也不能把它等同于少数人的趣味。总之,不可能避免文化相对主义,但也不可能接受它"①。趣味是高低文化的评判标准,但是这一标准却是精英阶层的主观建构,如果把标准等同于每个人,也就等同无标准的标准,所以,根据趣味标准来区分高低文化是无效的,是充满矛盾的。赫勒在对作为高级文化的文化概念进行考察后认为,高低文化产生的悖论不可能得到解决,也不能消除,因为无论在哪种情况下,趣味仍然都是区分的根据。于是,赫勒提出两种策略,试图避免这个悖论。

赫勒认为,如果人们拒绝现代艺术哲学或美学的两项决定性革新——趣味的中心地位和好趣味与坏趣味的区别,人们就可以避免这个悖论。在赫勒看来,在前现代人们对高级艺术和低级艺术的区分是不证自明的,因为那时人们是以有无趣味为标尺的,这种标准是稳固的、被普遍承认的,而现代人们是按照好坏趣味来划分高低文化的,所以现代高低文化的区分不再是不证自明的。因此,赫勒建议重新引入古老的区分标准,这样,例如一把摇椅、一张经久不衰的唱片、一段旋律、一幅抽象画等每一件文化作品,都能按照趣味来加以判断,判断"因而是在一件艺术作品的自身类型中评估其完美/不完美"②。我们可以说自己在流行音乐、电影、希腊艺术以及建筑风格等审美领域有趣味或没趣味。赫勒认为,这种区分虽然保留了趣味标准,而且在实践上要求人们有某种鉴别能力,以保证获得更好的判断,但它不是精英主义的。人们对艺术作

---

① (匈)阿格尼丝·赫勒:《现代性理论》,李瑞华译,商务印书馆2005年版,第190页。
② (匈)阿格尼丝·赫勒:《现代性理论》,李瑞华译,商务印书馆2005年版,第174页。

品完美或不完美的评价,在这里代表着创作者做得是否好,是否恰到好处,是否有技巧。艺术作品的精神在其中并不重要,"技术想象引导着判断"[①]。这里,赫勒为了抑制趣味中心的主观性,引入了技术想象的概念,正如约翰·格鲁姆雷所说,"判断完全被技术思考所引导,而不是被作品精神的主观解释所引导"[②]。

赫勒的第二个策略武器是回避趣味相对性问题,同时又不必回到一种客观的区分标准,这便是运用现代性的功能主义特征和历史想象机制。赫勒以解释学的形式引入现代历史想象,从而弥补第一种策略引入技术想象所带来的不足。赫勒认为,在现代社会,人们对高低艺术的区分是随着社会格局的转变而转变的。在前现代社会格局中,人们的阶级地位决定了他行使的职能。较高等级的人具有高级文化。也就是说,一个较高阶级的人在艺术问题上的判断是他们阶级的一项职能,当然是一项可以选择的职能。而在现代社会格局中,人们行使的职能决定了他在社会阶层中的位置。"知识分子"必须行使提供有关趣味标准的职能,正是这种职能使他们在预先判断中处于较高的地位,"尽管并不必然在收入和社会等级上也处于较高地位"[③]。但是提供趣味标准的职能有客观的标准吗?赫勒认为,提供趣味标准越来越与阐释相关,即与现代历史想象有关。

赫勒认为,现代社会对文化作品的阐释,越来越关注作品的意义,而不再是作品体现的美。一般说来,对高级艺术和高级文化的阐释向人们提供意义和揭示内涵。伟大的艺术作品拥有被无限阐释的能力,经由一代又一代人的阐释行为,艺术作品被赋予了更新的解读、意义以及启示,同时在阐释背后,慢慢地形成了一种共同享有的趣味。这种经常的不间断的阐释使得高级艺术作品或文本变得更有意义,它们增强了作品的气韵,激起了人们的怀旧感和认知感。赫勒认为,正是这种"意义",这种"对怀旧和/或亲近诉求,使某些艺术作品'跨时间地'处在等级体系的顶端"[④]。这些高级

---

① (匈)阿格尼丝·赫勒:《现代性理论》,李瑞华译,商务印书馆2005年版,第174页。

② John Grumley, *Heller's Paradoxical Cultural Modernity*, In *The European Legacy*, 2001,(1).

③ (匈)阿格尼丝·赫勒:《现代性理论》,李瑞华译,商务印书馆2005年版,第175页。

④ (匈)阿格尼丝·赫勒:《现代性理论》,李瑞华译,商务印书馆2005年版,第176页。

艺术作品处在较高的地位,履行着向人们呈现意义,并激发人们怀旧情绪和亲近之情的职能,而恰恰是这种职能成为区分伟大的作品与其他不能很好地履行这些职能的作品的基础。这样,艺术作品的等级将不是由美来决定,而是由作品的意义来决定,由"阐释者使它们执行它们的功能的方式"[①]来决定。因此,低级文化,赫勒宁愿称之为大众文化,或大众艺术,它的功能是娱乐。虽然,在现代的市场上,我们也能发现伟大的艺术作品的身影,但是这并不是创造者的意图,而只是为了满足消费者的需求。大众文化似乎使得创造者、生产者和传播者之间的差别消失,并具有快速吸收和容易消费的特点,因此,大众文化与消费功能相关联。

可见,赫勒在这里提供了一种区分高级艺术作品与低级艺术作品或艺术与文化的低级作品的标准,即高级艺术作品具有无限阐释的可能性,并具有履行意义和激发怀旧情感的功能。在格鲁姆雷看来,"就历史意识和市场都被分配了各自合适的角色而言,这种功能和解释之间的联姻恢复了高低文化的平衡"[②]。这种标准既不是每个人的主观趣味,也不是文化精英们的趣味,而是一种体现客观性的标准,它既摆脱了文化精英的主观建构,又缓解了第一种策略引入技术想象所带来的完全的技术思考的矛盾。赫勒为了避免现代文化或艺术悖论,提出了两个建设性方案,引入现代性的双重机制,即技术想象和历史想象,从理论上说有一定的意义和合理性,尤其是她对趣味中心性的批判。但是,无论是技术想象还是历史想象,其最终仍然脱离不了趣味,这与她的初衷是相矛盾的。

三、对艺术终结论的批判及其对艺术概念的重构

赫勒看到了当代艺术的宏大叙事与意识形态特征,并分析了由此而引起的高级艺术与低级艺术之间的悖论。同时,她认为,当代艺术与日常生活、制度同一也是当代艺术的危机之一。但是她并没有表现出悲观的论调,在对现代艺术作辩护的同时,她对长期以来的艺术终结论进行了批判,并提出了自己对艺术概念重构的设想。

---

① (匈)阿格尼丝·赫勒:《现代性理论》,李瑞华译,商务印书馆 2005 年版,第 177 页。
② John Grumley, *Heller's Paradoxical Cultural Modernity*, In *The European Legacy*, 2001,(1).

首先，"艺术终结论"自黑格尔肇始，经由丹托、比格尔、阿多诺以及后现代一些美学家、思想家的发展和阐述，在思想界形成一股声势浩大的回响。有关"艺术终结论"的提法一般来说始于黑格尔，黑格尔在19世纪20年代，阐述了他的被称为"西方历史上关于艺术本质的最全面的沉思"的美学演讲。他指出，"就它的最高的职能来说，艺术对于我们现代人已是过去的事了。因此，它也已丧失了真正的真实和生命，已不复能维持它从前的在现实中的必需和崇高地位，毋宁说，它已转移到我们的观念世界里去了"①。"我们尽管可以希望艺术还会蒸蒸日上，日趋于完善，但是艺术的形式已不复是心灵的最高需要了。我们尽管觉得希腊神像还很优美，天父、基督和玛利亚在艺术里也表现得很庄严完善，但是这都是徒然的，我们不再屈膝膜拜了。"②丹托追随着黑格尔的思想，并在现代社会找到了黑格尔预言的艺术终结时刻的到来，"黑格尔的理论满足了所有这些需要"，"艺术随着它本身哲学的出现而终结"③，"艺术终于在对自身纯粹思考的耀眼光芒中蒸发掉了，留存下来的，仿佛只是作为它自身理论意识对象的东西"④。更有甚者，现代主义和后现代主义运动展现出艺术终结和艺术世界末日的景象。但是艺术真的终结了吗？赫勒对这个问题的回答应该是矛盾的，或者说，希望是多于失望的。

其次，赫勒对艺术终结论保持了冷静、客观的态度，并对艺术终结论进行了分析和解读。赫勒认为，现代艺术"不再受到"实质性的干预，不再受到宗教、政治等限制和束缚，艺术是完全自律的，艺术家也是完全自由的，但是，现代艺术必须为这种"自由"付出代价。因为"一旦制度性的加工者不再区分可口的和令人憎恨的食物，也就没有哪个加工和传播的机构能够保持'高级'与'低级'、'精致'与'不精致'之间的区分"⑤，也就是说，基于一种趣味判断的趣味和阐释是流动的也是短暂的，所以，赫勒对未来的艺术表达

---

① （德）黑格尔：《美学》(第1卷)，朱光潜译，商务印书馆1979年版，第15页。

② （德）黑格尔：《美学》(第1卷)，朱光潜译，商务印书馆1979年版，第132页。

③ （美）阿瑟·丹托：《艺术的终结》，欧阳英译，江苏人民出版社2005年版，第121页。

④ （美）阿瑟·丹托：《艺术的终结》，欧阳英译，江苏人民出版社2005年版，第126页。

⑤ （匈）阿格尼丝·赫勒：《现代性理论》，李瑞华译，商务印书馆2005年版，第200页。

出了担心和忧虑。

在赫勒看来,就文化而言,特别是高级文化,似乎没有什么希望寄托于未来。伴随着阐释者把大量的过去"推向"我们,古埃及或古墨西哥的建筑,石器时代的洞穴壁画,以及中世纪的微型绘画,对我们来说都没有任何区别,所有空间和所有时代的文化都掌握在阐释者的手中。所以,"在海德格尔和卢卡奇这一代人之后,没有人梦想文化创造力的复苏,因为如今人们认为——没有过多地谈及,也更少遗憾——现代特别是欧洲的主要文化源泉已经枯竭了,不再能指望未来会有伟大的艺术作品"①。赫勒认为,即使我们不认同黑格尔的艺术终结理论,当代的艺术作品也不会被看作是想象的创造物、高级的文化作品;相反,艺术作品向读者的"转向",恰恰证实了当代艺术作品是放纵个人想象的不明确的对象和文本。可见,赫勒对未来的艺术创造力的态度是冷淡的,是不抱有任何幻想的。但是赫勒并没有就此承认艺术的终结,正如黑格尔和丹托等人的表述方式一样,肯定了艺术终结后的再生。黑格尔说,"可以希望艺术还会蒸蒸日上","要完成这个艺术之宫,世界史还要经过成千成万年的演进"。②丹托也曾表示,"艺术会有未来,只是我们的艺术没有未来。我们的艺术是已经衰老的生命形式"③,"我的声明绝对不是说艺术将要被停止创作了!艺术终结之后还是有大量的艺术被创作了出来"④。

赫勒对此问题也表达了另一矛盾、怀疑的心情,"现在每个人都在谈论马克斯·韦伯、哈贝马斯、福柯、德里达、汉娜·阿伦特……这是新的发展。我不知道这是否能产生伟大的作品。我有点怀疑。我认为这种形势并不能促成伟大的、独立的、强有力的作品出现。我说得很谨慎,因为人们永远不能预测什么。就像波德莱尔所说,伟大的作品就在某处迸发出来,人们不能预测它在何

① (匈)阿格尼丝·赫勒:《现代性理论》,李瑞华译,商务印书馆2005年版,第201页。

② (德)黑格尔:《美学》(第1卷),朱光潜译,商务印书馆1979年版,第132、114页。

③ (美)阿瑟·丹托:《艺术的终结》,欧阳英译,江苏人民出版社2005年版,第120页。

④ (美)阿瑟·C.丹托:《艺术的终结之后——当代艺术与历史的界限》,王春辰译,江苏人民出版社2007年版,第27~28页。

时、何地发生。黑格尔在19世纪20年代宣称了艺术的终结,人们看到了什么?伟大的艺术作品还是诞生了。我很不愿意说任何事物的终结,因为,或者最好说,再等等,再看看"①。应该说,赫勒对艺术终结论的态度是冷静的,或者说一方面是怀疑的,另一方面是有信心的。尽管她不是当代艺术的钦佩者,也尽管当代确实没有伟大的作品,"但是,现在还是有一些好的和有趣的作品"②。

由此,我们看到,赫勒并不完全赞同艺术终结论的主张,她认为,最近有关世界末日的论调声势浩大而且在哲学上尤为显著。在她看来,艺术终结论是现代性的事件,是现代性危机的体现。这种危机体现为欧洲科学危机、欧洲文化危机、理性危机、自由主义危机、民主危机等等。而伴随着危机的出现,终结到来,所以出现了"理性的终结、主体的终结、艺术的终结、意识形态的终结、哲学的终结——历史的终结。危机本身终结了,因为它已经到达'终点'"③。但是事情真的终结了吗?

赫勒认为,"终结是目的,是目标。事物的终结是事物的目的,也是事物的目标"④,"如果每一件事情都达到了终结,每一件事情都会死亡"⑤,所以,上帝的奇迹不是到达终点的世界的毁灭,而是一种允诺,允诺终结之后仍然有生命存在,仍然有没有终结的世界存在。所以,世界末日不是真正的末日,终结也不是真的死亡,仍然有"没有世界末日的世界末日;没有终结的终结"⑥。对世界末日的解构并不能导致世界的终结,所以我们看到,艺术终结并没有阻止写作诗歌,也没有阻止音乐创作,因为"正是'终结'赋予偶然的世界以意义。正是从'终结'出发,故事才能被理解。正是从终结中,'恶的无限'才能被克服"⑦。因此,赫勒在对当代流行的艺术终结论的批判中,赋予终结以重生的意义,她的想法让人对艺术充

① Csaba Polony, *The Essence is Good But All the Appearace is Evil, An Interview With Agnes Heller*, http://leftcurve. org, Mar. 1997.

② Csaba Polony, *The Essence is Good But All the Appearace is Evil, An Interview With Agnes Heller*, http://leftcurve. org, Mar. 1997.

③ Agnes Heller, *A Philosophy of History in Fragments*, Blackwell, 1993, p. 70.

④ Agnes Heller, *A Philosophy of History in Fragments*, Blackwell, 1993, p. 66.

⑤ Agnes Heller, *A Philosophy of History in Fragments*, Blackwell, 1993, p. 67.

⑥ Agnes Heller, *A Philosophy of History in Fragments*, Blackwell, 1993, p. 70.

⑦ Agnes Heller, *A Philosophy of History in Fragments*, Blackwell, 1993, p. 71.

满了憧憬和希望。

再次,基于对"艺术终结论"的"保留"的观点,赫勒对后现代艺术现象进行了阐释与反思。与以往的文化批评家如卢卡奇、阿多诺或海德格尔不同(他们都认为当代艺术是"坏的艺术",是堕落的、虚假的艺术),赫勒从后现代的视角,通过对后现代艺术现象的具体关注,并在对后现代艺术的分析基础上,认识到后现代艺术独特的特征和价值。在她看来,后现代艺术虽然具有对整体论的拒绝的显著特征,但是它也有对整体的表现,"后现代艺术像一个家庭……最好的视角是在最小的空间中体现出最多的异质性"①。赫勒是在对后现代艺术肯定的基础上谈论后现代艺术概念的消除总体化趋势的。

赫勒认为,艺术的消除总体化的表现形式之一是艺术中历史主义的问题。用后现代视角观看一部艺术作品,接受者关于美的感受不会联系着艺术作品创造的时期和归属地,即是非历史主义的。而对于现代主义者而言,喜欢或讨厌某一艺术作品,不是取决于对它们的欣赏,而是取决于"艺术创造的历史时刻或者地理空间"②。比如,一个现代主义者观看一座位于斯德哥尔摩的奇特精美的中世纪城堡,当他被告知城堡建于 19 世纪的时候,他立刻对此索然无味,这表现了现代艺术偶像理论的特点。而在赫勒看来,后现代视角更赞同艺术多元化、个人化的方式,在后现代视角中,不再有神圣的奶牛,没有不能触摸的东西,他们以一种比以前更加个人化的方式阅读、聆听、欣赏和评价,他们没有损害所谓的西方经典,而是拓展了西方经典。

赫勒认为,艺术消除总体化的表现之二是艺术概念的消除总体化。现代"大写艺术"的概念包含神圣、教堂、抒情诗、城堡等的"艺术",它是一个普遍化的概念,这种传统普遍主义的大写艺术概念在高级现代主义艺术图景中占据重要地位。在现代,这个概念变得有问题,人们不再认为它是理所当然的。人们重新提出"艺术是什么","艺术终结了吗"的问题。因为,诸如印象主义、达达主

---

① (匈)阿格妮丝·赫勒:《对后现代艺术的反思》,傅其林编译,载《四川大学学报》2007 年第 5 期。

② (匈)阿格妮丝·赫勒:《对后现代艺术的反思》,傅其林编译,载《四川大学学报》2007 年第 5 期。

义、表现主义、象征主义等等现代艺术倾向和流派都必须出现在"大写艺术"当中,而各种艺术是不同的,人们强烈地反对归属于相同的流派或趋向,所以,这种意识形态的恐怖已经随着后现代的出现完全萎靡了。因为"现代人欢呼的是艺术的自律,而后现代人欢呼的是每一部单一艺术作品的自律"①。

在赫勒看来,艺术消除总体化的第三个表现是关于艺术和艺术理论实践的特征,人们能够做过去已经做的一切事情。"过去"不断地出现,出现在后现代对传统作品的舞台化中,出现在对过去作品的"重写本"中。由于人们观看作品的视角发生改变,围绕它们的观念、意识形态发生改变,所以,一切都是可能的,幻想自由翱翔。

在对艺术消除总体化的分析中,赫勒消解了"大写的艺术"概念,并对后现代艺术现象加以肯定和支持。但是在艺术多元主义的发展中,什么都行的口号是否意味着艺术概念的取消?是否意味着艺术的终结?很显然,赫勒的答案是否定的。前面我们已经看到,赫勒对当代的艺术终结论提出了批评,但是艺术如何获得重生呢?通过赋予艺术概念新的内涵是否可以解释后现代艺术现象呢?赫勒对此问题的解答进行了尝试。

最后,赫勒引入艺术的"尊严"概念,试图对艺术概念进行重构。在对艺术概念进行重构之前,赫勒探讨了大写艺术的自律概念,指出了人们对此理解上的误区。赫勒认为,自律概念自从从道德领域延伸到艺术领域就被完全弄模糊了,因为它时而被运用到大写艺术,时而被运用到单一的艺术作品。例如阿多诺在其《美学理论》中认为,自律意味着大写的艺术摆脱了膜拜功能,大写艺术本身实现了解放,大写艺术的历史就是关于自律的发展史。但是在其他地方,阿多诺又把自律理解为艺术作品的自我主义特征,这时自律指向了单个艺术作品。这里阿多诺模糊了大写艺术本身是自律的和艺术作品是自律的界限,因为在赫勒看来,二者是完全不同的。大写艺术的自律是艺术整体摆脱了对其他领域的膜拜功能,作为一个像马克斯·韦伯所说的独立的领域从其他领域中分

① (匈)阿格妮丝·赫勒:《对后现代艺术的反思》,傅其林编译,载《四川大学学报》2007 年第 5 期。

化出来,而且这个领域要有自己独立的规范和规则与其他价值领域相区别。所以,一部作品能够被称为艺术作品,必须遵循艺术和审美领域共同的规则和规范,否则就不值得被称作艺术品。而阿多诺提到的艺术作品的自我主义特征,在赫勒看来,只是维护了艺术品的尊严,但却是使用了自律这个术语来维护的。赫勒认为这是错误的,因为自律的概念几乎对当代艺术品的理解没有任何帮助,而尊严概念却能对此作出贡献。赫勒认为,艺术作品自律是指单个艺术作品具有自我主义特征,具有艺术作品的尊严。于是赫勒引入了艺术品的尊严概念,试图理解当代的艺术现象,为当代的艺术现象作辩护。

赫勒认为,在高级现代主义时代,一些高级现代主义理论家或来自学院派的艺术家经常错误地运用大写艺术的规范,使得在艺术自律的意识形态中出现了一种走向普遍主义化的规范趋势。例如,不许用散文文本来讲述故事,不许一幅画被称为形象的,一首音乐要花费一切代价来避免公弦,在绘画中最低限度主义是极为成功的,等等。赫勒认为这种大写艺术的"潮流"是错误的,因为在她看来,"历史意识已经改变,艺术批评甚至审美趣味也改变了"①。在当代艺术世界,人们不会再对现代主义提出的有关艺术本身是什么等这样的问题感兴趣。这里不再有强加在所有艺术作品身上的同一把尺子,只有单个的艺术作品,它们的艺术样式可以是随意的,媒介也可以是随意的、传统的或非传统的等等。那么,失去了共同标准的所谓的大写艺术的世界,艺术作品又由谁来衡量呢?赫勒在《艺术自律或者艺术品的尊严》中,从新的视角对艺术概念进行了新的界定,把艺术同凝神观照、个体性、人的灵魂、人的尊严联系起来,主张以艺术品的尊严概念取代大写艺术的自律概念。

首先,正是人们的凝神观照使得一部作品成为艺术作品。由于人们超功利的凝神观照,一个具有使用价值的事物可以不再作为使用的事物,例如杜尚著名的《喷泉》,小便池不再作为人们使用的东西,而是作为博物馆里的展品,人们对之凝神观照,因而它就

---

① (匈)阿格妮丝·赫勒:《艺术自律或者艺术品的尊严》,傅其林译,载《东方丛刊》2007年第4期。这里赫勒所说的历史意识是指后现代的历史意识,它不代表一个时代,而是指人们看待世界和人类自身的新的视角,历史意识问题在其著作 *A Theory of History* 和《现代性理论》中有详细论述。

不是小便池而成为一件艺术品了。

其次，赫勒认为艺术作品和非艺术作品的差别就在于艺术作品的个体性，即艺术品有尊严、有灵魂，是目的而不是手段。艺术作品是单个的作品，是一个人，是能够言说的，它被赋予了精神或灵魂。当然，不是普遍的大写艺术的规范来确定它们是不是一个人，而是我们自己，因为当我们凝神观照的时候，我们赋予了所有事物以精神，尽管它们是沉默的，但只要我们观看、聆听、阅读，它们就能够跟我们对话。"如果你的眼睛被动用了，你将看到它们每一个作品的单一性，然后领会它们的精神。"①

在赫勒看来，一件艺术作品不只是一个物品，它同时象征着一个人，因为在创作中它被赋予了灵魂，因此艺术作品带有一种人的尊严。作为人的尊严，人不应该被作为纯粹的手段来使用，而是要作为目的本身被使用。因此，一件艺术品，既然被赋予了灵魂，就有了艺术品的尊严，"艺术品是一种不能作为纯粹手段使用的物，因为它始终被作为目的本身使用"②，这就是艺术的定义。赫勒区分了人的尊严和艺术品的尊严的本质差别，人的尊严含有一种普遍的道德律令，而艺术品的尊严却不包含道德内涵，它只是告诉人们一个单一的作品是什么。赫勒认为，人们使用的东西不是一件艺术品，但是如果被使用的东西不单纯是使用之物，而且被创造者灌注了人的精神，那么它们也能够成为艺术品。作为观者而言，只要凝神观照，只要对物的使用进行暂时不断的悬置，例如用我们的眼睛观看展览的物品，用我们的耳朵聆听美妙的音乐，用我们的心去体会一篇小说等等，我们是全神贯注的，我们自发地去敬仰艺术品的尊严，从欣赏艺术中获得超功利的审美愉悦。这就是赫勒所理解的艺术，即艺术是一个始终作为目的本身进行审美观照的具有人格尊严的个体。

基于自己所理解的艺术概念，赫勒对当代的两种文化批评提出了自己的看法。这两种文化批评类型都以日益衰落的宏大叙事为背景，把我们的当代世界看作是荒芜的沙漠。第一种是普遍的

① （匈）阿格妮丝·赫勒：《艺术自律或者艺术品的尊严》，傅其林译，载《东方丛刊》2007年第4期。

② （匈）阿格妮丝·赫勒：《艺术自律或者艺术品的尊严》，傅其林译，载《东方丛刊》2007年第4期。

文化批评,他们认为艺术的商品化剥夺了作品的尊严,此时艺术是手段而不是目的,艺术已经不存在艺术品的尊严了。理由之一是在商品社会中,出售的和购买回来的任何东西都只是一种事物。赫勒对此种观点提出了批评。第一,艺术品即使被购买,也有其内在的精神和价值。在赫勒看来,市场的商品化影响不到艺术品的尊严,因为即使艺术作品被购买或出售,其交换价值也不能等同于花费在它们再生产的工作时间的数量,而是取决于作品内在的精神和价值,或者说取决于购买者正确或错误地赋予它们的价值。①第二,就购买者而言,他们通常具有艺术和审美趣味。即使作为投资而出售的艺术品,购买者买此而不买彼,不仅仅因为它的市场价值,也因为欣赏和喜爱。第三,作为投资的艺术品,其精神和价值只是暂时被悬置。有些购买者喜欢艺术品珍藏,有的甚至把它们隐藏起来,没有人能够看到或欣赏到,即艺术品仅仅被作为手段而不是目的本身,那么此时,这个艺术品就不再是艺术品,其精神被暂时悬置,直到有人对其凝神观照。

理由之二是艺术品的尊严联系着机械复制的问题,认为随着机械复制时代的到来,艺术品的尊严问题被捣毁或者已经过时。赫勒认为,机械复制没有摧毁艺术品的尊严,也没有使之过时。"首先,机械复制没有伤害艺术品的尊严,人们能够在无限的复制品中鉴别出艺术品;其次,艺术是不同的,机械复制发挥了不同的作用,在每种艺术中提出了不同的问题。"②自本雅明的《机械复制时代的艺术作品》发表以来,机械复制在范围和影响方面都超过了预期效果。但就文学而言,机械复制没有引起新的问题,真正的问题开始于普遍的美术和音乐。复制出的艺术作品能不能分享到"真迹"的尊严呢?艺术作品被无限复制能否损害这种尊严呢?根据赫勒的艺术概念,艺术作品是一个个体,是人的象征,被赋予了灵魂,被灌注了精神,所以,成千上万的复制品并没有破坏作品的尊严。"真迹"只有一个,"原型"也只有一个,复制品是"原型"的影像,复制品越多,越表明人们对艺术作品尊严的认可。所有的复

---

① 参见(匈)阿格妮丝·赫勒:《艺术自律或者艺术品的尊严》,傅其林译,载《东方丛刊》2007年第4期。

② (匈)阿格妮丝·赫勒:《艺术自律或者艺术品的尊严》,傅其林译,载《东方丛刊》2007年第4期。

制品都分享着这种"借来的精神",通过人的凝神观照,通过对作品的阐释,借来了创作者的精神。最重要的是"一件美术作品的机械复制不是名副其实的艺术品"①。就音乐而言,五线谱是艺术品,是目的本身,而对它的演奏是一种表演艺术,是自律—阐释,具有个体性,它分享了作品的人格。在成千上万的唱片中,每一复制品都因其演奏时分享了五线谱而分享了五线谱,从而也获得了人格。

第二种文化批评是局部的文化批评。即坚守高级现代主义的理论家对所谓"后现代"的艺术的对立。赫勒不认同这些批评家的审美趣味和理论观点,在她看来,过去几十年人们在传统和非传统艺术类型中都取得了非凡的繁荣。赫勒极其坚决地肯定了当代艺术家所创造的艺术作品,即使是"坏"的艺术,也是艺术,就像一个没有性格的人一样。由此,赫勒从后现代视角否定了文化批评家的看法。

在赫勒看来,艺术的尊严概念能更好地阐释当代的艺术现象,有助于更好地引领我们理解当代艺术世界。因为"艺术的自律"作为一种战斗的口号来反对大众文化的冲击、作为一种艺术世界普遍遵守的规范和原则来为高级现代主义作辩护的任务已经完成。艺术品需要独立地被理解,"一件艺术品只是关于艺术品本身"②。"艺术作品的价值在它们的存在中。所有的审美判断预设了这种价值。"③赫勒对艺术概念的重构立足于后现代视角,把艺术的人格象征和个体性联系起来,为后现代多元化的艺术理论及其实践提供了新的思路。

---

① (匈)阿格妮丝·赫勒:《艺术自律或者艺术品的尊严》,傅其林译,载《东方丛刊》2007 年第 4 期。

② (匈)阿格妮丝·赫勒:《艺术自律或者艺术品的尊严》,傅其林译,载《东方丛刊》2007 年第 4 期。

③ (匈)阿格妮丝·赫勒:《艺术自律或者艺术品的尊严》,傅其林译,载《东方丛刊》2007 年第 4 期。

第三章　赫勒的审美现代性思想之二：
审美维度的文化批判理论

第二章我们已经提到,赫勒的审美现代性思想应该包括两个方面,其一是赫勒对美学体系内部理论与现象的批判与重建;其二便是赫勒依据审美维度对当代社会现实的批判与重构,从而实现人的解放的目的。有关审美、艺术、文化与人的解放问题一直是近代以来许多思想家关注的焦点。卢梭、席勒、康德、马克思、卢卡奇等等,他们都试图把审美同现代个体的主体性和自由以及个体解放紧密地结合在一起。卢卡奇曾对卢梭、席勒以及马克思的这种审美现代性思想进行过评价。他讨论了卢梭的"自然"概念,"这时自然就意味着真正的人的存在,意味着人的真正的、摆脱了社会的错误的令人机械化的形式的本质:人作为自身完美的总体,他内在地克服了或正在克服着理论和实践、理性和感性、形式和内容的分裂"①。这里"我们突然意外地发现了我们一直在寻找的东西","在这个领域中它可以实现一个结果即艺术"。② 同时,他还高度评价了席勒的美学思想,认为席勒的美学著作论证了人类从异化现实解放出来的可能性与现实性,"'……人,只有当他具有人这个词的完全意义的时候,他才游戏,而只有在他游戏的时候,他才是完全的人'。席勒使美学原则远远地超出了美学的范围,并在这一原则中寻求解决人的社会存在的意义的问题的钥匙。……又揭示了这样的原则:应该怎样在思想上重建在社会上被消灭了的、打碎了

---

① (匈)卢卡奇:《历史与阶级意识》,杜章智等译,商务印书馆1992年版,第211页。

② (匈)卢卡奇:《历史和阶级意识》,张西平译,重庆出版社1989年版,第153页。

的、被分散在部分性体系中的人"①。可见在从异化的人走向总体的人的过程中,统一主体的重建首先在思维意识中得到恢复,而这种启蒙的意识便来自于艺术和审美。据此。卢卡奇肯定了艺术、审美在解决社会中人的存在问题的作用。

1945 年,卢卡奇在撰写《马克思、恩格斯美学论文集引言》时写道:"人道,也就是对人的人性性质的热衷研究,属于每一种文学、每一种艺术的本质。与此紧密相关,每一种好的艺术、每一种好的文学,如果它不仅热衷研究人、研究人的人性性质的真正本质,而且还同时热衷维护人的人性完整,反对一切对这种完整性进行攻击、污辱、歪曲的倾向,那么它们也必定是人道主义的。"②在他看来,实现人类解放的具体可能性,总是被艺术以特殊的方式反映出来,艺术能够实际地并具体地提出有关人类解放问题,包括人类解放在交往过程中实现的具体可能性问题。

卢卡奇的这些思想都深深地影响着赫勒,她追随老师解决文化问题的思路,认为艺术是与人类的解放息息相关的,艺术、审美是人性复归的途径之一,其核心思想是实现人的自由和解放。但是,赫勒"不是在一般的意义上谈论作为人的本质规定性的自由,而是特别讨论经过理性启蒙的现代自由"③。围绕人的个体自由的获得,赫勒从个体的日常生活这个微观领域出发,首先是论证日常生活作为一种态度改变的可能性,其次是关于态度如何改变的问题。赫勒在《日常生活》和《个性伦理学》中,指出了个体解放的途径,让艺术与日常生活重新结合,从而导致道德个性的形成,建立一种"崇高的"和"美的"性格,最后达到伦理美学,即美的生存境界,从而实现个体的解放。

① (匈)卢卡奇:《历史与阶级意识》,杜章智等译,商务印书馆 1992 年版,第 214 页。
② (匈)卢卡契:《卢卡契文学论文集》(第 1 卷),中国社会科学院外国文学研究所外国文学研究资料丛刊编辑委员会编,中国社会科学出版社 1980 年版,第 282 页。
③ 衣俊卿:《现代性的维度》,黑龙江大学出版社、中央编译出版社 2011 年版,第 114~115 页。

第一节　个体解放及其可能性

一、赫勒个体解放概念的提出

"无产阶级只有解放全人类才能最终解放自己",马克思的这句伟大的箴言最近遭到了怀疑和拒绝。一些批评者认为,马克思的这句话暗示着人类的解放或许只是个客观过程和意识的结果,而人类的解放恰恰不能是任何行动的结果,而只是指向解放的行动。① 作为东欧新马克思主义的代表,阿格妮丝·赫勒虽然也赞同批评者的观点,但是她在坚持马克思主义的立场上,重新审视和分析了马克思的阶级解放理论,力图恢复马克思人类解放理论中的"个体向度",提出了人类解放只有在个体意义上才能进行的思想。

(一)对马克思人类解放概念的解读

赫勒首先思考了马克思人类解放的内涵,即马克思在谈到人类解放的时候,意味着什么。赫勒认为,马克思的解放概念是在自由的意义上阐述的。因为马克思在谈到人类解放的时候,没有说无产阶级只有解放自身,才能解放所有的被压迫者和被剥削者,而是说要解放全人类。而全人类既包括压迫者和被压迫者,也包括剥削者和被剥削者,所以解放全人类就是对两者的解放。如果压迫者也需要解放,就意味着压迫者在现存条件下也是不自由的。事实上,马克思曾清楚地阐释,压迫其他民族的民族不能是自由的。这里马克思的解放概念等同于自由的获得。很明显,马克思在谈到人类解放的理想时,他的内心有一种对自由的特殊的理解,这意味着被我们称为解放(liberation)、自由(liberty)或史前自由(freedom in prehistory)②的东西都不是真正的自由,只是自由的表

① 参见 Agnes Heller, *Marx and the "liberation of Human Kind"*, In *Philosophy and Social Criticism*, 1982, (9)。

② 有关自由的概念,人们对此一般有两种理解。一般地,freedom 指的是哲学上的概念讨论;而 liberty 则是指政治和法律上的权利。1958 年,伯林(Isaiah Berlin)曾提出两种自由概念,"积极自由"和"消极自由"。"积极自由"指的是一种向往理想的冲动;"消极自由"是从权利意义上来谈论的,不受约束和限制。可参见谢文郁:《自由与生存——西方思想史上的自由观追踪》,上海人民出版社 2007 年版。

象。这与马克思的整个理论是相一致的,他曾强调人类的真正历史与我们类的史前历史(资本主义及资本主义以前的历史)是完全不同的。

赫勒认为,在马克思的"全人类的解放"背后隐藏着这种思想的表达,即"哪里有必然性,哪里就没有真正的(本质的)自由;哪里有真正的(本质的)自由,哪里就没有必然性"①。未来的自由王国绝不是过去和现在的必然王国。作为表象的自由甚至不是作为本质的自由的歪曲的表达,而仅仅是一个幻象。这里赫勒对马克思的理解承袭了西方马克思主义的传统,认为马克思和恩格斯对自由的理解是不同的,恩格斯强调自由是对必然的认识,而马克思恰恰相反。那么,赫勒所理解的马克思的自由概念到底是什么呢?

在马克思看来,所有关于量的范畴都不适合于自由概念。也就是说,在马克思看来,第一,自由概念不能有一个多元化的形式。我们通常所理解的自由都是复数的自由(freedoms or liberties),只接触到自由的幻象,不是本质。既然表象不是本质的表达,更多的是一种幻象,所以复数的自由绝对与自由(freedom)无关。第二,自由不能是存在得多一点或少一点,而必须是绝对地缺席或绝对地存在。在《1844 年经济学哲学手稿》中,马克思谈到工人和资本家都是异化的。这里异化绝不能仅代表劳动的异化,因为资本家的异化不能理解为劳动的异化,异化还代表着不自由的生存状态。但是,不能因为资本家比工人拥有更多的财富,享受更多的权利,就说工人比资本家更异化,资本家比工人更自由,这样就会把量的范畴引入质的自由或不自由的概念。自由没有量的区别,只有质的不同。根据史前史,所有的人类行为都受到了限制,因而他们所有人都是不自由的,这就解释了为什么要解放全人类,而不仅仅是被压迫者和被剥削者。

所以,对于马克思来说,自由是绝对的,而且只能是质的自由。对此,赫勒做了进一步的解释。第一,自由不是随意的(自愿的)行动(voluntary actions)。马克思非常重视人类史前史状态的自愿行动,因为人类意志在历史的发展中扮演着重要的角色,人们自己创

作为文化批判的审美——赫勒美学思想研究

① Agnes Heller, *Marx and the " liberation of Human Kind"*, In *Philosophy and Social Criticism*, 1982, (9).

造自己的历史。但是马克思在谈到自愿行动、主体性、人类实践时，他也从来没有把自愿行动与自由等同。第二，在马克思看来，自由不代表政治自由。主要因为政治自由总是在主体政治或国家的范围内发生。只要有国家存在，人们就是不自由的。人类解放（human emancipation），这条通向自由的道路，不会在政治解放中产生。因为政治解放只是提供给人们多元的权利自由（liberties），而不是自由（freedom）。第三，自由也不代表民族或其他人类共同体的"独立"。这不仅因为马克思认为压迫别人的人或压迫别的民族的民族是不自由的，即使有一个没有民族压迫、各民族平等独立的世界，那也不是马克思所设想的自由王国。因为马克思所说的人类概念并不是由不同的民族或不同的文化组成，而是作为生产者的自由个体的全世界的联合体。因此，要实现人类解放，自由要变成现实，个体而不是民族（或文化）必须是自由的。第四，自由不是对必然的认识。赫勒认为，正是恩格斯而不是马克思，把黑格尔的自由范畴引入马克思主义的传统。按照这种理解，如果认识了必然性，自愿行动就是成功的，自愿活动就处于自由状态。但是自愿的行动还不是自由的行为，也不是自由的人的行为。人类一直以来都能够认识必然性，但是人类从来不是自由的。因此，无产阶级的自我解放是对必然性认识的行为，但它仍不是一个自由的行为。只有当行为自由，结果才能自由。

可见，马克思的自由概念既不与自愿行动等同，也不与政治自由、民族独立或者对必然性的认识一致。通过分析赫勒认为，马克思的自由概念的内涵具有四个规定性。第一，自由是独质的和绝对的；第二，自由是关于个体的；第三，自由排除了所有的必然性和限制；第四，自由是一个包罗万象的界定，即自由是每一个个体的全部能力和才能的发展。赫勒认为最后一种规定性来自于自由主义的传统，自由主义的代表人物穆勒曾作过同样的表述。但是马克思的问题"在什么条件下，所有人类个体的全部能力和才能能够自由地发展呢？"把这个自由主义的问题变成了激进主义。马克思认为，只有在排除任何种类的限制和必然性的社会或王国里，这种自由才是可能的。马克思的共产主义的自由是充分实现的和每个人的自由主义的自由。

但是为了绝对的自由的实现，人类（所有人类个体）必须解放的限制是什么呢？为此，赫勒分析了马克思理解的自由的实现条件。

首先，在马克思看来，充裕是实现自由的根本条件。马克思历史唯物主义认为，生产力的发展是人类史上独立的变革力量，生产是社会与自然之间的新陈代谢，生产力限定着人类的关系。生产力的发展是一种似自然的过程，我们无法改变它，而且在生产过程中所创造的社会财富不能被生产财富的创造者所占用，所以，相对于人类需求来说，生产力是不发达的，结果，匮乏限制了人类的能力。所以，马克思痛苦地承认，资本主义大机器生产，可以很容易地解决匮乏问题，届时阻碍生产发展的是资本主义的生产关系，生产力是不受限制的。既然匮乏已经成为最显著的限制因素，充裕会减少这个或其他所有限制的出现。在充足的状况下，生产不再是一个似自然的过程，社会关系将逐渐获得上层的控制权，人类将彻底控制社会与自然之间的新陈代谢。劳动的解放是对自然的最后的征服，是人类对他的生活旅程的状况的最终胜利。正是充裕改变了人类的交往关系网。

在赫勒看来，就相对于充裕的匮乏来说，人类条件的界定就像一种自由主义的传统，关注于所有人的能力和才能的发展。追随着这种思想线索，可以在休谟身上发现这种思想的经典性的表述，他提出了这个问题，并使它成为社会学和政治学思考的中心。休谟认为，所有的社会限制都来源于发展我们能力的渴望和社会自然资源的匮乏之间的张力。休谟与马克思的区别不在于判断的水平不同，而在于提出的建议不同。在休谟眼里，这种张力没有办法解决，是无可救药的，但是在马克思却有。所以，马克思在提出生产力发展这个历史唯物主义理论以后，又提出了充裕理论，以改变经济对人类自由的限制。"这种'异化'（用哲学家易懂的话来说）当然只有在具备了两个实际前提之后才会消灭……而这两个条件都是以生产力的巨大增长和高度发展为前提的。"[①]

其次，赫勒认为，马克思在排除了匮乏对人类的限制之后，又对权威进行了批判。"生产力的似自然的发展是显著的，但却不是

① 《马克思恩格斯选集》第 1 卷，人民出版社 1995 年版，第 86 页。

人类史前史的仅有的限制。"①马克思早在关于伊壁鸠鲁的《博士论文》中就承诺了自己对自由价值的追求,那时自由被解释为对权威的反抗。所以,在马克思眼里,普罗米修斯是自由解放的典型,人类要想自由地生存,就必须排除权威。尽管在分析了历史唯物主义的概念后,马克思提出限制(必然性)是自由的对立面,但是赫勒认为权威仍然是马克思的批判对象。第一,目前各种权威的规则成为限制或必然性的表达。第二,马克思相信资本主义是一种"世界历史性"的行为。马克思在《共产党宣言》中指出,资本主义制度已经解除了传统的权威,解除了规范,解除了信仰体系。在马克思看来,资本主义扫清了通向共产主义路途上的障碍,它不仅发展了工业化的生产力,而且摧毁了传统和权威的力量。

　　赫勒在对马克思的解放理论进行剖析之后,概括了马克思思想中的自由概念。她认为,马克思的自由概念包括两种:一种是脱离所有权威和所有限制的自由;一种是作为个体的全部能力和才能的全面发展的自由。这两种概念的激进化最后形成一条线:充裕。赫勒认为马克思在《资本论》等著作中都探讨了充裕的问题,但如何使人类获得充裕,马克思提供的方法都不太令人满意。为此,赫勒对马克思的人类解放理论提出了批评,分析了他的绝对自由和绝对解放的观点对我们的行动和我们的乌托邦想象产生的影响,同时提出了自己的民主的自由的主张。

　　赫勒认为,马克思的自由观是以物质财富的充裕为前提的,但是充裕是相对的范畴,与人们的需要结构相关。如果人们等待满足的需要比满足他们的手段多得多,那么无论社会财富多么充足,社会还会出现匮乏;相反,如果人们等待满足的需要比满足他们的手段要少,那么即使积累的社会财富不多,也会觉得充裕。退一步说,如果人们需要的满足不仅仅依赖于社会,而且个体的全部能力和才能也能实现全面的发展,还是存在一个无法解决的问题,即自然资源不是无限的。同一生产过程既能产生大量的物质财富,也能降低财富。所以,人们的需要结构是由价值决定的。如果说自由、绝对的自由只是一种价值的话,那么需要结构就只能由这种价

　　① Agnes Heller, *Marx and the"liberation of Human Kind"*, In *Philosophy and Social Criticism*,1982,(9).

值决定。然而,自由作为唯一的绝对的价值,只能以一种方式来决定我们的需要结构:使这些需要无止境。如果需要是无止境的,而自然资源是极其有限的,那么就没有充足,只有匮乏。所以,赫勒得出结论:如果自由是绝对的,自由的这个前提——充裕一定是不存在的。

为了有一个相对充裕的社会,价值必须决定我们的需要体系,它们必须与自由价值、一种规范的力量联系起来。如果仍然有规范,它们就必须有权威,权威是人们公认的自律的表达。如果不承认任何道德的(伦理的)权威,马克思的整个乌托邦的建筑就会倒塌。如果绝对自由正因为它的绝对而成为不自由的,如果未来的自由意味着更多,如果越来越多的自由包括对特定权威的认可,那么新的权威就会出现,不接受这种普遍化的规范,无论人类的解放过程意味着什么,都不会实现。由此,赫勒提出了自己的自由概念:民主的自由概念。民主的自由概念与丰富的(liberal)自由概念相关联。

(二)赫勒民主的自由概念和个体解放

自由有很多种理解,有政治法律意义上的自由权利,也有不受任何拘束和限制的自由。但是,"个体意义上的自由还是文艺复兴和宗教改革以来的现代现象"①。不同的思想家对个体自由有不同的阐述,但是基本上都把个体自由看作是个体生存层面的现代性的本质特征。② 那么,赫勒是如何理解个体自由的呢? 个体自由在现代性中呈现什么样的状态呢? 民主的自由概念③就是赫勒在对马克思自由概念的深刻分析和阐述中,并结合自己对自由的亲身体验总结出来的。在赫勒看来,马克思的自由概念是绝对的、个体的,同时排斥了任何的必然和限制。赫勒认为,应当对马克思的自由概念进行一些限定和补充。在坚持个体自由的基础上,赫勒的民主的自由概念更多地承认了道德规范、道德权威的限制,自由的

---

① 衣俊卿:《现代性的维度》,黑龙江大学出版社、中央编译出版社 2011 年版,第112 页。

② 有关现代以来思想家对个体自由的理解和把握,参见衣俊卿:《现代性的维度》,黑龙江大学出版社、中央编译出版社 2011 年版,第 109 ~ 116、296 ~ 298 页。

③ 民主的自由概念在赫勒的 *Marx and the "liberation of Human Kind"*、《现代性理论》等著作中都有不同程度的阐述。

实现不在于物质财富多么丰富,而在于道德原则的普遍化。人们必须意识到道德原则,必须承认道德原则的有效性,这样,自由才有可能实现。人们的自由是在民主的普遍化和激进化中获得的。通过人的理性控制的头脑,人们能够平等地参与各种事务,享受各种权利。赫勒的自由概念突出了平等和道德的因素。

赫勒关于民主的自由概念的提出,与她对马克思关于共产主义社会的构想的反思密切相关。她认为,当马克思拒绝规范的权威时,他并没有拒绝道德权威,而且他认为道德也是异化的。就像我们所看到的,人类的所有力量都与人类疏远,类的发展与个体品质的降低同步,类本质以权威、统治和限制的形式开始反对个体存在,道德规范被看作类的力量与个体相对。赫勒认为,道德规范的废除不是故事的结局,真正的结局将是个体与类在扬弃异化过程中的重新结合。因此,马克思引入了人类学的方法来解决道德问题。马克思从来就没有接受康德对"现象界的人"与"本体界的人"的划分,相反他把这种划分看作是异化的结果。对于马克思来说,扬弃异化在理论上意味着一个简单的过程,尽管在现实上是难以置信的。

就像我们所了解的,对于康德,"理智的类"是由需求和渴望驱动的个体组成的,因此,充裕应该是和伦理相连的概念。赫勒认为,马克思没有察觉到充裕状态的伦理暗示,因为他早在着手分析充裕—匮乏理论之前,就已经发现了解决道德困境的方法。许多马克思的解释者都忽视了这个值得注意的事实,即《1844 年经济学哲学手稿》是关于异化与扬弃异化理论最重要的地方,在那里充裕并不是共产主义社会的前提。同样,有关个体全部能力和才能的发展观点也没有像后来的《政治经济学批判》那样突出地表达。因此,赫勒认为,自由的传统只有通过历史唯物主义概念的表述才进入了马克思的理论视野。尽管马克思浪漫的整体人类学转向的概念没有被遗弃,但是却退到了背景中。然而,他的人类学的观点仍然保持着足够的力量来捍卫充裕理论,来支持绝对的自由,作为一种纯质的自由来反对量化的自由。一旦人们接受了这个整体人类学的转向的、彻底扬弃异化的、个体与类的联合的浪漫的乌托邦幻想,人们就不会再讨论或质疑什么了。

在赫勒看来,如果道德问题不能因为扬弃异化的乌托邦而被解决,如果个体与类不能结合,那么,马克思的绝对的自由是不可能实现的,马克思浪漫的人类学转向的彻底的解放是不能实现也不能渴望的乌托邦幻想。解放只有在个体的意义上才能进行,"个体应该在某种外在的权威的指导下被社会化"①,这样才能解决道德问题,实现自由。由此,赫勒提出了自己的民主的自由概念和人类解放观。

赫勒认为,"'人类的解放'可以在民主的自由概念的引领下被解释"②。她的民主的自由概念并不反对外在的道德权威,问题不是拒绝所有的权威,而是拒绝权威建立、观察和检验的质量和程序。在民主的自由理论的理解下,"自由的人类"就意味着民主的普遍化和激进化。赫勒认为就一个人有平等的权利和可能性来参与和影响与他相关的城市、州、社区以及民族事务的决定而言,他就是自由的。而且,如果每个人在某种特定的公共承认的规范指导下,都有权利和平等的机会来参与影响他们现在和未来的过程的决定,那他们就会是解放的。

在赫勒看来,"人类的解放"不可能意味着从所有限制、所有异化和全部权威、规范与责任中解放出来,而只能意味着从某种限制、某种异化或某种权威、规范和责任中解放出来。伴随着民主的普遍化和激进化,再也"不需要充裕来对自由起作用"③,赫勒设想,在这样一个社会里,并不是所有的需要都能被同时满足,也不是每个人对他的需要都会感到满意,但是,他们是自由的,因为需要满足的优先权是经过所有人的理性的辩论的,而且这些辩论是在共同认可、共同接受的规范的指引下的行为。这里赫勒暗示着人类的解放不再像马克思所理解的那样依赖于充裕,而是依赖于民主的自由的获得,依赖于普遍的道德规范即道德权威的普遍化。

按照民主的自由概念,每个人的权利和可能性越多,人们就越自由,因此,解放是一个长期的过程。这就是民主的自由概念。

---

① Agnes Heller, *Marx and the "liberation of Human Kind"*, In *Philosophy and Social Criticism*, 1982, (9).

② Agnes Heller, *Marx and the "liberation of Human Kind"*, In *Philosophy and Social Criticism*, 1982, (9).

③ Agnes Heller, *Marx and the "liberation of Human Kind"*, In *Philosophy and Social Criticism*, 1982, (9).

作为文化批判的审美——赫勒美学思想研究

"多元的权利和多元的自由只是梯子上众多的横木,它引导着民主的自由的现实化。"①对于马克思,人类是由单个的个体组成的。但是,我们看到,事实上人类并不是由单个的个体构成的,而是由不同的文化、不同的历史组成的,它们都有自己规范的传统。事实上,如果没有本土文化的各种生活方式的出现,个体不同的选择又来自哪里? 为什么所有的人都该像普罗米修斯? 赫勒认为人们生活在有多种选择的世界比没有选择的世界更是自由主义的。这里,我们看到,赫勒所理解的自由是一种多元的自由,她反对马克思所说的解放,她认为,使人类从各种传统中解放出来不叫作解放。因为只有一种可能性的人类,不但是不能渴望的,甚至是不可想象的。

在赫勒看来,马克思所梦想的个体充分自律的超级的社会只是个壮观的美丽的梦想,马克思认同的庄严的科学理性不会引导我们选择,它只是统治者的仆人。人类的尊严必须在量上去寻找,而不是绝对的自立。没有规范,每件事事实上都是被允许的,自立就不会存在,而且会永远消失。自由不是解放的大洪水之后带来的奇迹,我们可以选择我们的自由,尽管不是绝对的。由此,我们看到赫勒在对马克思解放理论进行分析和批判的同时,区分了两种类型的解放,一种是政治革命和阶级解放(liberation),一种是日常生活革命和个人的自我解放(emancipation)。在她看来,人的真正解放不是仅凭无产阶级革命夺取政权而实现的经济或政治领域的解放,而是通过一场微观的日常生活的革命而达到民主的实现与个体的解放。

二、个体解放的可能性:人的第二本性

在提出了个体解放的哲学构想和价值观念之后,赫勒从心理学、社会人类学的视角着眼于类的本质、人性的可塑性和在内部筑入的可能性三个方面探讨了个体解放的可能性问题。在《人的本能》一书中,赫勒考察了弗洛伊德主义、行为主义和马斯洛的"第三思潮"等当代各种本能论,最后把焦点停留在"社会人类学"的领

----

① Agnes Heller, *Marx and the "liberation of Human Kind"*, In *Philosophy and Social Criticism*, 1982, (9).

地,提出了自己对本能的独特的理解。所谓本能是指"那些不仅具有类特征同时也具有行动特征的具有强制力量的行为机制或协调的动作。这些行为机制或动作是通过遗传密码继承下来的,由于内部和外部的刺激因素的作用而表现出来。这些行为机制或协调动作在有机体发展的某一阶段中对这一类的保存起着主导作用,从这一积极的优选价值角度来看,这些行为机制或动作超过了这个特定的类的智能"①。赫勒的本能定义向我们揭示出,人不是受本能制约的动物,人类根本就没有本能,只有本能残余,而这些本能残余也处于毁灭的过程中,人的形成史就是本能毁灭的历史。

(一)马克思的类本质思想

在赫勒看来,每一种关于本能的理论都不同程度地具有意识形态根源,而她对本能的理解和解释主要来源于马克思的关于人的本质的思想。马克思认为社会性、意识、对象化、普遍性和自由构成了类本质的基本要素。

马克思认为,人首先是一种普遍的、自由的"类存在物"。马克思在《1844年经济学哲学手稿》中谈道:"人是类存在物,不仅因为人在实践上和理论上都把类——他自身的类以及其他物的类——当作自己的对象;而且因为——这只是同一种事物的另一种说法——人把自身当作现有的、有生命的类来对待,因为人把自身当作普遍的因而也是自由的存在物来对待。"②这里,马克思不仅肯定了人的类本质的存在,同时也指出了人作为类的"类特性",即人的活动是自由的、有意识的。马克思认为:"一个种的整体特性、种的类特性就在于生命活动的性质,而自由的有意识的活动恰恰就是人的类特性。"③这种"类特性"就是人的类本质的基本内容,它使得人区别于他物的类的规定性。而人有意识的活动、人对自己有意识的类存在的证明是通过人对对象世界、对无机界的实践活动来实现的。虽然动物也进行生产,但是"动物只是按照它所属的那个种的尺度和需要来构造,而人懂得按照任何一个种的尺度来进

① (匈)艾格妮丝·赫勒:《人的本能》,邵晓光等译,辽宁大学出版社1988年版,第6页。
② (德)马克思:《1844年经济学哲学手稿》,人民出版社2000年版,第56页。
③ (德)马克思:《1844年经济学哲学手稿》,人民出版社2000年版,第57页。

行生产,并且懂得处处都把内在的尺度运用于对象","正是在改造对象世界中,人才真正地证明自己是类存在物"。①

除了有意识、普遍性和自由之外,马克思认为人的类本质内容还包括对象化和社会性。人作为一个类存在物,必须首先依赖自然界、感性的外部世界,并通过劳动为自己提供生活资料。通过实践,人把抽象的劳动固定在某个对象中,形成劳动产品,"固定在某个对象中的、物化的劳动,这就是劳动的对象化。劳动的现实化就是劳动的对象化"②。正是在对象化的劳动中,人形成了社会性这一人的类本质。"社会性质是整个运动的普遍性质;正像社会本身生产作为人的人一样,社会也是由人生产的。……只有在社会中,人的自然的存在对他来说才是自己的人的存在,并且自然界对他来说才成为人。"③

赫勒认为,这些类本质要素就是人的潜能,人的潜能是无限的,人类历史本身就是这些潜能实现的过程。在赫勒看来,个体与类是分离的,历史的目标就是类本质的要素现实化的过程,马克思类本质的诸要素为赫勒本能概念的提出提供了理论可能性。赫勒认为,人的社会性的发展是以自然对人的限制的范围压缩为标志的,因此,社会性的发展是人类特有的。也就是说,"类本质"不是来源于生物自然,类本质是社会发展的结果,本能不是人类发展的根本动力。同时,这种社会性的"类本质"又不能与它赖以产生的天然条件相脱离,在自然的界限退缩的过程中,人的"类本质"的构成不断更新。在马克思提出的类本质各要素中,赫勒极为重视类的意识及类的对象化。类能够将自身对象化,"人的类本质"在历史进程中通过对象化过程得到发展,尽管这种发展是以异化的形式表现的,但这种规则和体系在个体的繁衍、社会的发展和生命的延续等活动中统摄着个体的行为和活动。

所以,赫勒认为世界对个体来说是客体,人是主体,"人将其生活活动变成意志和意识的客体"④。人能够在自己创造的产品中,

---

① (德)马克思:《1844年经济学哲学手稿》,人民出版社2000年版,第58页。
② (德)马克思:《1844年经济学哲学手稿》,人民出版社2000年版,第52页。
③ (德)马克思:《1844年经济学哲学手稿》,人民出版社2000年版,第82~83页。
④ (匈)艾格妮丝·赫勒:《人的本能》,邵晓光等译,辽宁大学出版社1988年版,第20页。

在风俗习惯、社会规范中,在语言、价值观念和艺术中将自身对象化,这样,人就能超越环境,人就能越来越多地使用天性使环境人化,来满足自己的各种需要。也就是说,人具有自知之明和自我意识,这是人有"可塑性"的主要条件。

在谈到人的本能毁灭的结果时,赫勒援引了马克思的"按照美的尺度进行生产"的思想,这说明人是唯一的非特化的生物,体现了人的普遍性的重要方面。马克思说,人不仅按照他自己的类的规则进行生产,也懂得按照所有类的规则进行生产。赫勒认为这实际上是从创造对象化的范围涉及了人的普遍性的更深的方面。赫勒最后谈到了类本质要素中的核心概念——自由,这里她认为,自由首先是指对未来的一种开放性,是人自觉地和有意识地使尚未出现的新事物成为现实的可能性,所以,人的自由首先是自我创造。赫勒认为前四种要素都是人的自由的一个方面,但它们之间又有着重要的区别。区别在于社会性、意识、对象化和普遍性都可以在不需要个人占有的情况下即在类的对象化中就可能实现,而自由是不可能的,"没有个人自由就永远不可能有自由"①。由此,赫勒又把落脚点放到了个体的自由与解放的实现问题上。有了这样的理论和价值观念的假设,赫勒对个体态度的改变抱有极大的信心和希望,人性是可改变的,个体是能够达到类特征的水平的。

(二)人性的可变性

根据赫勒的本能概念,人的本性具有"可塑性"和"开放性",人性蕴藏着无限的潜能,每一个体都有可能具有类本质,但是这种发展类的能力,这种人性不是"从内部显露出来的东西",而是能够"在内部筑入的东西"。这种发展类的能力和从内部筑入类的能力,是每个人有意识地使之发生的。

在赫勒看来,就人的心理—社会的结构而言,存在着"内部筑入"的无限可能性。人类中尚未存在的事物伴随着人的每一次新型活动,每一种新的对象化、价值观念的变化而出现,并且只要这种思想或事物不消失、不被遗忘,它就会在人的"第二本性"中留下痕迹,变得牢固,成为"进一步在内部筑入"的行动基础。这种"在

① (匈)艾格妮丝·赫勒:《人的本能》,邵晓光等译,辽宁大学出版社1988年版,第23页。

内部筑入"的不间断的过程,实际上就是人类不断在原有的基础上创造自己的过程。这里赫勒极为重视法律、道德和艺术"在内部筑入""第二个,即人性"的能力,因为她认为只有在"类的自为对象化"阶段,在内部向个体筑入人性的能力才是独立的,尽管是相对独立的,但是有意识提出的。

赫勒的这种思想强调了人的"第二天性",即心理的和社会的本性是研究本能的出发点。人不是由本能所制导的存在物,因为人生来就没有本能,所以人不是生来就具有不可剥夺的本能。人也不是一张"白纸",可以随时把外界刺激的反应记录于纸上。由于赫勒反对个体与类相同一的观点,所以,人也不是一个生来就具有类本质的化身,不是一个人的本质的化身。根据马克思"类本质"的观点,人本质上又是一种社会存在物,所以,赫勒相信人确实有"第二天性",这"第二天性"历史地得到了发展,并且在对象化中,在个体中找到了化身。她从"社会人类学"的视角来研究人的潜能就是反对以遗传密码的变态为目标的乌托邦式的空想的研究方式以及有关"类"出现突变现象的看法,主张在人的"第二天性"的变态中而不是在"第一天性"即自然的、生理的本性中去寻找人的潜能。

自从赫勒选择了马克思的类本质理论作为自己的理论假设的基础,她便将人的本性具有可变性作为其立论的基础。她曾在《日常生活》这一表达她哲学框架的书中谈到人的态度具有可变性的思想,随后她的政治理论,尤其是她的伦理学、美学思想都是以此为基点的,个体的美的个性伦理的实现正是在人性具有可塑性的理想基础上进行的。

同样以马克思的人的本质概念为基点,马尔库塞、弗洛姆指出整个人格是个整体,人不具有能重构人格的基本本能,人格只有在最初时建构,而且这种建构只能沿着一个方向,即沿着人的本质、类本质的方向进行。马斯洛的"一粒橡树种子趋向于一棵橡树"的命题表明了人的本性中具有"不可剥夺"的种子,它在每一社会都播种,对象化的社会系统和整个社会只是这粒种子的"养分",橡树仅仅沿着它内在的本性方向发展,朝着越来越完美的实现方向发展。

人的本性能从行为方面无限地建构吗? 这种建构确实仅仅遵

循着同一方向吗？马斯洛的观点明显带有人格理论的自然主义倾向，赫勒对此提出了完全不同的观点，赫勒认为，"如果土壤和太阳对于橡树的本性不适合，那么橡树将连同森林一起死亡"①。这里赫勒的"橡树连同森林"的比喻表明，人并不存在早已预先存在的人性，人的本性只能是对象化的产物，它的形成及自我认识可能被无限地建构，但建构的方式却不是随意的，绝不是仅仅沿着完美的善的方向发展，不是只有善的东西能被建构到人性中，消极的东西同样能建构到人的本性之中。所以，一旦社会将同类本质相矛盾的行为方式建构于个体之中，个体就不再是一个健康的人格了，如果这种建构占据主导地位，社会也随之变成"病态的社会"。是任由这个社会继续病态下去，还是反抗"病态的"社会，改变异化的环境？这要靠自我的实现。由于在理论上马尔库塞等人与赫勒对马克思"人的本质"概念理解的意义不同，造成了对"个体与类之间分离的可能性"问题的答案也不同。

从以上分析中我们可以看到，赫勒致力于探寻把人的本能整合到人性中的可能性。在赫勒看来，个人存在着实现解放的可能性，前提是个体和类是分离的，不是同时存在的，也不是合一的，这是赫勒的本能理论与第三思潮本能论的重要区别之所在。以马斯洛为代表的第三思潮在理论上否定个体与类之间分离的可能性，他们没有充分考虑作为传播、中介和"类本质"代表的对象化，轻视作为创造者的对象化的作用。他们将马克思的思想引入了康德的道路，认为每个人都有两个存在，实体的人和异体的人，前者代表了类本质，真正的人的本性；后者代表了在异化的社会条件下生存和作出反应的异化的人。在他们的思想中，每个人都同时有两种存在状态，同时存在着"真实的"和"非真实的"人格。真实的人性以潜在的方式存在于个体之中，与非真实的人性相同一。

这种观点无异于是说非真实的和真实的人同病态的和健康的人是同义语，那么如何在这一异化的世界中寻找异化停止的可能性，如何在异化的世界寻求自我实现？但是如果如第三思潮的主张，类本质寓于个体之中，那为什么人们不去自我实现，为什么不

① （匈）艾格妮丝·赫勒：《人的本能》，邵晓光等译，辽宁大学出版社1988年版，第109页。

去消除自身的异化,过一种"真正的"、"健康的"、有价值的生活呢?马斯洛认为自我实现是容易的,人的"高峰体验"是自我实现具有决定意义的方面,用卢卡奇的话来说,艺术欣赏的"后续效应",即艺术欣赏中获得的生活本身的情感净化是自我实现具有决定意义的方面。只要人类改变自己,实现自己的本质,社会就能按照类本质的方向得到改变。问题的关键是如何将当今的人类转变为这样一种人类。第三思潮主张每个人都必须成为自我实现者,每个人都必须致力于建立强大的、坚定的自我实现体系,每个人的自尊都必须无懈可击,但如何能做到这些? 第三思潮认为,应通过每个人实现自己,通过发展一个强大的自我,通过培养一种不可动摇的自尊来实现。这好比通过牵拽自己的头发把自己从沼泽中解救出来,在赫勒看来,第三思潮的回答在理论上是人格理论的自然主义,在实践上是乌托邦式的,因为方法与可能性同一,而且他们试图采用的手段实际上不能成为真正的实现手段,而仅仅是手段的一个重要方面。

恰恰相反,由于对类本质概念解释的差别,赫勒认为,个体与类本质不能同一。在赫勒看来,每一个个体中,没有生来具有的"类本质";"人性"或"人的本质",没有康德意义上的两个潜藏的存在,没有真实的和非真实的存在;对象化的作用既没有促成非真实存在状态的发展,也没有阻碍真实存在状态的出现。赫勒认为,个体的结构是关系,是人对世界的对象化和对自身的对象化的关系,在这些对象化中价值选择不断更新,通过价值标准的内在化,个体获得了类本质。但是个体与类本质是不相同的,因为人不是一棵橡树,社会也不是橡树林。即使每个人都成为一个个体,那么个体的"高尚性"本性也不能停止,因为"'类特征'只有人类才具有,而单个的人仅仅具有这种'类特征'意识以及他与这一'类特征'关系的意识"①。赫勒在《日常生活》一书中使用"个体"概念并在提出实现"个性"的目标时提到了这一问题。她认为,个体是单一性个人的对立面,是与人类产生有意识的联系的人类的一名成员,并不是每一个体都能认识到类的潜能,而是每一个体都能实现

① (匈)艾格妮丝·赫勒:《人的本能》,邵晓光等译,辽宁大学出版社1988年版,第111页。

类的任何潜能,这一个体能够产生一种与类特征有意识的联系。

所以,在赫勒看来,人的本能不能无限地沿着同一个方向建构,而且建构的无限能力毫无疑问也具有消极的意义。那么如何实现"让我们实现自我","让我们成为具有个性的个体","让我们在自身发展一种无懈可击的自信"呢?[①] 赫勒认为,这些问题的答案存在于社会人类学领域之中,"将'类本质'建构于'第二天性'之中,既是可能的,也是应当的"[②]。就当前阶段所包含的具体的潜在性而言,沿消极意义方向选择和沿积极意义方向选择,都是"第二天性"的重要组成部分,个人的实现与社会的实现是统一过程的同步行动。也就是说,对于如何产生类意识,如何实现自我,赫勒强调通过"人的第二天性",通过日常生活中"个体"的实现,道德美学的设想来完成。

第二节　个体解放的途径:
艺术与日常生活的重新结合

关于个体解放的道路,赫勒选择了日常生活这一微观革命的领域,"社会变革无法仅仅在宏观尺度上得以实现,进而,人的态度的改变无论好坏都是所有改变的内在组成部分"[③]。在赫勒看来,在日常生活中通过基本需要的革命,通过艺术的陶冶,实现个体的个性是寻求个体解放的重要途径。

在众多对象化形式中,赫勒极为看重艺术、哲学和日常生活作为人类思想和行动解放的途径,她认为这些形式可以抵制商品化和异化。赫勒看到了艺术与其他非日常的精神形式的不同。从艺术来源于日常生活又服务于日常生活这一事实出发,赫勒发现了艺术对人的解放的作用:当艺术重新回归日常生活,通过艺术接受的"前摄"和"后续"体验,它能够使个体对自己的生存状况、对真实

---

① (匈)艾格妮丝·赫勒:《人的本能》,邵晓光等译,辽宁大学出版社1988年版,第119页。

② (匈)艾格妮丝·赫勒:《人的本能》,邵晓光等译,辽宁大学出版社1988年版,第125页。

③ (匈)阿格妮丝·赫勒:《日常生活》,衣俊卿译,重庆出版社1990年版,"英文版序言"第3页。

的自己有所意识,从而产生震撼,使个体从自在自发、麻木机械的无个性生存状态中唤醒。个体借助于艺术作品与自己、他人和社会建立了超越日常思维,具有道德个性理想的审美观照关系,从而通过丰富的情感世界来确证人的本质力量的存在以及个体的生存意义。

一、日常生活的个体:美的栖息之地

赫勒认为,艺术以及审美直接导致了人的理想的道德个性的形成,可以说通过艺术和审美,个体摆脱了排他主义特性,实现了对自己和他人的提升,实现了个性,实现了个体与类的结合。正如马克思所说:"直接体现他的个性的对象如何是他自己为别人的存在,同时是这个别人的存在,而且也是这个别人为他的存在。"①所以,赫勒把日常生活的个体作为美的栖息之地,不是随意的想法,而是在对日常生活进行深刻的思考之后的结果,这来源于她的日常生活的自律与他律统一的思想,即赫勒的日常生活批判理论。

在《日常生活》中,赫勒首先对日常生活的概念进行了界定,赫勒认为,那些同时使社会再生产成为可能的个体再生产要素的集合即为日常生活。日常生活的主体"个人"范畴包含特性和个性两种:排他主义性是日常生活的特性,它反映了尚未同类本质即类的发展、类的价值建立起自觉关系的个人的存在状态,排他主义性是以自我为中心的;个性则代表了类的发展,代表了类的价值,它反映了个人同类本质建立了自觉关系,并以这种自觉关系为基础安排自己日常生活的个人存在状态。在赫勒看来,"个性的统一性总是在日常生活之中并为日常生活所建立。正是在日常生活中,用歌德的话来说,人们经受着是'谷还是壳'的检验"②。

赫勒继承马克思有关经济基础、上层建筑和意识形态等理论,并借助于马克思和卢卡奇的"类本质"观念,从微观层面对人类社会结构进行了深入的探讨。她认为,人类社会结构包括日常生活领域、制度化领域和精神领域。日常生活领域是典型形态的日常生活,制度化领域和精神领域属于非日常生活。在完整的个人生

① (德)马克思:《1844 年经济学哲学手稿》,人民出版社 2000 年版,第 82 页。
② (匈)阿格妮丝·赫勒:《日常生活》,衣俊卿译,重庆出版社 1990 年版,第 8 页。

活中,日常生活和非日常生活都是不可缺少的,其目的在于维持社会或类的再生产,但是二者总是存在着矛盾和冲突。前者,赫勒称为"自在的"类本质对象化,后者称为"自为的"类本质对象化。在自在的类本质对象化中,个体再生产出个人自己的生活;在自为的类本质对象化中,个体塑造他有目的的世界并与社会发生自为的联系。

赫勒继承和发展了卢卡奇在《审美特性》中所表达的日常生活相对自律的思想,系统地提出了她的日常生活理论。赫勒所理解的日常生活是自律与他律的统一,一方面赫勒认为日常生活是自律的,不是先验的和不可改变的;另一方面认为日常生活是他律的,有它的缺陷。赫勒的日常生活理论与胡塞尔的"生活世界"理论、海德格尔的"日常共在的世界"理论不同,她的日常生活是流动的、可塑的。在赫勒的著作中,日常生活不等同于生活世界,日常生活不只包括一种态度,还包括反思的理论态度等,它是人类每一种社会制度、社会行为和社会生活的客观基础。尽管是"自在的"对象化领域,但是"日常生活并不必然只在'自在的'对象化领域的引导下进行"①。在日常生活中,人们可以求助于更高的"自为的"对象化,可以对我们日常中被视为理所应当的规范表示怀疑和检验。

同时,赫勒也不同意马尔库塞、列斐伏尔等人对日常生活的态度,他们认为,日常生活是完全异化的,对日常生活是完全排斥和否定的。赫勒接受了马克思和卢卡奇的思想,"赞同对日常生活(以及由此对社会生活)加以改变的可能性的推动力无疑来自马克思和卢卡奇的遗产"②,认为"日常生活是总体的人在其中得以形成的活动"③。也就是说,人必须首先解决基本的生存需要,然后才能实现整体的类的需要。所以,日常生活不是单纯的异化的,"日常生活本身毫无保留地是对象化"④。

---

① (匈)阿格妮丝·赫勒:《日常生活》,衣俊卿译,重庆出版社1990年版,"英文版序言"第5页。

② (匈)阿格妮丝·赫勒:《日常生活》,衣俊卿译,重庆出版社1990年版,"英文版序言"第5页。

③ (匈)阿格妮丝·赫勒:《日常生活》,衣俊卿译,重庆出版社1990年版,第51页。

④ (匈)阿格妮丝·赫勒:《日常生活》,衣俊卿译,重庆出版社1990年版,第51页。

但是日常生活作为自在的对象化领域,有其自身的特征:首先,日常生活的空间具有狭隘、固定和相对封闭的特点。人们的日常活动很大一部分要围绕着家庭成员和家庭环境而展开,这就限制了日常空间的广度和深度。其次,由于日常生活空间和时间的限制,日常生活必定以传统、习惯等给定的归类模式为原则,以重复性实践和重复性思维为特征,是自在的和未分化的领域。所以,日常生活表现出个体尚未同类本质建立起自觉自为关系的存在状态,但是,赫勒认为,尽管日常生活中有些模式具有不变的因素,日常生活仍然可以改变,使之人道化和民主化。

赫勒认为在日常生活当中,个人始终无法彻底摆脱特性,但她仍对个体个性的形成抱有积极的乐观的态度。她认为,个人在日常生活中总能获得一定程度的类本质特征,"可能而且总是存在一些人,他们能成功地把握个人中的类,把自身同类的存在物联系起来。从类的存在物的观点,从特定时代类的发展所达到的实际阶段的观点来说,他们把自身视作对象,他们认为不应把他们等同于他们自身存在的需要,他们不应把自己的存在和自己存在的力量,变为不过是满足自己存在需要的手段的东西"①。这些人被赫勒称为"个体",他们的个性代表了类的发展。很明显,赫勒接受了马克思和卢卡奇的思想,赞同对日常生活,以及由此对社会生活加以改变的可能性,认为"日常生活是总体的人在其中得以形成的活动"②。也就是说,个性的统一性总是在日常生活之中并为日常生活所建立。

可见,在赫勒看来,日常生活态度的转变依赖于个体,"'个体的个性'决非完善,但它足以担当人道的日常生活的主体"③。在这种态度转变的过程中,艺术作为"人类的自我意识","自为的类本质的承担者"是自在对象化通向自为对象化的桥梁。

二、"有意义的生活":对日常生活审美化的批判

日常生活审美化是现代社会的一种潮流、一种时尚,它从个人

---

① (匈)阿格妮丝·赫勒:《日常生活》,衣俊卿译,重庆出版社1990年版,第19页。
② (匈)阿格妮丝·赫勒:《日常生活》,衣俊卿译,重庆出版社1990年版,第51页。
③ (匈)阿格妮丝·赫勒:《日常生活》,衣俊卿译,重庆出版社1990年版,"英文版序言"第3页。

的风格、家居装潢、城市规划到经济策略等一直延伸到理论意识，可以说，现实越来越多地披上了美学的外衣。德国美学家韦尔施在《重构美学》中把审美化现象分成两种，一种是浅表审美化，一种是深层审美化。浅表审美化包括现实的审美装饰，作为新的文化基体的享乐主义，作为经济策略的审美化等；深层审美化包括生产过程审美化，认识的审美化等。[①] 由此带来的日常生活审美化问题成为目前学术界讨论的热点问题，是审美现代性思想对社会文化进行批判的题中应有之义之一。

赫勒早在《日常生活》一书中曾就审美化问题提出自己的看法。她基于卢卡奇关于审美相对自律的思想，提出如果某一特殊领域的相对自律本身受到质疑或被拒绝，该领域内部的规范和规则就会超出它的合法界限而被误用，比如"审美领域能非法地延伸到日常生活领域"[②]。因此，在赫勒看来，一旦审美领域超出了自己的内在的界限，其合法性就受到了威胁。从这一点出发，赫勒对目前出现的全球的日常生活审美化的现象提出了批评。

在赫勒看来，日常生活中艺术的目的在于形成理想的道德个性，即自由自觉的个体，使日常生活从"自在存在"变为"自为存在"，变为"为我们存在"的生活。从日常生活的行为和知识的一般图式和结构来看，日常生活具有保守性、惰性等特点，它在一定程度上阻碍个体的全面发展。但是，每个人都降生于"自在的"类本质对象化的结构中，每个人都必须进行重复性思维和重复性实践，这是无从选择的。因此，人不可能完全抛弃日常生活，逃离这种框架，从而超越日常生活中个人的排他主义特性和自在的对象化性质。因此，赫勒清醒地认识到，不能无视或完全否定日常生活存在的合理性和必然性，要对之加以引导和重建，使日常生活从"自在存在"变为"为我们存在"。

"自在存在"是指日常生活作为一个给定的领域，是以"给定的"秩序出现在个人面前的，主体很难与社会建立积极的个性化关系，其本质力量的对象化缺乏类的特征。而"为我们存在"意味着

---

① 参见（德）沃尔夫冈·韦尔施：《重构美学》，陆扬、张岩冰译，上海译文出版社2002年版，第4~14页。

② Agnes Heller, *General Ethics*, Basil Blackwell, 1989, p. 154.

"事态、内容、规范被内在化和被视作是恰当的,并由此成为实践"①。也就是说,如果"自在的"和"自为的"类存在具有真理内涵,能够提供给我们相对真实的世界形象,而且日常生活中的个体能根据这一形象从事正确的活动,即"具有行为者的人本学单一性的恰当"②,那么这些存在就是"为我们存在"。

将日常生活从"自在存在"建构成"为我们存在",反映了"艺术成为人们对象化方式的程度"。③ 艺术通过塑造典型和给人以想象的方式,在作品中表达人类个体的生命诉求。通过艺术的体验和艺术的净化,作品中表达的个体的渴望与对时代的呼唤在人们心中引起了共鸣,并在潜移默化中被社会所接受,成为人们普遍的需求。同时这些社会需求和社会规范又通过艺术影响着人们的日常生活,并在日常生活中传达着社会类本质的真理。在这个过程中,充满人类记忆和现实内涵的艺术作品为人类个体提供了一个反映自我、反思自我的机会,由此,个体会感悟到"自在存在"的狭隘,感受到艺术典型的个性的伟大,当其心灵受到净化时,他会不自觉地提升自己的生活境界,产生一种改变现实存在状态的冲动,摆脱排他主义特性,使自己的生活具有类本质特征,实现个体与类的统一。

在赫勒看来,把日常生活建构为"为我们存在"一直是历来思想家努力的目标。但由于产生"为我们存在"的社会基础不同,人们对"为我们存在"的理解也不同。赫勒从伦理学和美学相结合的视角,对表现于日常生活中的"为我们存在"进行了划分,一种是幸福的生活,一种是有意义的生活。在日常生活中,艺术所追求的不是日常生活幸福化,而是使日常生活成为真正"有意义的生活"。

在古希腊,日常生活中的"为我们存在"就是幸福,是至善,因为在那里,人们可以按照自己的个性的尺度来安排生活,生活在这一世界里是可以设想和达到的,所以是一种"为我们存在"的生活。但这种生活是有限的,它是自身的终极目标和极限,幸福的界限是一个终点。所以,古代的艺术家每当谈到艺术的功能时,总是强调

---

① (匈)阿格妮丝·赫勒:《日常生活》,衣俊卿译,重庆出版社 1990 年版,第 129 页。
② (匈)阿格妮丝·赫勒:《日常生活》,衣俊卿译,重庆出版社 1990 年版,第 129 页。
③ 张政文:《西方审美现代性的确立与转向》,黑龙江大学出版社 2008 年版,第 250 页。

艺术可以使人们的生活达到至善的境界。但是,自文艺复兴以来,幸福这一有限形式的成就的社会基础已逐渐丧失。所以,对现代人而言,"为我们存在"已经成为过程,这其中包含着个体在面对世界的冲突时所表现的勇敢、刚毅、坚决,对过去的超越,对挑战的无畏惧,同时也包含着个体在这一过程中所遭受的不幸与创伤。这种"为我们存在"在赫勒看来就是"有意义的生活",是日常生活的人道化,是"使所有人都把自己的日常生活变成'为他们自己的存在',并且把地球变成所有人的真正家园"①。

赫勒认为,"有意义的生活"是一个以不断接受新挑战和不断解决新冲突的发展前景为特征的开放世界中的日常生活的"为我们存在"。换句话说,有意义的生活不是一个封闭的圆圈,而是一个敢于面对新的挑战、面对新的生活冲突,在挑战应战中从容展示和发展自己个性的过程。正如赫勒所说:"如果我们能把我们的世界建成'为我们存在',以便这一世界和我们自身都能持续地得到更新,我们是在过着有意义的生活。"②这样,艺术就不再被看作是脱离日常生活的"迷狂状态"或获得"瞬间幸福"的手段。艺术此时被理解为一种力量,这种力量能使个体与自为的类本质对象之间建立一种自觉的关系。它能够使个体自觉地意识到对日常思维的终止,追求个性自由和创造性行为,从而实现对日常生活的超越,艺术将成为现代人寻求"有意义的生活"并实现日常生活人道化的场所。

但是,在"为我们存在"的生活中,有一种处理日常生活的方式,即"审美的生活"。赫勒认为,"审美的生活"与"有意义的生活"相对立:"如果满足是幸福的倒数,那么我们可以断言,'审美生活'是有意义生活的倒数。"③在赫勒看来,"生活的艺术家"或者精英人物即那种过着审美生活的人,是在个人的水平上展示他的才能,他们只有一个意图,即把他的日常生活存在转变为"为他自己的存在",如果某种冲突或威胁妨碍他,他会采取简单的避让。他的性格中缺少的是"对他人有用"的气质,他不具备感受他人需要的才能。

① (匈)阿格妮丝·赫勒:《日常生活》,衣俊卿译,重庆出版社1990年版,第292页。
② (匈)阿格妮丝·赫勒:《日常生活》,衣俊卿译,重庆出版社1990年版,第290页。
③ (匈)阿格妮丝·赫勒:《日常生活》,衣俊卿译,重庆出版社1990年版,第291页。

可见,在艺术领域,赫勒反对被某些后现代主义者支持的"审美主义的观点"。赫勒认为,在艺术中或艺术本身并不能改变生活或者使生活人性化。把生活作为一种艺术品的探求本质上是尼采的主要目标,但它最后导致了极端的个人主义,在这种生活方式中,每一件事都屈从于日常生活审美化的任务。"为自己存在"(Being - for - oneself)在尼采的方案中显现,但不是"为他者存在"(Being - for - others)。对于赫勒而言,"为他者存在"是道德社会必不可少的元素。她承认艺术是一种很重要的人类追求,因为它提供给我们一幅美化的社会存在的图景,在那里建构一种有意义的生活是每个人的权利。艺术能够提供社会变革以极大的情感和智力支持。因此,赫勒提倡对有意义生活的追求,因为它本质上是民主的,是与审美生活相对的。

有意义生活的指导原则总是普遍化的,总是为他者存在的,从长远的眼光来看,它可以普遍到人性整体。艺术提供给我们自由和非异化活动的模型,这种活动灌输了一种给人以快感的情感,以此来反对一种忽视和贬低人的身体和情感需要的功利主义,它没有被工具理性所统治,它的唯一的目的就是提供给我们享受和快乐。就艺术超越了直接的实用范畴而言,"任何种类的美,只要超越直接的功利范畴,它就参与艺术"①。艺术提供给我们的不仅是非异化的和人性化的世界的短暂的一瞥,追随康德的思想,赫勒坚持认为艺术创造能够提供给我们具体的智力理性的标准,它规范了人们的日常存在。由此,我们看到,赫勒对日常生活审美化的批评在于"审美的生活"使得一个人的生活缺失了伦理的内涵,这对人类的解放是没有益处的。

三、激进的需要革命:审美多元化

马克思曾经指出,现实生活中人有各种需要,"他们的需要即他们的本性"②。可以说,在某种意义上人的需要是人的内在的本质规定性。因此,若要实现人的全面解放,人的需要的满足与实现是题中应有之义。

---

① (匈)阿格妮丝·赫勒:《日常生活》,衣俊卿译,重庆出版社1990年版,第118页。
② 《马克思恩格斯全集》第3卷,人民出版社1973年版,第514页。

赫勒把审美的需要与自我实现的需要联系起来。人类的审美需要,按其层次不同可以分为两类,偏重于自然生理层次的审美需要和偏重于精神文化层次的审美需要。作为精神文化层次的审美需要具体地表现为人类的一种内心追求活动,这是人类"人化"、社会化的标志。当人的生命活动从动物的本能提升到自由自觉的活动时,当人的这种活动成为他的意识的对象时,他就开始了内心生活的历程,人的需要和追求也就极大地多样化起来,不仅追求自然欲望的满足,而且追求内心生活的满足,它具体地表现为人类表现自己、发展自身、实现自身的需要。从卢梭开始,审美需要成为一种与现实功利主义、现实世俗化相对立的反对拜物教、反对将人性神圣化的激进的文化需求。赫勒的丈夫费赫尔曾经指出,"'审美'不仅仅是一种民主的,还是一种多元的领域。正如卢卡奇在 20 世纪三四十年代的文学评论中所描述的那样,《审美特性》为伦理民主的多元主义提供了普遍的哲学基础"[①]。

从审美角度提升人们对需要的满足,摆脱"社会需要"(Social need)的拜物教,强调"个人"的激进需要理论主要是赫勒阐发和发展的。在赫勒看来,激进的需要的获得是审美多元化的一种形式,是人的解放的途径之一。同赫勒对个体解放、个体自由的理解一样,"激进的需要"也是从质的意义上来理解的个人的需要。它以"全面的个人"(many – sided individual)的需要为目的,个体只有在个人的意义上获得需要的满足,才能真正实现解放。应该说,赫勒的激进需要是从人的审美维度对人的精神文化层次的需要提出的要求。

人的需要不是单一的,而是多层次的,多种多样的,赫勒从马克思关于需要及其满足的思想出发,依据需要的多元性、价值的多元性以及生活方式的多元性立场,对资本主义社会需要的异化进行分析。赫勒认为,人的需要是多样的,除了把他人当作纯粹手段的需要以外,人的所有需要都应当得到承认和满足,但在现实生活中并非所有的需要都能够得到满足,因为人的生存和需要的满足"有赖于各种必备的条件,并且人的需要不是一个给定的常量,而

① Ferenc Fehér, *Lukács in Weimar*, In *Lukács Revalued*, Agnes Heller ed., Basil Blackwell, 1983, p. 106.

是一个历史变量,所以,在人的多元的需要与特定历史阶段和特定社会中满足人的需要的条件之间总是存在着相当的差距"①。这就存在一个问题:在人们的众多需要中,优先满足哪种需要。这就涉及价值选择的问题。在价值多元化的社会条件下,对需要的选择也必然是多元的。

由此,赫勒认为,社会应建立一种对需要进行选择的民主化体系。结合现存的社会历史条件,她认为,要想满足人的需要必须进行一场"基本需要的革命",从而为不同需要的获得和需要体系的建立创造平等的机会。这一基本需要的革命很大程度上有赖于一种新的需要即"激进需要"的产生和满足。为此,赫勒提出"激进需要"的概念,发掘了具有激进需要的个体的出现,从而达到人的个性的丰富以及个体与类的统一。

赫勒首先对马克思的社会需要概念进行分析。她指出,在马克思那里,需要理论是以"社会需要"的形式出现的,"社会需要"的概念本身不是被异化的范畴,在每一种社会都有一种理性的意义,马克思在不同的场合赋予其不同的内涵。但是在众多马克思主义者的著作中出现了对马克思社会需要概念的误读,他们把"社会需要"范畴等同于"普遍的利益"(the general interest),认为马克思只强调"社会",而忽视"个人",将个人融于社会之中,这与马克思这个概念的内涵毫不相关。这种理解不仅导致了对"社会需要"的拜物教化解释,而且假设了隐藏在这种拜物教解释背后的价值,即这种表达使得"社会需要"成为了"社会的需要"(need of society)。

"社会的需要"既不是个体需要的集合,也不是个体需要的平均数,更不是"社会化的"个人需要,而是"'凌驾于'个人之上的、比构成社会的个体的个人需要更高的普遍的需要体系"②。这种理解会导致在理论和实践上不同的结论和结果。第一,"既然所谓的'社会需要'比'个人的'需要更加普遍而且层次更高,那么在两者发生冲突的时候,个体就应该使自己的个人需要的满足服从于'社会需要'。而事实上,这种'社会需要'结果成为了工人阶级(或社会)的特权阶层或领导阶层的需要,它们被掩盖在'普遍有效性'的

---

① 衣俊卿:《人的需要及其革命——布达佩斯学派"人类需要论"述评》,载《现代哲学》1990 年第 4 期。

② Agnes Heller,*The Theory of Need in Marx*,ST. Martin's Press,1976,p.67.

光环之下"①。第二,"'社会需要'是个人的现实的、'真正的'需要;那些事实上的需要不能被'社会需要'表达的人只是'还没有认识到'他们'真正的'需要"②。但是,哪些需要是真实的需要呢?这些真实的需要又由谁来决定呢? 赫勒认为,毋庸置疑,社会运动的当权者和领导人是"普遍化"和"社会化"需要的决定者,正是他们决定了哪些阶级的需要是正确的或不正确的。这样,大多数人的真实的存在的需要就被归类为"虚假的"需要,"社会需要"的"代表们"决定了大多数人的需要,掩盖了真实的、实际的需要。

赫勒认为,马克思的需要理论从来就不包含这种意义的"社会需要"。尽管马克思在不同场合谈到了"真实的"和"想象的"需要,但他从来没有说起"无意识的"和"没意识到"的需要。相反,"马克思只承认个体的人的需要"③。虽然马克思在不同的意义上使用"社会需要"这一概念,但是,这些需要在最终意义上仍是个体的人的需要。首先,马克思经常使用的也是最重要的意义是"社会地生产"的需要。"社会地生产的"(socially produced)需要是由个体所组成的类的需要。其次,"'社会需要'是一个积极的价值范畴,它指涉人们对共产主义社会的需求,是所谓的'社会化的人'的需要"④。这里,"社会需要"意味着对"社会地发展的人性"⑤的需要,因此,社会需要意味着个人的需要。再次,马克思用"社会需要"来描述某一社会或阶级对物质财富的平均需要,它仍然不排斥需要的个体性。赫勒甚至说:"个体的需要就是他所了解的、所感受到的他自己的需要——他没有其他的需要。"⑥最后,社会需要就是需要的社会满足(群体的满足)。这是个非经济学的解释,它界定和表达了一个事实,即人们有一些需要,其不仅被社会地生产,而且还要靠相应的制度、机构的创造来保证人们需要的满足。比如说教育设施、健康服务保障等。所以,赫勒认为,马克思的需要最终都限定在人类的需要,而"每一种"需要都支配着"个人的发展

① Agnes Heller, *The Theory of Need in Marx*, ST. Martin's Press, 1976, p. 67.

② Agnes Heller, *The Theory of Need in Marx*, ST. Martin's Press, 1976, p. 68.

③ Agnes Heller, *The Theory of Need in Marx*, ST. Martin's Press, 1976, p. 69.

④ Agnes Heller, *The Theory of Need in Marx*, ST. Martin's Press, 1976, p. 70.

⑤ Agnes Heller, *The Theory of Need in Marx*, ST. Martin's Press, 1976, p. 70.

⑥ Agnes Heller, *The Theory of Need in Marx*, ST. Martin's Press, 1976, p. 70.

需要"，人的个性的自我实现的需要。

在这里，赫勒指出了人们普遍理解的"社会的需要"是对马克思"社会需要"概念的错误理解，这造成了个人真实的需要不被表达，不被认可，不被满足，能够得到满足的只是"特权阶层"和"领导阶层"的需要。为了与此相区别，赫勒在分析马克思需要的异化和社会需要概念时提出了"激进的需要"思想，应该说，这一思想主要来自于马克思的需要理论。所谓激进需要，"是指那些产生于现存的以依附和统治为基础的社会之中，又无法在这一社会中得以满足的需要。显而易见，激进需要的满足要以超越现存社会为前提"①。赫勒曾列举了各种类型的激进需要，比如每个人的个性全面自由的发展，通过合理的民主的讨论而参与、决定社会的发展方向和价值，自由选择的共同体的普遍化，社会中各种关系的平等，社会统治的消除，等等。可见，基于审美多元化的激进需要也是多元的。

赫勒认为传统马克思主义认为阶级利益是阶级斗争的动力，这与马克思本人的观点不符，因为阶级利益本身就是拜物教的观念，"阶级利益"不可能成为超越资本主义社会的阶级斗争的动力，真正的动力是从拜物教中解放出来的，是代表着工人阶级的"激进需要"。这种激进需要的产生有赖于激进个体的出现，具有激进需要的人也就是具有革命特征的人。因为激进需要的目的是超越现存的、以统治和依附关系为基础的社会，消除那种以他人为手段和工具的需要。所以，在赫勒看来，能够自觉意识到并努力去获取激进需要的"激进的"个体只能是少数人，但是他们却是人类从拜物教中解放的希望。"以激进需要为中心并围绕激进需要组织起来的运动只代表少数人，至少迄今为止他们只代表少数人。然而这些运动总是主张超越社会附属和等级的目的和热望，代表了全人类的价值和需要。"②这里，赫勒指出了"激进个人"对于"激进需要"的意义，对人类解放的意义，"激进需要"是个体解放的必由之路。

---

① 衣俊卿：《人的需要及其革命——布达佩斯学派"人类需要论"述评》，载《现代哲学》1990 年第 4 期。

② （德）凯特琳·勒德雷尔：《人的需要》，邵晓光等译，辽宁大学出版社 1988 年版，第 242 页。

但是如何进行彻底的需要革命,以激进需要为核心的激进运动如何能超越现存社会的宗旨,赫勒认为这需要"激进哲学"的指导。激进哲学的目的在于对现存以依附和统治为基础的社会进行"总体的批判",即"激进哲学应当把自己的理性乌托邦的价值应用于社会批判理论、生活哲学和政治理论领域"①。于是,赫勒为自己的激进哲学规定了四项任务:第一,从严格意义上说,激进哲学本身的任务就是构建体现合理乌托邦的理想;第二,激进哲学必须建立一种社会理论,以探究合理乌托邦的可能性;第三,激进哲学必须是一种生活哲学,为人们提出一种生活方式;第四,激进哲学必须是一种实践哲学,来指导人们实现他们的合理乌托邦的理想。②

从个体需要出发,赫勒最终相信革命的发生、人类的解放有赖于激进个体的出现。也就是说,只有激进需要的满足,生成新的需要结构,才能在实践中探索以人的自由和人性的发展与解放为核心的合理的乌托邦理想,使"世界成为人性的家园"。赫勒设想,在这样一个乌托邦社会里,并不是所有的需要都能被同时满足,也不是每个人对他的需要都会感到满意,但是,他们是自由的,因为需要满足的优先权是经过所有人的理性的辩论的,而且这些辩论是在共同认可、共同接受的规范的指引下的行为。这里赫勒暗示着人类的解放不再像马克思所理解的那样依赖于充裕,依赖于摆脱权威的束缚,而是依赖于民主的自由的获得,依赖于普遍的道德规范即道德权威的普遍化。

所以,在赫勒看来,建立一种激进民主制是人类解放的"第三条道路"。根据赫勒的解放概念,我们可以看出,赫勒把个体自由和平等的自我决定视为解放的核心价值,她认为人类解放与民主的自由概念息息相关。在对当代资本主义与现存社会主义的批判中,赫勒提出了一种超越二者的"第三条道路"——激进民主制。

激进民主制是"资产阶级社会的形式民主的完成","其核心是个体自由和平等参与社会决策的权力,即平等的自我决定"。③ 形

① Agnes Heller, *Radical Philosophy*, Trans. James Wickham, Basil Blackwell, 1984, p. 153.

② 参见 Agnes Heller, *Radical Philosophy*, Trans. James Wickham, Basil Blackwell, 1984, pp. 146 – 153。

③ 衣俊卿等:《20 世纪的新马克思主义》,中央编译出版社 2001 年版,第 582 页。

作为文化批判的审美——赫勒美学思想研究

式民主虽然支持价值多元化、政治多元化，承认公民自由权以及平等的政治权利，但它主要还是一种政治民主，这种民主没有渗透到经济领域。所以，平等参与社会决策，包括经济决策的权利成为赫勒激进民主的核心，"普遍的自由价值在公共领域的具体化就是现代的政治概念"①。可见，赫勒把自由的普遍化和具体化同政治、民主状况联系起来。在赫勒看来，激进民主在理论上必须普遍化，"政治范畴不排除任何事物和任何人"②，从实践上民主的自由概念必须具体化。这种民主要与人们的日常生活紧密相连，它能以朋友和敌人之间斗争的形式发生，也能以具体的合作和讨论的形式发生，或者以其他的方式或途径发生。可见，激进的民主制既能保障公众的民主，又能实现个体的自由。赫勒认为，这种自由的具体化是一场革命，但是它"不是'爆发'（breaks out）或'偶发'（happens）的革命，而是一场'发生'（takes place）的革命"③，是日常生活的革命。它不再是往日的轰轰烈烈的阶级革命，而是大众的革命，是后现代的革命。

赫勒后来在《公正的复杂性》与《现代性理论》中对现代民主制做了集中的论述，更证实了激进民主制的优越性，为当代民主政治的结构和实际的改革提供了重要的洞察力。赫勒总结了现代生活的三种社会体制：极权主义国家、自由主义和现代民主制。极权主义国家往往是一种专政，而现代民主制是多数人统治和代表制的结合。在现代人所拥有的自由中，民主恰恰利用了一种所谓的积极自由，即允许公民有参与政治事务的自由，但是由于民主是多数人统治的，民主的自由就是多数人的自由。所以，当我们追求多数人的利益、愿望时，少数人的利益与愿望等仍然是不受保护的，正因为如此，"民主会表现出极权主义的趋势，或者如托克维尔所言，会变得'专制'。它是多数人的专制"④。赫勒似乎很赞赏自由主义，她认为，自由主义保证"人"的权利，道德个体的权利，保护个人免受政治专制，保护少数人免受多数人的专制。但是，赫勒认为

---

① Agnes Heller, *Can Modernity Survive?*, Polity Press, 1990, p. 123.

② Agnes Heller, *Can Modernity Survive?*, Polity Press, 1990, p. 125.

③ Agnes Heller, *Can Modernity Survive?*, Polity Press, 1990, p. 126.

④ （匈）阿格尼丝·赫勒：《现代性理论》，李瑞华译，商务印书馆 2005 年版，第154 页。

"自由主义的核心价值是个人自由,而民主的核心价值是政治平等"①,"对民主而言,平等是最高的价值"②。

所以,赫勒认为现代自由主义民主制度是自由主义和民主的结合,二者之间的平衡很难达到,更难维持,而激进民主制却提供了自由与民主共存的可能性,因为激进民主制在政治多元化的同时肯定了道德价值的意义。正如赫勒所说,"'人类的解放'不可能意味着从所有种类的权威、规范和义务中解放出来,而只能意味着从某种外在的权威、规范和义务中解放"③,"如果没有规范,每件事事实上都是被允许的,那么自治将不会是绝对的,而且还会永远消失"④,因为人具有"非社会的社会性"。康德说,"人是一种动物……他对他的同类必定会滥用自己的自由的;而且尽管作为有理性的生物他也希望有一条法律来规定大家的自由界限"⑤。所以,即使在激进民主制条件下,人类的解放仍必须承认道德规范的存在,于是,赫勒在道德和美学中寻求一种结合点,来探索人的解放的另一条途径。

在对人寻求解放的问题上,赫勒同她的老师卢卡奇一样,极为重视审美与伦理对人的解放的重要意义。从审美形式来看,除了对小说、绘画等艺术形式关注外,与许多哲学家不同,赫勒还极为关注喜剧对人的解放的作用,她是第一位对艺术、文学和生活中普遍的喜剧现象做哲学思考的人。⑥ 在《永恒的喜剧》中,她围绕着"人类状况本身是怎样的? 为什么是喜剧的?"⑦问题完成她的哲学旅程。她极为肯定喜剧的精神力量,"当我们捧腹大笑的时候,我们感觉到了我们的力量,我们被赋予了权力……我们从暴君的专

① Agnes Heller, *The Complexity of Justice*, In Ratio Juris, 1996, (9).

② (匈)阿格尼丝・赫勒:《现代性理论》,李瑞华译,商务印书馆 2005 年版,第155 页。

③ Agnes Heller, *Marx and the "liberation of Human Kind"*, In *Philosophy and Social Criticism*, 1982, (9).

④ Agnes Heller, *Marx and the "liberation of Human Kind"*, In *Philosophy and Social Criticism*, 1982, (9).

⑤ (德)康德:《历史理性批判文集》,何兆武译,商务印书馆 1990 年版,第 10 页。

⑥ 参见 Agnes Heller, *Immortal Comedy: The Comic Phenomenon in Art, Literature, and Life*, A division of Rowman and Littlefield Publishers, 2005, 自序XI。

⑦ Agnes Heller, *Immortal Comedy: The Comic Phenomenon in Art, Literature, and Life*, A division of Rowman and Littlefield Publishers, 2005, p. 199.

作为文化批判的审美——赫勒美学思想研究

制下解放（即使只有在喜剧和笑话中），这使我们感受到了心灵深处的自由……我们从地方书报检查制度中解放，这使我们理解我们作为普通百姓的责任，也使我们意识到从人的历史性视角所理解的生存的任务"①。审美与伦理的结合为赫勒作为文化批判的美学提供了新的领域。

第三节　赫勒道德美学的现代性重构

自从在《日常生活》中提出她的哲学框架和理论构想后，赫勒就一直多角度地阐发她的思想。为了实现她的"道德个性"这个乌托邦构想，赫勒在1988年到1996年间出版了她有关道德规划的道德三部曲：《普通伦理学》、《道德哲学》和《个性伦理学》。她说："普通伦理学、道德哲学和行为理论是同一个问题的三个方面。"②最后赫勒在《个性伦理学》中，从作为整体的人（探寻好生活的个体）的视角，围绕着"好人存在，他们是如何可能的？"问题，提出了"道德美学"（Moral Aesthetics）或"伦理美学"（Ethics Aesthetics）的思想。

可以说，她的个性伦理学既是伦理学著作又是美学著作，因为在这里，她在探讨了尼采的个性伦理学之后，指出了尼采伦理学的道德美学实质，并指出其最终导致审美个人主义等局限性。在对尼采道德美学批判之后，赫勒综合了卢卡奇的思想，并试图在康德道德美学的意义上重建道德美学，由此提出了"美的性格"和"高尚的性格"的道德个性。

一、尼采的个性伦理学是一种道德美学

赫勒的个性伦理学实质上是一种行为理论，是从美学的意义上对人的行为进行引导、教育和治疗的理论。在她看来，她的个性伦理学是适合这个时代精神的，因为当代的历史哲学是片断式的，与此相应她的个性伦理学强调的是单个的个体，她认为"用传统哲

---

① Agnes Heller, *Immortal Comedy: The Comic Phenomenon in Art, Literature, and Life*, A division of Rowman and Littlefield Publishers, 2005, pp. 213–214.

② Agnes Heller, *An Ethics of Personality*, Blackwell Publishers Ltd, 1996, p. 1.

学风格是写不出有关单个个体的好生活的"①。

赫勒列举了三种个性伦理学。第一种假设了个性伦理学的普遍可行性。如果移除加在单个个体身上的外在限制，每个人在自己的方式上都是充分道德的，每个个体都会成为全面的普遍发展的个体，这种乐观的个性伦理学是古典主义者的理想。第二种类型认为，为了共同的人类，外在限制必须被保持，但是要寻求人类杰出的人种即超人，超人在自己的方式上是完美的并且是绝对自由的。第三种也就是赫勒所主张的个性伦理学，它抵制普遍化，不分享有关伦理精英的有限的幻象，它只关心"处于责任困境中的单个的个体"②。

赫勒认为，伦理是有关个体的责任，对他者的责任，个体责任是伦理学的一个中心范畴。个性伦理学与普通伦理学和道德哲学不同，它"反对普遍化"③。赫勒认为，就个性伦理学来说，当一个人"成为他所是的"，比如说作为政治家、将军、哲学家、诗人等，成为一个独立的个性，而不像他者的个体时，这个个体是独特的，不是"普遍的"，此时个体是在特殊性范畴下(under the category of the particular)作生存选择；当一个人选择自己作为一个"体面的人"，即道德的人、善的人时，就是在普遍性范畴下(under the category of the universal)作道德选择，有关善的生存选择不是独特的选择，而是作为普遍的个体的选择。简单地说，有关"一个人成为他所是的"的选择是个性伦理学的选择，是特殊性范畴下的选择；而"对我来说什么是正确的"的选择是道德哲学的选择，是普遍性范畴下的选择。

赫勒的个性伦理学是在对尼采伦理学批判的基础上阐述的。赫勒通过尼采与《帕西法尔》的关系，来揭示尼采与瓦格纳之间的私人情感，从亲密到决裂，来说明尼采的个性，尼采始终坚持自己的个性伦理学。在赫勒看来，尼采的生活和作品出现的危机与同瓦格纳关系的中断相联系，尼采的个性伦理是作为决定性的精神出现的。对于尼采来说，个性伦理学的第一个箴言便是"真实地做你自己"，与瓦格纳关系的破裂来自于尼采善的本能，这使他回到

① Agnes Heller, *An Ethics of Personality*, Blackwell Publishers Ltd, 1996, p. 2.

② Agnes Heller, *An Ethics of Personality*, Blackwell Publishers Ltd, 1996, p. 3.

③ Agnes Heller, *An Ethics of Personality*, Blackwell Publishers Ltd, 1996, p. 11.

了自身,因为尼采的生活、未来、本能和深深的自我都要求他与瓦格纳决裂。应该说,尼采不是与瓦格纳战而是与帕西法尔战。

尼采的个性伦理学体现了非道德的伦理观,用赫勒的话说是"非道德主义者的道德主义"①。尼采强调人要成为自己生命的主人、强者和主宰者,在尼采看来,只有拥有权力意志的超人才能成为自己命运的主宰,实现自己人生的理想。在《论道德的谱系》中,尼采认为,流传至今的普遍的道德准则是自欺欺人的谎言,超人是道德的破坏者,也是尼采"非道德论者"的化身。可以说,尼采的超人既是道德的立法者,又是道德的破坏者,因为他拥有无限的自由,甚至包括欺凌弱小的"自由"。"我们就会发现,这棵树木最成熟的果实是自主的个体,这个个体只对他自己来说是平等的,他又一次摆脱了一切道德习俗的约束,成了自治的、超道德习俗的个体(因为'自治'和'道德习俗'相悖);总而言之,我们发现的是一个具有自己独立的长期意志的人,一个可以许诺的人……"②

赫勒认为,这是尼采对其个性伦理学最精确、最清晰的描述,这里个性伦理的人作为超道德的个体而显现,他不屈从于任何道德习俗、不屈从于任何人,他只是他自己。从根本上说,尼采的价值观和道德理想是超越世俗的善恶观的,他的个性伦理学是赫勒所说的第二种情形。从某种意义上说,赫勒所追求的个性伦理继承了尼采的基本立场,但却批判了其个性伦理学中所蕴含的矛盾。赫勒将尼采的具有非历史性特征的个性伦理的承担者变为历史性的伦理个体,并进而将尼采的纯形式主义的道德美学改造为伦理内容和美学形式相统一的道德美学。

赫勒认为,在尼采那里,高贵是个性伦理学的确定性的特征。尼采在许多著作中谈到了"什么是高贵"的问题,赫勒尤其指出,在1888年春的日记里尼采回答了"什么是高贵"的问题。尼采说:"高贵的人必须不断地表现自己,探索需要姿态的形势,他把幸福留给大多数,本能地探求困难的责任。高贵的人在语言和行动上经常与大多数人相矛盾。"③在他看来,高贵的人也是一种好人,只不过在某种意义上与基督教的好人不同,他不去追随善的模型,也

---

① Agnes Heller, *An Ethics of Personality*, Blackwell Publishers Ltd, 1996, p. 11.

② (德)尼采:《论道德的谱系》,周红译,三联书店1992年版,第40页。

③ Agnes Heller, *An Ethics of Personality*, Blackwell Publishers Ltd, 1996, pp. 80 – 81.

不被他者的需要所吸引,尼采所谓的"高贵的人"是强者,是道德的立法者。高贵作为真正的善是心灵的伟大。

赫勒对尼采的高贵进行了分析,她认为,尼采的高贵具有表现(representation)、姿态(gesture)、独特性(uniqueness)和足质的(sheer quality)这些间接的实质性特征。她认为,尼采所推崇的高贵的人是不断地展现自己的人,同时这种表现必须是独特的、毫无例外的。在典型的高贵人那里,本能和实践理性是同一的,人的生成即生活的理性是由其情感、由他对生活的本能引导的,这就是尼采所说的"典型"(representative):理性与对生活的本能的融合,人的内容与形式的融合,他是独一无二的,是一个如此这样的人,同时也是一个优美的(beautiful)人。尼采与瓦格纳关系的破裂恰恰说明了尼采本人就是这种典型,是高贵的人。

在赫勒看来,作为这种本能和理性的统一体,高贵是有意义的,这种意义在典型的姿态中展现自身。有意义的姿态提供个性以形式,这里伦理的理想与审美的理想结合。赫勒认为,"不是艺术家,而是艺术作品,(更确切地说是现代艺术作品)将代表尼采的个性伦理学的典范"[1]。高贵的人必须在语言和行动上经常与"大多数的人"相矛盾,因为一件完美的艺术品必须是彻底的、新颖的、不可预料的。因此,赫勒认为,"高贵"类型的审美化使得尼采与伊壁鸠鲁和斯多葛区分开来,尽管他的高贵的人具有某种斯多葛和伊壁鸠鲁的特征。比如高贵的人必须寻求困难的责任,他必须了解怎样为自己树敌,他也必须挑战懦夫,必须保持对好的或坏的运气的冷漠,等等。简言之,在赫勒看来,"尼采的伦理学中出现了道德(伦理)美学和道德(伦理)心理学"[2],但是这些在斯多葛和伊壁鸠鲁的传统中却没有出现。

赫勒在对尼采的个性伦理学进行细致的分析后得出结论,她认为,尼采对个性伦理学的界定游离于纯形式和实质的内容之间。尼采对高贵人的界定虽然重视形式的问题,但从来没有完全满意于这种纯粹的形式的概念,在他企图决定他的伦理学内容时,他探讨了两种不同的方法:第一种方法,他用自己的价值超载了"幸运

作为文化批判的审美——赫勒美学思想研究

----

① Agnes Heller, *An Ethics of Personality*, Blackwell Publishers Ltd, 1996, p. 81.

② Agnes Heller, *An Ethics of Personality*, Blackwell Publishers Ltd, 1996, p. 82.

一掷"的概念,最终只有通向"超人"的桥梁才能满足它的标准,个体在代表普遍的承诺的类型中消失。第二种方法,他用附加的形式标准比如表现、姿态、独特性和足质的,来超越个性伦理学的纯形式概念。换句话说,"他审美地超越了个性伦理学"①。

二、尼采道德美学的局限性

赫勒在接受了尼采个性伦理学中的道德美学维度的同时,也指出了尼采道德美学所存在的问题,即尼采的个性伦理学是完全非历史的,并且他对个性伦理学的界定游离于纯形式和实质的内容之间,最后导致伦理学形式主义,造成伦理学审美化的倾向。因此,在赫勒看来,尼采的道德美学中存在着两个矛盾。

第一种矛盾是反历史性与历史性之间的矛盾,即尼采个性伦理的"永恒的"(timeless)特征与"历史使命"之间的矛盾。在赫勒看来,尼采是绝对的个人视角主义的,尼采不承认世界和历史中有任何特权的观点、时间和地位,也没有特权的群体和个人,所有人都在用自己的方式表达这个世界,世界上没有绝对的评判尺度。尼采提出了一个新的真理概念,即"为我的真理",他完全投身于成为他所是的,他听从于他的"感觉"的声音,听从于他的"权力意志",听从于他的命运。他成为一位激进的哲学家,积极地投身于颠覆传统价值体系的运动,这就是尼采的真理。他的伦理是非历史的,完全忽视了过去,只承认现在的偶然。但是另一方面,尼采又声称有一个总体的、绝对的真理,这个真理不是"他的真理",不是视角主义的真理,而是整个世界的最终的真理。当然尼采没有返回到他反对的形而上学的真理概念,一个人的个性的真理此时显现为历史的真理,尼采不仅是自己的命运,也是历史的命运。他不仅像所有的高贵的人那样展示自己,也展示了历史的此刻,展示了千年来具有决定意义的时刻。赫勒认为,如果尼采承认了衡量真理标准的存在,就应该"一方面保存形而上学的真理概念的残余,另一方面为自己真理的历史相关性寻找根据"②,因为在这种情形下历史真理具有历史的主体特性而非个人的主体的特性。而尼

---

① Agnes Heller, *An Ethics of Personality*, Blackwell Publishers Ltd, 1996, p. 82.

② Agnes Heller, *An Ethics of Personality*, Blackwell Publishers Ltd, 1996, p. 73.

采恰恰拒绝了这种方法,他一方面宣称历史真理,甚至绝对的历史真理;而另一方面,他的个性伦理又与历史绝对无关。尼采个性伦理学中的绝对的个人视角主义体现的是个体的主体概念,这与世界性的历史主体完全不同,这种"对个性视角主义的绝对的承诺,对个性伦理学的绝对的承诺,不能与世界历史性主体概念相混合"①。这便存在个性伦理的"永恒的"特征与历史的使命的冲突。对于尼采来说,必须要解决个性伦理的永恒特性与创造让"骰子幸运一掷"的合适的历史条件之间的矛盾。在赫勒看来,尼采在满足或者说试图解决这种伦理的"反历史的"特征与这种伦理的"历史使命"之间的矛盾中,直接导致了第二种冲突的形成,即个性伦理学的形式与内容的矛盾。

"尼采在形式概念和实质性概念间徘徊导致了后者占主导地位这一事实,再一次指向了激进的反历史主义和激进的历史主义的矛盾。"②尼采激进的反历史主义支持个性伦理的形式概念,而他激进的历史主义却支持强烈的实质性决定的概念。尼采个性伦理的理想类型在纯形式概念和彻底的实质性概念之中斡旋。由此,赫勒认为正是尼采个性伦理学中的非历史性导致了纯形式主义的个性伦理的出现。如果尼采把"成为他所是的"、"自己决定自己的命运"的个体看作是个性伦理学的承担者,那么个性伦理学就像康德的道德哲学一样就是形式的,尽管它的形式不是普遍的,而是个体的,就像艺术品的形式。"你成为你自己,彻底的你自己,但永远不是你自己的'类'。"③一旦人们接受了这种个性伦理的纯形式概念,人类不可避免陷入灾难的境地,例如希特勒的"奥斯维辛"。尼采本人也非常了解自己存在的问题,他并不满意这种纯形式的个性伦理学。经常地,他也用一些实质性的特征来丰富他的个性伦理学的形象,比如说,尼采认为,"仇恨"就不适合个性伦理的现代人的特征,很显然,用这样的标准,希特勒作为仇恨的典型人物就不适合尼采的伦理学。

根据个性伦理的形式概念,在尼采的伦理体系中存在着一个等级秩序,所有的人都在"高"和"低"之间作出区分。用尼采反历

---

① Agnes Heller,*An Ethics of Personality*,Blackwell Publishers Ltd,1996,p.74.

② Agnes Heller,*An Ethics of Personality*,Blackwell Publishers Ltd,1996,p.78.

③ Agnes Heller,*An Ethics of Personality*,Blackwell Publishers Ltd,1996,p.76.

史主义的术语来说,尼采认为所有体现个性伦理的人都属于"高级类型",但加入了实质性特征之后又应如何排列伦理的等级呢? 由伦理美学的标准来衡量的等级体系,一定与没有考虑个性或行为的审美维度、单单由伦理标准来衡量的等级不同。根据普遍的经验,"当事情被优雅地做与被粗鲁地做或无任何形式地做之间,我们更欣赏好的行为。它们事实上不是同一种行为,而且有些个性的东西(人的本质、自我、核心)在我们的道德评价中本能地扮演着一种角色"①。对这个问题的回答,尼采认为,个性伦理与行动、实施和创造活动相连,而这一理论的核心便是"高贵的"这个核心概念,一直到他有意识的生命结束,他一直关心"什么是高贵"的问题。但是通过赫勒对尼采高贵人的分析,我们看到,当伦理和审美融合时,尼采的道德美学出现了纯形式主义即伦理学审美化的倾向。这种审美的人生态度很容易对道德构成威胁,因为它不是从道德的角度来看待人生、社会和世界,而是在道德之外追求审美的唯一价值。尼采的道德美学达不到伦理学的标准,也达不到道德感伤力的作用。

因此,赫勒反对个性伦理学的纯形式概念,也反对尼采对个性伦理学做的实质性的解释。尽管赫勒对美学与伦理形式的融合表现出极大的兴趣,但是她认为,在理论上这还不是太令人满意的办法。因为纯形式概念太宽泛,按照尼采对"高贵的人"的界定与描述,我们可以说希特勒也是一个高贵的人,是一个有个性伦理的人,他把自己塑造成了一个典型的形象,一件艺术品,一个有姿态的人,他承载了沉重的责任,同时把绝对的唯一性带入了世界。但是,事实上,希特勒不是尼采所说的高贵的人,因为希特勒不具有尼采高贵的人所拥有的文雅等美学特质。赫勒认为问题不在于希特勒是否坚持尼采的伦理审美标准,而在于是否这些标准拥有伦理性质。就像认同施舍是一种美德的人,同样认为自己也是善于施舍的人一样(即使他不是),认为文雅是高贵人的特征的人们一定认为自己也是文雅的(不管其拥不拥有)。

尼采主张生活应该是审美的,每个人都应该具有艺术家的气质,"向艺术家学什么?""我们要成为生活的创造者,尤其是创造最

---

① Agnes Heller,*An Ethics of Personality*,Blackwell Publishers Ltd,1996,p. 85.

细微、最日常的生活。"①所以,尼采的道德美学存在一些问题。在赫勒看来,尼采的道德美学实质是伦理学审美化,导致了审美个人主义。如果伦理的等级制度仅由审美标准构成,并且如果伦理等级的"高"和"低"完全依赖于美学地位,那么我们的厌恶感就只表现了审美的趣味而不是伦理的鉴赏力。因此,尼采必须在他的伦理的审美模型中引入一些实质的限制。如果不引入一个实质的和纯粹的伦理限制(同时不是审美的),人们就会陷入单纯的形式主义。那么应该将道德中的美学维度或者审美化的道德放在何种位置呢? 如果仅强调美学维度,并将之无限夸大,那么必将导致伦理学审美化的倾向,个性伦理乃至道德必将因失去内容而剩下一具空架。

在赫勒看来,伦理学的审美化又导致了纯形式概念实质性规定所带来的问题。在这种情况下,具有审美资格的"高贵的人"只是形式的,只是"谁"做了和"怎样"做的,而不是做了"什么",从纯粹伦理的观点看,审美形式只是作为实质性的资格而起作用。所以赫勒认为,尼采的个性伦理学达不到为帕西法尔的道德感伤力提供选择的伦理学水平。

最后,赫勒对尼采的道德美学构想作了批判性的总结。第一,尼采道德美学的纯形式概念不能成为"禁欲主义理想"(ascetic ideals)②的替代品。因为禁欲主义理想的典型形象,包括帕西法尔,也是个性伦理的典型形象。第二,道德美学的实质性规定概念,也不能替代"禁欲主义理想"。因为所有的实质性规定的观点都表达了哲学家自己的等级秩序,它们只是使哲学家自己的历史想象合法化,从其他人的视角来看,它们并不具有吸引力。这些规定使得个

① (德)尼采:《快乐的科学》,黄明嘉译,漓江出版社2000年版,第230页。

② 赫勒"禁欲主义理想"这个术语是在更广泛的尼采主义的意义上使用的。这个概念包括过去两千年的西方文化、犹太教、佛教以及其他宗教传统的价值观念,包括形而上学,迄今为止的所有哲学、现代科学、平等、普遍主义和民主的理想,包括真理理念、道德理念的所有内容,也包括所有的传统道德,等等。这些思想是尼采强烈反对的。尼采在《论道德的谱系》等论著中,表达了他对以往道德的不信任,对基督教的反叛,他的"上帝死了"能清楚地表达他对过去文化、宗教、价值、真理和道德等的看法,尼采试图用他的个性伦理代替它们。赫勒在做了大量的分析之后,提出了批判性的观点。参见 Agnes Heller,*An Ethics of Personality*,Blackwell Publishers Ltd,1996,pp. 69 - 91,以及尼采《论道德的谱系》、《悲剧的诞生》等。

性伦理只适合尼采自身、他的超人或他的狄俄尼索斯,这种个性伦理并不适合主体间的普遍化。第三,个性伦理学的美学概念不能是"禁欲主义理想"的替代物,因为它只有对"幸运掷骰子"的人有效。这些人能够创造新颖的、不可预想的事物,他们能够赋予自己意义,比如歌德、拿破仑。第四,尼采赋予"高贵的人"的所有"德行"都不能以理论上令人满意的方式给个性伦理学的纯形式以内容。

在赫勒看来,尼采的道德美学构想是失败的,主要原因在于尼采颠倒了伦理学与美学的地位,尼采的伦理学是以美学为核心的,是伦理学的审美化。这里赫勒并不否认道德(伦理)美学的重要性,但是她用柏拉图的话说出了伦理与审美的关系:"审美应居于伦理概念后的第二位。"①尽管行为中具有美感,行为人也有"高贵的"品质,而且在善的行为和体面的人物中加入了"高尚"的维度,但是"价值是什么"和"做了什么"优先于"谁"做了它和"怎样"做的,"在道德中,内容从来没有被形式彻底地吸收"②,善的伦理行为高于行为中的美感。这里赫勒形成了以伦理为内容,以审美为形式的道德美学,赫勒的道德美学体现了形式与内容的统一,用赫勒的话说,美学"是伦理学的花冠"③。

三、赫勒对尼采道德美学的重新建构

依据以伦理为内容、以审美为形式的基本立场,赫勒提出"美"的性格(the beautiful character)和崇高的性格(the sublime character)是道德美学个性的理想类型。在《个性伦理学》中,赫勒采用外孙女菲菲和外祖母索菲亚·梅勒的书信形式,并借菲菲、梅勒和朋友劳伦斯之口充分表达了自己对道德美学个性的构想。

首先,赫勒认为美的性格就是和谐的性格。赫勒对和谐的性格进行了历史的分析,指出所谓和谐的个性的理想是欧洲人文主义的传统,歌德或黑格尔有时把和谐的个性等同于"美的心灵"的理想,有时又把它等同于全面发展的完整的个体。黑格尔认为,艺

① Agnes Heller,*An Ethics of Personality*,Blackwell Publishers Ltd,1996,p. 83.

② Agnes Heller,*An Ethics of Personality*,Blackwell Publishers Ltd,1996,p. 83.

③ 傅其林、(匈)阿格妮丝·赫勒:《布达佩斯学派美学——阿格妮丝·赫勒访谈录》,载《东方丛刊》2007 年第 4 期。

术展开了一个美的世界，"这个世界的内容就是美的东西，而真正的美的东西，我们已经见到，就是具有具体形象的心灵性的东西"①。黑格尔的心灵性的东西即是指雕刻，雕刻就是"用心灵本身的无限形式，把相应的身体性相集中起来而且表现出来"②。古希腊艺术特别重视人体的雕刻，所以，在黑格尔看来，人体是心灵的特有的感性表现，最适于表现心灵，"人体形状用在古典型艺术里，并不只是作为感性的存在，而是完全作为心灵的外在存在和自然形态"③，雕刻将外在的表象和内在的心灵完满融合在一起。

对于用全面发展的普遍的个体来表达和谐，青年马克思的解释最为适用，"他钓鱼、打猎、批判、写作、绘画，根据时钟，合理地安排并做所有可能的事情"④。这是一种和谐的、理想的个性，他的智力、精神和体力得到了合理的、同等程度的发展，这是古希腊人理想化和典型化的版本，特别是雅典公民的尽善尽美（kalokagathos）的模型，是在德国文化中特别是温克尔曼重新提起的文艺复兴的理念。赫勒考察了和谐的概念后认为，马克思的这种和谐个性的模型是"雕刻的"⑤，而不是"音乐的"。由此，赫勒把和谐分成两种类型，一种是"雕刻的"（plastic）和谐，一种是"音乐的"（musical）和谐。二者是完全不同的，具有雕刻式的和谐的人是多面发展的或者是按照恰当的比例建构的。尽管这种和谐尽善尽美、让人喜爱，但是赫勒认为这种雕刻式的和谐在现在是没有意义的，模仿的时尚并不能使任何人成为希腊人，而且这种时尚只是体现了很早以前人们的生活方式。"现在体力锻炼与美的意义无关。它顶多是一种时尚，是一种由无力去面对死亡，或者面对疾病的男男女女的动机引起的时尚。"⑥

所以，赫勒所主张的和谐个性不是"雕刻的"，不是合比例的不

① （德）黑格尔：《美学》（第1卷），朱光潜译，商务印书馆1979年版，第104页。

② （德）黑格尔：《美学》（第1卷），朱光潜译，商务印书馆1979年版，第106页。

③ （德）黑格尔：《美学》（第1卷），朱光潜译，商务印书馆1979年版，第98页。

④ Agnes Heller, *An Ethics of Personality*, Blackwell Publishers Ltd, 1996, p.237.

⑤ 这里赫勒借用了黑格尔"雕刻的"艺术一词，来表达一种和谐观念。因为黑格尔认为古希腊的雕刻是古典艺术最理想的艺术形式，最能使人的理念和感性达到自由的统一的整体，最能够表现人的心灵。因此，赫勒用这种协调的、成比例的艺术形式即"雕刻的"来表达人的和谐的一种形式。

⑥ Agnes Heller, *An Ethics of Personality*, Blackwell Publishers Ltd, 1996, p.238.

同元素的结合,而是"音乐的",是极其简单的心灵的和谐的日常感觉。无论面前的树木和花草、天空、太阳、气味和声音是否协调,音乐式性格的人都会感到和谐。和谐的人类似于一道和谐的风景,当然和谐的风景也不意味着侍弄较好的花园,和谐并不意味着实现某个目标或理想。相反,和谐类似于无忧无虑或跳舞或模糊的自我肯定所带来的轻松,这种模糊的自我肯定使得人心情愉快,而心情愉快才有开放性,才有自由,才有可能性。于是,赫勒把美与音乐式的和谐、自由、开放性、可能性等联系起来。

在赫勒看来,哲学家通常只是从意志自由、选择自由等术语来描述这些生命体验,比如"自律"、"自发性的自由"、"对必然性认识的自由"、"自我实现的自由"、"生存选择的自由"等等。赫勒认为,所有这些都描述了一个单一的过程,哲学家们都夸大了一个方面而反对其他方面,最后形成权威,经验证明,所有哲学的普遍化都是错误的。因此,赫勒从开放性、多元性、动态平衡的视角来理解和谐。和谐是"自由种类的平衡",是"许多或者甚至说所有不同种类的开放性和自由的并存"。[1] 赫勒谈到和谐类似于一种模糊的自我肯定所带来的轻松,因为在她看来,一个人绝对的自我肯定本质上已经是死的,因为他是不自由的,也是不和谐的。和谐要求一种模糊的自我肯定感,和谐的人是一种轻松的人,他不会去追随某个理想,因为追随任何人都是不自由的,所以,和谐是一种自由的感觉。和谐的人能让自己体验到自由,也能让他人体验到和谐的人的自由。

这里赫勒引入了对他者自由的体验,在赫勒看来,道德美学和谐性格即美的性格的关键点在于对他者自由的关注。感受我们自己的自由和感受他者或风景的自由,是完全不同的感觉。当我们感受自己的自由时,自由不是一件观察的事,而是实践。在行动的过程中,自己自由是一种相对自我肯定的情感,但这种自我肯定的情感在行动中是感觉不到的(比如,当我们跳跃、快乐的时候,我们是不会"感觉自由"的),只有在停止行动时,我们才能去纯粹地观察和反思自己的行动,才能去认识作为自由的自由。美的、和谐的性格把自己展现给他者、观察者,不是和谐和美而是相对的自我肯

---

① Agnes Heller, *An Ethics of Personality*, Blackwell Publishers Ltd, 1996, pp. 241, 240.

定,使得人能够认识她身上的自由的声音。

所以,"在行动中,(作为相对的自我肯定)我们能够直接体验到自由,但是'感受'不到我们是和谐的,是美的"①。和谐不仅有和谐的情感,也有对和谐本身的判断和观察。我们能够感觉到另一个人、一道风景、一段音乐或一幅绘画的和谐,这就是人类的共通感。这里赫勒把康德关于美的"理解与想象的自由游戏"运用于更广泛的自由种类,比如意志自由、选择自由和超验自由等。她把康德的理解与想象的自由游戏同传统的柏拉图的理念"善的也是美的,美的也是善的"结合起来。赫勒用音乐式的和谐概念代替雕刻式的和谐概念是对古代和谐概念的发展,而且"音乐式的和谐模型更适合现代人的描述"②。

其次,赫勒认为具有美的性格的人是现代"一扔"的偶然性的个人,具有偶然性、可能性和个体性等特点。现代个人的美与和谐与古希腊的"尽善尽美"不同,柏拉图和所有柏拉图主义者都倾向于谈心灵的和谐,他们认为,心灵的和谐与同质性有关,心灵越同质,心灵也越美丽,所以,古希腊的和谐与美是整体性的,是完整的统一体。而对于现代个人的美,以音乐为例,赫勒接受了阿多诺的观点,认为现代音乐与展现集体精神特质的古希腊音乐相反,彻底地或者主要地代表个人即"我"的想法。所以,美的性格是个体性的。同时,现代个体是异质的、偶然的,现代个体在生存选择中从来不把偶然性转变为命运。古代心灵同质的理想是与心灵永恒的理念相连的,而现代和谐的个人从来不是同质的,他在自由之间不断失去平衡,又重新获得平衡,从而不断地在偶然性中丰富自己。

除了个体性之外,赫勒认为现代美的偶然的性格与古希腊的尽善尽美的性格之间还存在另一个更重要的区别,就是古希腊的和谐"来自于一种命令/服从关系"③,和谐的各元素形成了不同的等级体制。古希腊人所理解的和谐,是不同的人类能力组合的和谐,是由不同的元素组成的,如内容与形式,理性与感性,自然与自由,心灵、精神与肉体。人是这些元素的组成,在理想的人中,各元素都是和谐的,理性、精神等高级元素控制和统治其他的比如动

① Agnes Heller, *An Ethics of Personality*, Blackwell Publishers Ltd, 1996, p. 241.

② Agnes Heller, *An Ethics of Personality*, Blackwell Publishers Ltd, 1996, p. 244.

③ Agnes Heller, *An Ethics of Personality*, Blackwell Publishers Ltd, 1996, p. 255.

作为文化批判的审美——赫勒美学思想研究

机、情感、情绪等低级元素,使无序变为有序,无规律变为有规律,从而形成和谐的性格。而偶然性个体所形成的性格像四重奏一样是美的、和谐的,每一种乐器都扮演着自己的角色,这种和谐没有服从/命令关系,这就是当代人和谐的心灵。在赫勒看来,如果按能力思考和谐,就会形成等级式的和谐模型,而如果依据自由的变化来想象和谐,和谐就会具有开放性和广泛性。"偶然性的、在最深层的意义上保持着偶然性的和谐的和美的个人,是一个'多姿多彩的'(colour)人,因为她用色彩的(colour)眼光去思考,恰如她生活在色彩斑斓的(colour)生活中。"①赫勒指出,马尔库塞所说的单向度的人既不是和谐的,也不是不和谐的,因为他们完全是平面的,根本就没有性格。可见,赫勒所理解的美的个人是宽容的、多元的、视角主义的、偶然性的开放的个体。

所以,赫勒道德美学的载体即是个体的人,个体的个性。就像莎士比亚笔下的哈姆雷特、李尔王等,他们的道德性严格地说是个体的。虽然从我们旁观者的角度,他们不是和谐的、美的人,但是莎士比亚把他们创造成和谐的人,把他们放到了道德失衡的状态,直到相对的平衡,展现了道德美,所以赫勒认为莎士比亚比许多道德哲学家说出了更多的道德哲学问题。这里赫勒仍然坚持早期的关于个体解放、个体自由的思想,认为道德性最终依赖于个体的人,自由也是个体的,只有个体是自由的,而大写的自由(Freedom)是不自由的。如果人们喜爱自由(liberty,自由权利),那么就是喜爱个体自由的条件,所以,人们真正爱的是这些自由的个体。

再次,赫勒指出,崇高的性格也是当代人的理想个性。赫勒认为,"一种道德美学,如果仅仅以美的性格为模型,就会成为一种贫乏的,或者说太狭窄,太单一的美学,一种古典主义者的道德美学",还应该提及一种不同的性格类型,即"崇高的性格"②。崇高的性格本质上被赋予一种超感性、强烈寻求痛苦的倾向,一种内在的心理失衡的特征。当他选择自己成为崇高的个性,他就具有了这些特征,因此他就成为忧郁的(melancholic)人。他把自己选择成为与自己而战、与世界而战的人。如果他选择自己作为正直的人,

---

① Agnes Heller, *An Ethics of Personality*, Blackwell Publishers Ltd, 1996, p. 256.

② Agnes Heller, *An Ethics of Personality*, Blackwell Publishers Ltd, 1996, p. 260.

他就成为他所是的,他就成为一个与自己而战、与世界而战的正直的人。一个单一的选择,一个单一的承诺,一个单一的自由成为他的性格的主要特征——自我选择的自由。所有其他的自由或许消失,或许被推入背景之中。这不是一种等级体系,而是忧郁的人坚持自我选择的一种独特的、非常个性的方式。

崇高的人并不拥有一个幸福的生活,也不长寿,他们可能像瓦尔特·本雅明一样通过自杀结束自己的生命。他们具有丰富的想象力,他们不仅能够感觉到,而且想象来自内部和外部的危险。因为他们正直,他们经常直击这些危险,其结果是这些战争经常把他们击得粉碎。拥有美的性格的人懂得通过一些屏障来保护自己免受威胁,而拥有崇高的性格的人恰恰把自己暴露在外,通过内在的心理机制来强化、加重世界的危险,所以他痛苦。由于极端的超感性、紧张和宽宏大量,"崇高的性格始终是伟大的、权重的和有意义的"①,它甚至比美的性格更加可爱。

虽然赫勒认为美的性格和崇高的性格不能比较,但事实上赫勒还是在二者的一致性和差异性中讨论美的性格和崇高的性格。在赫勒看来,美的性格和崇高的性格都是现代人对生活所做的生存选择,生存选择是最基本的自由,是其他一切自由的条件,没有这种自由,我们只是一粒谷物的"壳"。所以,选择美的或崇高的性格只与人们不同的生活方式有关,二者都是现代人理想个性的有机组成,缺一不可,都捍卫了差异性和特殊性,以反对纯形式和一般化。

就心理学而言,美的性格与崇高的性格之间没有什么区别,都来自于对"张力"的生存选择。假设的遗传先验(a priori genetic)与社会先验(social genetic)的结合产生了张力。当一个人成为他自己时,他也就选择了那些张力,即美的性格和崇高的性格必须重新选择两种先验的张力,但是性格的选择只与道德性格的心理性格有关,与是否是美的性格或崇高的性格无关。也就是说,不仅仅崇高的性格有张力,平衡的、美的性格一样有张力存在,因为美的个性的张力"主要来自原始张力的存在选择"②。阿多诺曾说,美是

作为文化批判的审美——赫勒美学思想研究

---

① Agnes Heller, *An Ethics of Personality*, Blackwell Publishers Ltd, 1996, p. 261.

② Agnes Heller, *An Ethics of Personality*, Blackwell Publishers Ltd, 1996, p. 271.

"张力的自动平衡","否认自身包含张力的和谐变得虚假、令人不安,甚至不和谐"。① 黑格尔认为,美是动力的平衡,是与张力的结合。所以,成为美的性格并不比崇高的性格更优越,它也有张力产生的痛苦,而且承受的痛苦很深,只是不大声呼喊。它承受着现实事物给予她的痛苦,但从不幻想痛苦,尽管有痛苦相伴,但一个美的性格还是他者最愉快的伙伴,成为美的性格对其自身也是一件幸事。

赫勒对比了二者的区别。第一,美的性格和崇高的性格的典型指向了性别的差异。"美的个人的典型是女人,崇高的个人的典型是男人。"②康德曾在《论优美感和崇高感》中谈到了崇高和优美在两性关系上的区别,认为女人是美丽的,男人是崇高的。美的性格是快乐的,崇高的性格是忧郁的。康德把美的即女性的性格放在了崇高的性格的等级之下,但是康德并没有把二者完全割裂开来,这"不可以理解为:女性就缺乏高贵的品质,或者男性就必定全然不要优美。我们更为期待的倒是,每种性别的人都结合有这两者,从而一个女性的全部其他优点都将因此而联合起来,为的是要高扬优美的特性,而优美乃是一个理所当然的参照点;反之,在男性的品质中,则崇高就突出显著地成为了他那个类别的标志"③。赫勒显然接受了康德的区分,认为美的性格并不局限于女性,崇高的性格也不局限于男性,"大多数的美的性格是女人,而大多数崇高的性格是男人(尽管我以前曾经认识一个男人,他是所有人中最美的性格)"④。

第二,"美的性格是幸福的允诺",而"崇高的性格不承诺幸福——他从来不幸福"。⑤ 赫勒列举了几个代表性的美的性格:简·奥斯汀(Jane Austen)、乔治·桑(George Sand)、罗莎·卢森堡(Rosa Luxemburg)和汉娜·阿伦特(Hannah Arendt)。她们在普通的意义上都不能说是幸福的,或者在事实中,或者在隐喻的意义

① (德)阿多诺:《美学理论》,王柯平译,四川人民出版社1998年版,第94、83页。

② Agnes Heller, *An Ethics of Personality*, Blackwell Publishers Ltd, 1996, p. 270.

③ (德)康德:《论优美感和崇高感》,何兆武译,商务印书馆2001年版,第28~29页。

④ Agnes Heller, *An Ethics of Personality*, Blackwell Publishers Ltd, 1996, p. 275.

⑤ Agnes Heller, *An Ethics of Personality*, Blackwell Publishers Ltd, 1996, p. 276.

上，她们都是"流亡者"，都过着一种艰难的生活，但是"她们是美的——并且她们是幸福的！她们没有遭受不自信的焦虑带来的痛苦，她们是高贵的性格，她们经常保持自由的平衡。这些人被美所包围，她们爱美，她们也爱好的交谈和好的伙伴……"①在赫勒看来，现代人的幸福包含痛苦，只要人能充实地活着，生活就是美好的。美的性格不是更加的善或更加的完美，"美的性格在体面的性格中表现了一种非乌托邦的因素"。好人应该得到幸福，美的个人是真正幸福的好人，美的性格是得到应得的幸福的好的性格。所以，美的性格是在一个被上帝遗弃的世界的关于幸福的仅有的承诺。她承诺幸福，因为她是幸福的(尽管不是在普通的意义上)，她体现了善与幸福统一的可能性。

然而，崇高的性格并不许诺幸福，具有崇高性格的人从来就没有过幸福。他可能幸运地被给予了天赋、富有以及爱他的朋友，但是他仍然不幸福，因为他用灰色的眼睛看世界，世界也用痛苦的眼光回视他。尽管如此，这种高度忧郁感的性格对"绝对"的要求，在我们的世界里也是一种承诺，其承诺了壮丽。崇高的性格承诺重要意义的事情，尽管是在否定的意义上，"一方面，他们除去虚假的辉煌；另一方面，他们展现了在悲剧缺失时代的悲剧的潜力"②。尽管赫勒谈到了道德美学的两种类型，但是赫勒似乎更偏爱美的性格，因为经历了奥斯维辛和大屠杀的她，不希望悲剧的性格在现代道德美学的性格中占据中心的舞台。

赫勒认为，"如果一个人不选择美作为生活的中心，那么这个人就不能生存性地选择自己作为美的或高尚的人"③。所以，"成为他所是的"性格(可以是美的，也可以是崇高的)在形式上具有美学的特质，它包含自身完美的因素，它取悦于我们这些观察者。美的性格使自身享乐，但从不取悦于自己，他们在他者身上发现快乐。这些美的性格的人从来不过一种"审美化的生活"，对他们来说，"生活不是一件艺术品，他们也不把自己看作艺术作品，他们把与艺术作品的相似性表现给相关的和钟爱的观察者"④。另一方面，

---

① Agnes Heller, *An Ethics of Personality*, Blackwell Publishers Ltd, 1996, p. 275.

② Agnes Heller, *An Ethics of Personality*, Blackwell Publishers Ltd, 1996, p. 276.

③ Agnes Heller, *An Ethics of Personality*, Blackwell Publishers Ltd, 1996, p. 272.

④ Agnes Heller, *An Ethics of Personality*, Blackwell Publishers Ltd, 1996, p. 270.

它具有正直的伦理内涵,虽然不能说所有正直的人都具有美的或和谐的性格,但"正直是美的性格的前提"①。

同时赫勒认为正直也是崇高的性格的一个元素,因为崇高是来自于对善的生存选择。赫勒的道德美学强调善的中心地位,"如果善是心灵的中心,就有成为美的和崇高的可能性"②。虽然赫勒主张美的性格,但是她认为美的性格与中心主义无关,如果一个人选择做一个体面的人,那么善就成为他的中心,但是自由的和谐却不是中心,它不能被选择。当你生存性地选择你自己,你也只是选择了成为美的或崇高的性格的可能性。可见,赫勒的道德美学体现了个体视角的伦理内容与审美形式的统一,是对尼采道德美学的重构。

赫勒的道德美学思想的提出在当代具有重要的理论价值和实践意义。它具有对抗现代工具理性的能力,为现代人改变异化的生存状态,摆脱目前的生存困境,实现个人解放提供了目标和方向;她的道德美学的实现载体是日常生活中的个体,这种美的个性与高尚的个性的形成,为个体提升为类特征,实现个体与类的结合,实现日常生活等微观领域的革命提供现实的可能性;其道德美学的重建在理论上也是解决康德道德与实践问题的有益的尝试。赫勒的道德美学不是立足于抽象的艺术与美学领域,而是立足于日常生活,当"美成为无家可归的时代",美在日常生活的主体便找到了栖息之地。

---

① Agnes Heller, *An Ethics of Personality*, Blackwell Publishers Ltd, 1996, p. 253.

② Agnes Heller, *An Ethics of Personality*, Blackwell Publishers Ltd, 1996, p. 271.

第四章　比较学视域下的赫勒美学思想

从赫勒思想的自身发展历程来看,赫勒始终结合社会的发展形势和时代状况,试图在新的历史条件下发展和创新马克思主义。国外学者根据赫勒思想的变化,将其划分为不同的阶段。西蒙·托米(Simon Tormey)将赫勒思想分为批判的(新)马克思主义、后马克思主义、后现代主义三个阶段。① 米柴尔·伽登纳(Michael E. Gardiner)也曾说,"在过去的35年里,赫勒的全部作品经历了极大的转变,从批判的马克思主义到准后现代主义再到'后马克思主义'"②。本书立足于思想的连续性特点,不想对赫勒的思想作出明确的划分,而是试图在把握其审美现代性思想的总体脉络的基础上,找出其核心的发展轨迹以及把它放到西方审美话语背景中,探讨赫勒美学的理论特征。我们试图把赫勒美学与康德美学和法兰克福学派美学相比较,从而突出赫勒审美现代性理论的价值和意义。之所以选取康德美学与法兰克福学派美学作为比较对象,一方面是因为赫勒美学在康德美学中找到了解决现代性困境的途径,另一方面赫勒美学与法兰克福学派美学都受益于西方马克思主义创始人——卢卡奇的哲学和美学思想。

第一节　赫勒对康德审美文化思想的重新建构

赫勒的审美文化思想从对历史哲学美学的认同到对历史哲学

----

① 参见 Simon Tormey, *Agnes Heller: Socialism, Autonomy, and the Postmodern*, Manchester University Press, 2001, p. 3。

② Michael E. Gardiner, *Critiques of Everyday Life*, Routledge, 2000, p. 127.

美学的批判,其间表达了对后现代艺术的同情和对后现代美学的支持。但是,赫勒在赞同中并没有走向激进的后现代主义,而是在多元的文化语境中以"后现代的"视角重新思考美学的合法性与文化价值的规范基础,表现出对当代审美文化与存在的重构的思想。应该说,赫勒对当代美学及审美文化的重构是在卢卡奇未完成的文化可能性问题的框架下进行的,试图用康德的道德审美文化来填补卢卡奇美学的空白,与此同时提出了自己的重构美学思路。

一、"美学是伦理学的花冠":对康德道德美学的重新建构

康德是西方哲学史上影响深远的大思想家,同时也是西方近代美学的奠基人之一,甚至有学者认为"康德才是作为一门独立学科的美学的真正创始人"[①],因为康德对美感性质的分析使得美与快适、善、认识等概念明确地区分开来,美才有了自己独特的研究范围和"构成性原则",这提供了美学从其他学科中独立出来的根本依据。他的美学思想对 19 世纪以来的西方美学和文艺思潮有着极为深广的影响,正如朱光潜先生所说的,"不理解康德,就不能理解西方近代美学的发展"。可以说,康德美学是一个永远无法回避的问题。赫勒在她的论著中经常提到康德,并给予极高的评价,"对世界知识有着充足的个人体验,有道德责任感、严肃,有怀疑精神、幽默、理解人类的愚蠢,有实践智慧——所有这些品质都在哥尼斯堡这个矮小的人身上体现出来"[②]。赫勒从 19 岁时为了参加卢卡奇的讨论会而翻译《判断力批判》以来,就极为喜爱这本书,经常翻阅,而且每次重读都能发现一些新的东西,这些东西深深地吸引着赫勒。在《碎片化的历史哲学》中,赫勒认为康德是对世界认知最优秀的领航者,并称康德为她的"维吉尔"[③],而且认为康德的哥白尼式的革命事实上是从他的美学开始的。[④]

戴维德·罗伯茨(David Roberts)曾对赫勒的《美的概念》一书进行了分析,认为赫勒正在追随卢卡奇关于美学的构想,完成卢卡

① 邓晓芒:《康德〈判断力批判〉释义》,三联书店 2008 年版,第 218 页。
② Agnes Heller, *A Philosophy of History in Fragments*, Blackwell, 1993, p. 138.
③ Agnes Heller, *A Philosophy of History in Fragments*, Blackwell, 1993, p. 137.
④ 傅其林:《阿格妮丝·赫勒审美现代性思想研究》,巴蜀书社 2006 年版,Agnes Heller"序言"第 3 页。

奇生前没有完成的任务,而完成任务的手段便是引入康德美学。赫勒在书中对美的概念的变迁进行了探讨,指出美的概念在现代面临着无家可归的困境,美的概念与艺术分离。失去艺术这一根基,无家可归的美的概念到哪里去寻找它的位置呢?卢卡奇对此问题的回答看起来比较有意义,卢卡奇在写于 1914 年,但直到 1975 年才发表的《超验的美的概念的辩证法》一文中,提供了对美的概念的哲学基础的三方面的重构:形而上学的、猜测发展的和伦理学的。然而这种重构在两个方面仍然是未完成的。一方面,对概念形而上学的和预测发展的兴趣只能描述这种历史事实即概念曾经拥有一个哲学的家;另一方面,建立基础的伦理学兴趣,卢卡奇还没有写。而对于这个"空位",赫勒将此与康德联系起来。①

她吸收了康德道德美学的基本立场以及康德美学中的道德人类学思想,把建构一个"好人",即具有"美的"性格的道德个性的人作为美学的终极目的,并在美学与道德实践的立场上对康德的道德美学思想进行了重构。

首先,"美学是伦理学的花冠"是对"美是道德的象征"的发展。"美作为德性的象征"是康德对道德与美的关系的思想的完美表达:道德是最终的目的,美只是道德的"象征",只是道德理念的"类比"。康德认为,一切先天概念都需要有直观来显示,可以是图形式的,也可以是象征性的。象征借助于某种类比,对理性概念进行间接的演示,在这种类比中,"判断力完成了双重的任务,一是把概念应用到一个感性直观的对象上,二是接着就把对那个直观的反思的单纯规则应用到一个完全另外的对象上,前一个对象只是这个对象的象征"②。比如,可以用一个"手推磨"来象征单一意志统治的国家;可以用"有灵魂的身体"来象征按照公民立法来统治的国家;卡夫卡用"城堡"象征庞大而莫测高深的官僚机构;再简单点,比如用玫瑰花象征爱情;等等。现实生活中,人们常常用一些可经验的自然事物来象征以道德评判为基础的超验的理性概念,比如,用青松、大厦、原野、白色来象征伟岸、雄伟、热情、纯洁。古诗文中常常用梅、兰、竹、菊"花中四君子"来象征谦谦君子,因为

---

① 参见 David Roberts, *Between Home and World: Agnes Heller's the Concept of the Beautiful*, In *Thesis Eleven*, 1999, (vol.59)。

② (德)康德:《判断力批判》,邓晓芒译,人民出版社 2002 年版,第 199 页。

"它们激起的那些感觉包含有某种类似于对由道德判断所引起的心情的意识的东西"①。在康德看来,只有把美作为德性或善的象征,美才能伴随着"对每个别人都来赞同的要求而使人喜欢,这时内心同时意识到自己的某种高贵化和对感官印象的愉快的单纯感受性的超升"②。

这里我们可以看到,美作为一种普遍的审美共通感与作为普遍性规范的道德之间的关系。康德有关美学与伦理学、审美与道德的关系在其《判断力批判》的结构布局上就可以窥见一斑,这里反映了康德对美与道德关系的全面思考。《判断力批判》分为审美判断力批判和目的论判断力批判两部分,第一部分着重对美与崇高进行分析,第二部分阐述自然和道德目的论。从这部书的布局安排,我们可以清晰地看到康德试图引导我们从认识经审美,最后走向道德。

康德认为,人虽然是"一种动物",但是是被赋予了理性的,理性是保证人从自然走向自由的动力。如何把自由和自然统一起来,是康德哲学的任务。康德的两大批判,即纯粹理论的理性和纯粹实践的理性之间、自然和自由之间、超感性的和现象的东西之间存在着巨大的鸿沟,就此而言,"从一个领地向另一个领地架起一座桥梁是不可能的"③,它们之间似乎"不可能有任何过渡,好像这是两个各不相同的世界一样,前者不能对后者发生任何影响",但是"后者应当对前者有某种影响,也就是自由概念应当使通过它的规律所提出的目的在感官世界中成为现实;因而自然界也必须能够这样被设想,即它的形式的合规律性至少会与依照自由规律可在它里面实现的那些目的的可能性相协调"④。

于是,康德找到了判断力、审美判断力、艺术作为一种中介、一座桥梁。这个反思判断力(包括审美判断力和目的论的判断力)"通过自然的合目的性概念而提供了自然概念和自由概念之间的中介性概念"⑤,它使得纯粹理论理性向纯粹实践理性以及自然向

① (德)康德:《判断力批判》,邓晓芒译,人民出版社2002年版,第202页。
② (德)康德:《判断力批判》,邓晓芒译,人民出版社2002年版,第200页。
③ (德)康德:《判断力批判》,邓晓芒译,人民出版社2002年版,第31页。
④ 杨祖陶、邓晓芒编译:《康德三大批判精粹》,人民出版社2001年版,第399页。
⑤ (德)康德:《判断力批判》,邓晓芒译,人民出版社2002年版,第31页。

第四章 比较学视域下的赫勒美学思想

161

自由的过渡成为可能。康德对这座桥梁的分析是从审美判断力入手的,但其思想可追溯到早期的论文《论优美感和崇高感》,康德在这篇论文与后来的《判断力批判》中对美和崇高进行了分析。

康德认为,人天生就有鉴赏判断的能力,即"评判美的能力",他从四个方面对美作出规定:第一,在质的方面,鉴赏和美是无利害的愉悦;第二,在量的方面,美是无概念的普遍愉快;第三,在关系方面,美具有无目的合目的性;第四,在模态上,美是无概念的普遍必然性愉快。在分析了美之后,康德把目光转向了崇高,因为在他看来,崇高更接近于道德。康德对崇高进行了区分,即恐怖的崇高、高贵的崇高和华丽的崇高,或数学的崇高和力学的崇高。他仔细探讨了崇高和道德的关系,"实际上,对自然界的崇高的情感没有一种内心的与道德情感类似的情绪与之相结合,是不太能够设想的;虽然对自然的美的直接的愉快同样也以思维方式的某种自由性,即愉悦对单纯感官享受的独立性为前提,并对此加以培养,但由此所表现出来的毕竟更多的是在游戏中的自由,而不是在合法的事务之下的自由,后者是人类德性的真正性状,是理性必须对感性施加强制力的地方;只是在对崇高的审美判断中这种强制力被表象为通过作为理性之工具的想象力本身来施行的"①。

从美到崇高的过渡,是认识向道德、自然向自由过渡在审美领域的表现。康德对美和崇高的分析,凝结了一个命题,即"美是道德的象征"。他说:"真正的德行只能是植根于原则之上,这些原则越是普遍,则它们也就越崇高和越高贵。这些原则不是思辨的规律而是一种感觉的意识,它就活在每个人的胸中……如果我说它就是对人性之美和价值的感觉,那么我就概括了它的全部……唯有当一个人使自己的品性服从于如此广博的品性的时候,我们善良的动机才能成比例地加以运用,并且会完成成其为德行美的那种高贵的形态。"②可见,最高的美乃是与善相结合、相统一的美,最高的善亦是如此。"美,说到最后……是一种道德美而不是什么别的。"③

在道德与美的关系上,赫勒采取了与康德相同的立场。在康

①　(德)康德:《判断力批判》,邓晓芒译,人民出版社 2002 年版,第 389 页。
②　(德)康德:《论优美感和崇高感》,何兆武译,商务印书馆 2001 年版,第 14 页。
③　(德)康德:《论优美感和崇高感》,何兆武译,商务印书馆 2001 年版,"译序"第 11 页。

德美学中,美是一种"象征",道德的"象征",这预示着美的功能,也显示了美的界限。因此,赫勒提出"美是伦理学的花冠"。与康德类似,"花冠"在此可被理解为一种"象征"、一种"形式",即美是形式,伦理学是内容。人们通过外在的美的形式,达到更高的道德的目的。在赫勒看来,美学不能取代伦理学,它只是伦理学的花冠。正如赫勒所说:"人们能够粗鲁地做正确的事情,也能够优美地优雅地完成正确的事情。"①当我们帮助别人的时候,当我们馈赠或收到一份礼物的时刻,我们如何去做,这不是"漠不关心的"。机智而适时地赠送礼物,注意不要触犯他人的情感,这不仅是一个具有道德意义的道德问题,更关乎美的问题。它们不仅体现了"是什么",而且关涉"怎么样"。这里有空洞的仪式,然而也有充满意义的礼仪。"它们是我们行为的形式。更进一步说,这里有'美的'个性,也有'崇高'的性格。"②美的或崇高的性格带给我们的不仅是道德上的满足,更有感觉或心灵的愉快。"道德判断本身就具有审美的因素,因为感觉是构成好的道德判断的一个条件。"③我们对待他人的情感和情绪也是审美地形成的。

从美是伦理学的花冠这一立场出发,赫勒塑造了以"美的性格"为代表的道德美学的理想个性。这一点与康德不同,康德更加欣赏崇高的性格,而赫勒尽管认同崇高的性格仍然是现代人的理想性格,但是拥有崇高的个性的人容易成为忧郁的人。在赫勒看来,崇高的人正直、正义、伟大、权重,但是这种性格容易给自身带来痛苦,不能获得普通意义上的幸福。而美的性格是一种和谐的性格,这种和谐的性格能够在行动中提供一种形式的美,从而达到道德的目的。"然而对于康德,正是美而不是崇高提供了道德的象征,正如赫勒所观察到的,美不用受到审判就指向了道德律。"④它提供了人与人交往的可能性,这种社会的、分享的和交往的快乐加

①　傅其林、(匈)阿格妮丝·赫勒:《布达佩斯学派美学——阿格妮丝·赫勒访谈录》,载《东方丛刊》2007 年第 4 期。

②　Fu Qilin,*On Budapest School Aesthetics*:*An Interview with Agnes Heller*,In *Thesis Eleven*,2008,(94).

③　Fu Qilin,*On Budapest School Aesthetics*:*An Interview with Agnes Heller*,In *Thesis Eleven*,2008,(94).

④　David Roberts,*Between Home and World*:*Agnes Heller's the Concept of the Beautiful*,In *Thesis Eleven*,1999,(vol. 59).

第四章　比较学视域下的赫勒美学思想

163

强了人类间的共通感,实现了赫勒的"交往的共和国",即赫勒所称的"新的道德的"世界,激进乌托邦的理想。这个"理想的交往社会",是民主观念的实现,而且这个未来社会的道德承认并充分满足人们的各种需要,最终马克思的人类的最高价值在这里体现,个体与类实现了统一,类的物理的、心理的和精神的能力的发展同时是个性和个体的物理的、心理的和精神能力的运用和发展。①

其次,道德审美人类学是赫勒与康德道德美学的共同目标,他们都试图在生存与自由的关系中思考美学。康德的"美是道德的象征",不仅是《判断力批判》的主旨,而且体现了康德一生思想体系的建构理想:审美的最终归宿是走向道德,人类通过审美会由自然走向自由。可以说,美与道德的统一是康德毕生的祈盼,从早期的《论优美感和崇高感》到《判断力批判》,再到晚年的《实用人类学》,都渗透了康德对美的、道德的人生的追求,都体现了康德对人的存在和使命的关注。康德认为,在自然向人生成的历史长河中,在人由自然走向自由的过程中,审美只是一种过渡,人的最终目标和最高境界是道德境界,是形成文化的、道德的人。审美的最终目的服务于道德的目的,最终为实现自由的人、实现人的解放奠定基础。

康德关于鉴赏判断的四个契机都是围绕着人的自由而阐述的。第一个契机特别强调美的无利害,因为在美、快适和善三种能让人产生愉悦的对象中,唯有"对美的鉴赏的愉悦才是一种无利害的和自由的愉悦",这里康德把无利害同"自由"联系起来。第二个契机中,美是无概念地作为一个普遍愉悦的客体被设想的,这里康德认为既然美的愉悦是无利害的,所以没有其他的利害关系会阻碍它成为他人共享的愉悦。第三个和第四个契机,美具有无目的合目的性以及美是无概念的普遍必然性愉快,是从自由情感的普遍性方面来规定鉴赏力的。鉴赏这种主观感性的愉悦何以可能而又是普遍的呢? 康德的先验哲学向我们揭示了这种可能性,即人们先天具有的共通感。它可以使我们的鉴赏愉悦超出个人的感觉和判断,扩展到全人类。在这里,"康德立足于人类学的高度,紧紧

① Agnes Heller, Trans. James Wickham, *Radical Philosophy*, Basil Blackwell, 1984, pp. 156 – 175.

地抓住了审美过程中人类'共同情感'这个带有本质意义的事实"①，由此，人们发现通过审美愉快可以发现自己是自由的，它因而指向了人类本性当中共同的、普遍的东西。同时，康德通过崇高与道德的关系的论述，向人们启示了自由的道德性，崇高感本身就内在于人的本性中。

但是这种个人的愉快感、自由感又是如何具有普遍性呢？康德在人的审美心理上寻找到了人的社会性的"共通感"，即一个共同感觉的理念。它能够"在自己的反思中（先天地）考虑到每个别人在思维中的表象方式，以便把自己的判断仿佛依凭着全部人类理性……通过我们只是从那些偶然与我们自己的评判相联系的局限性中摆脱出来，而置身于每个别人的地位"②。正是这种共通感，使人的审美判断具有普遍有效性，但这种普遍有效性又是如何在人类中普遍传达的呢？康德又在人类的审美经验事实和艺术中寻找审美判断和审美愉快普遍传达的途径。在康德看来，人的情感以及对自由的认识要想获得普遍传达的有效性，除了具备先天的普遍的"共通感"外，还应该有一种经验的、现实的传达手段——艺术。正是艺术传达着人们共同的心灵的感悟。在艺术与审美经验中，人意识到自己作为普遍性自由的存在，从而意识到自由的道德必然性，最终走向道德的人。由此，康德完成了道德审美人类学的最终目的：人是整个世界最高的目的。

赫勒的道德美学立场来源于对文艺复兴时期人类条件的想象。她在《文艺复兴时期的人》中对文艺复兴时期的社会、文化、艺术、政治等状况进行了考察。在她看来，美的理想是文艺复兴日常生活的不可缺少的一部分。那时，只要城市共和国能够通过形成道德习俗并规范人类行为，美就不需要成为一种理想的抽象表达。但是，随着城市共和国的衰落，产生了一种多样化和个体化的需要，人们的道德、伦理、美与自由的观念呈现出与传统社会不同的特点。对美的理想的社会构成的新现代解读成为驱使赫勒道德人类学思考的动力。应该说，赫勒的道德审美人类学是对现代性困惑和挑战的思索。她承认，人的类存在展现的每一时刻都是个体、

———————

① 邓晓芒：《论康德〈判断力批判〉的先验人类学建构》，"（德）康德：《判断力批判》，邓晓芒译"，人民出版社 2002 年版，第 387～388 页。

② （德）康德：《判断力批判》，邓晓芒译，人民出版社 2002 年版，第 135～136 页。

阶级、民族和种族异化的时刻,但是文艺复兴确实缩小了类的发展与个体潜力的差异,而且文艺复兴时期个人主义也不像现代自我中心主义那样带有病态的特点。于是,赫勒试图在古代理论的生存智慧中找到现代价值生长的契合点。

赫勒从道德审美人类学的视角对现代价值、自由进行了重构,建立了适应现代生活的个性伦理学。在《个性伦理学》中,赫勒对罗莎·卢森堡个性伦理的简单描述体现了她对崇高的看法。卢森堡是道德崇高的典型,但却是一种悲剧性的崇高,在赫勒看来,苏格拉底、浮士德、卢森堡都是悲剧价值的典范,这里她暗示了一种对悲剧价值的间接的强调。尽管她提出美的个性是理想的性格,但她对崇高的性格的分析也展现了她对崇高的热爱,只不过崇高的个性不会获得普通大众意义上的幸福,会过痛苦的一生。但她还是含蓄地提出了一种悲剧的视角,价值概念本身应该显示出与悲剧命运的一致性,这是一种个人的存在性选择。马里奥·康斯坦丁诺(Marios Constantinou)认为,"正是赫勒的悲剧价值视角——与后现代构成主义的悲剧立场或怀旧情绪不同——决定了她的道德人类学,在她看来,崇高的美的性格不是悲剧性的"[1]。

于是,在赫勒对美与道德的关系的论述中,在对美与崇高的生存选择中,我们可以看出,赫勒通过外在的美的形式,建立了以自由为目的的道德美学个性。她对美的性格的阐述是同自由、道德、价值、生存联系在一起的,她吸取了古代的智慧,认为美的性格就是和谐的性格,而和谐的性格是"许多种或者甚至说所有种不同的开放性和自由的并存"[2]。同时,"自由是美的一个有机的因素,但是作为自由的选择,它也是一个道德事件"[3]。康斯坦丁诺极为赞赏赫勒的审美人类学建构,"比较而言,赫勒对道德承诺的美学的强调,最重要的是,她根据自由的和谐的协调来理解美,暗示了对现代性的宇宙视域的重新发现。通过把和谐设想成为完美的存在

---

① Marios Constantinou, *Agnes Heller's Ecce Homo: A Neomodern Vision of Moral Anthropology*, In *Thesis Eleven*, 1999, (vol. 59).

② Agnes Heller, *An Ethics of Personality*, Basil Blackwell, 1996, p. 240.

③ Agnes Heller, *The Beauty of Friendship*, In *The South Atlantic Quarterly*, 1998, (vol. 97).

的花冠,赫勒对个性伦理学进行宇宙论的重塑"①。

可以说,赫勒的道德美学是基于对人的存在状况与现代日常生活危机的认识,她试图在日常生活中解决生活和自由的问题。正如她自己所言:"我不用普遍的箴言开始我的讨论;相反,我选择跟随正派的人的生活方式。正派的人,同我们其他人一样,在日常生活中开始他们的生活。更确切地说,他们首先在基本的日常决定中区分正确和错误。"②由于对现代性的否定,道德人类学把自己的命运指向了生活世界的人文主义的社会可能性,在那里,能够产生出个体真理与自由的美,那里可以作为真实存在的预设。康斯坦丁诺认为,赫勒的道德美学应该被视为一种试图修正在康德著作中明显反思的现代性人类学。③ 因此,在某种意义上,赫勒已经用道德美学与敏锐的意识来调和现代性的人类学想象。赫勒植根于日常生活的道德美学个性的形成,应该说是对康德道德美学的发展。因为对于康德先验的道德人类学来说,自由概念在感性世界的显现要想变成现实,必须有经验的参与。在赫勒看来,美向日常生活总体的扩展体现了一种文化价值,而这恰恰是超验的康德美学所不具有的。"对康德来说,艺术不是'日常'意义上的判断对象,艺术也没有'日常'的效用。"④

赫勒认为,艺术品的价值不在于它的"有用性",而在于它具有某种唤醒人的美的力量的东西。就这一点来说,赫勒沿袭了康德的"审美无功利"思想,但赫勒比康德更进步的是,她认为,任何种类的美,只要超越直接的功利范畴,只要"超越利益",它就直接参与艺术。具有功用性对象的美,尽管它并不必然地与类本质价值的理念化相连,但只要与类本质的价值相连,"就可以通过唤醒感性快乐的情感而超越实用主义"⑤,因为美同日常生活一样都是异

---

① Marios Constantinou, *Agnes Heller's Ecce Homo:A Neomodern Vision of Moral Anthropology*, In *Thesis Eleven*, 1999, (vol. 59).

② Agnes Heller, *A Philosophy of Morals*, Basil Blackwell Ltd, 1990, p. 39.

③ 参见 Marios Constantinou, *Agnes Heller's Ecce Homo:A Neomodern Vision of Moral Anthropology*, In *Thesis Eleven*, 1999, (vol. 59)。

④ 转引自冯宪光、傅其林:《审美人类学的形成及其在中国的现状与出路》,载《广西民族学院学报(哲学社会科学版)》2004年第5期。

⑤ (匈)阿格妮丝·赫勒:《日常生活》,衣俊卿译,重庆出版社1990年版,第118页。

第四章 比较学视域下的赫勒美学思想

质的,所以,我们同这种美的关系不具有我们同类本质价值一样的自觉关系。正如"美即生活"理论的代表车尔尼雪夫斯基认为的,农民不把田地里的麦子视为美,而把麦田视作美,原因在于小麦对他来说是"有用的",体验到麦田的美则是一个超越功利性的附加物,这样实用主义被超越了。所以,在赫勒看来,这种美不是一个"无利益"的问题,而是"超越利益"的问题,因为这里人把社会—类的价值投射到自然之上了。所以,一位画家认为麦田美,不是因为它好画;城里人认为麦田美,可能是由于它体现了与城市交通杂乱、喧闹相对比的宁静与和平。

在日常生活中,美使人们走向了道德。赫勒的道德美学把康德超验的道德美学拉回到了人们生活的世界,保障了共通感的共和国的实现,正如罗伯茨所认为的,"如果审美判断力与理解力和理性相比,不拥有自己的领域,如果它保持着超验的地位,那么它就不能够提供通向主体间性的共同领域的桥梁。'反思判断力的社会的、共同分享的和共有的特点以及它的快乐'打通了被赫勒称为康德的超验的政治人类学,自由、平等和博爱的共和国"①。

最后,赫勒美学与康德美学的不同之处在于,赫勒道德美学是在差异性范畴下选择的,更多的是个体的伦理,而康德却是在普遍性范畴下所作的选择,具有一种普遍的道德律令。我们可以从"美是伦理学的花冠"与"美是道德的象征"这两个命题看出其中的不同:康德的道德注重的是普遍性的道德,而赫勒关注的则是个体的伦理。正如我们前面提到的,普遍性范畴下所作的选择是一种基本的道德选择,是选择自己作为一个道德的人。而差异性范畴下所作的选择就是服务于个性伦理的模型,这里单个人不选择自己作为体面的人,而是选择自己作为某一种职业的人,或者哲学家或者诗人等等。但是现代人应该做哪一种选择呢?

赫勒认为,康德的普遍律令强调了对他者的责任,是对他者命令和要求的回答。在赫勒看来,康德的道德律令不能满足一种纯粹的个性伦理。在纯粹的个性伦理中,一个人不能把自己的行为或决定屈从于任何标准,甚至是普遍的道德法则。康德的道德哲

---

① Marios Constantinou,*Agnes Heller's Ecce Homo*:*A Neomodern Vision of Moral Anthropology*, In *Thesis Eleven*,1999,(vol.59).

学只是一种形式,因为它先验地为人性设定了一种普遍遵守的道德法则,追求完美的存在方式,这在现代多元主义价值体系下是不可行的,或者即使在传统社会,也不是每个人都能够按照普遍的道德法则行事的。道德选择情境并不是"非此即彼"的,常常是二难困境的,此时康德的普遍道德律令不能给我们任何指引。

如萨特在《存在主义是一种人道主义》中所举的那个学生的例子,他或者陪伴在母亲身边使她坚强地活下去,或者参军为哥哥报仇,但是"不管他乞助于任何道德体系,康德的或者任何一个人的体系,他都找不到一点点可以作为向导的东西;他只有自己发明一法"①。正如赫勒所指出的,康德的绝对律令"是所有他者对你的要求,因为在我们看来,人类不仅包括所有曾经活着的人,也包括现在活着的人,还包括没有出生的人。但是这个道德律令并不能充分地引导我们。因为它只是一种箴言的选择,而不是我们应该采取的行动,我们不可能回答所有可能的他者的命令;在行动上我们不能"②。

康德有关道德的绝对命令在伊格尔顿、尼采、福柯等后现代哲学家、美学家看来,其伦理道德是高度的形式主义的,其道德主体是一元的、普遍性的,是必然要被抛弃而以美学主体来代替的。伊格尔顿曾说:"康德的道德法则是一尊原始偶像;因此,道德法则并不是人类统一的坚实基础,这恰好表明了其意识形态的贫乏……人们需要'在主体性的基础上促进个体间的统一',但政治和道德都无法满足这种需要,美学却能满足这种需要。如果说美学是存在的重要标志,这部分地是源于道德和政治领域的具体化的、抽象的、个人主义的本质。"③但是赫勒在这一点上与这些后现代思想家是截然不同的,她没有放弃康德的道德美学观点,而是吸收了康德的审美文化观,并对当代道德美学的发展提出了建构。

赫勒认为,一个单个的个人可以在普遍性范畴下选择自己,也可以在差异性范畴下选择自己,然而有一种甚至只有一种选择是

① (法)让-保罗·萨特:《存在主义是一种人道主义》,周煦良等译,上海译文出版社 2005 年版,第 26 页。

② Agnes Heller, *An Ethics of Personality*, Blackwell Publishers Ltd, 1996, p. 4.

③ (英)特里·伊格尔顿:《审美意识形态》,王杰等译,广西师范大学出版社 2001年版,第 75 页。

最基本的选择。立足于现代的多元主义价值观,赫勒在伟大的传统叙事中找到了更多的美的主题:个人的独特的美的体验、自然之美、友谊之美、艺术创造之美、生活形式之美等等多种美的维度。康斯坦丁诺认为,"阿格妮丝·赫勒的道德美学极为重视自我形成的维度,完全按照个体存在选择的情感强度来决定,而不是由社会环境或遗传天赋来决定。她的指导原则是:在个人的能力中发展道德资质的存在选择是自己的选择"[1]。可见,赫勒极为强调个体选择对于现代人生存和自由的意义,强调了个体化、多元化的利益和价值。赫勒的道德美学是适合现代背景的,她对于道德美学的解释学想象抵制了普遍主义的范畴。

尽管赫勒的道德美学思想关注于个体的感受、个体的态度,剔除了普遍性因素,但是赫勒认为,现代人只有个性伦理学是不够的,必须有道德哲学。在《个性伦理学》中,赫勒用学生约希姆的口吻表达了自己的看法,"如果我们拒绝了康德的道德哲学,而沉湎于一种个性伦理学,我们就会失去一切,我们不能区分好与坏、善与恶。如果我预见到康德的死亡、预测到道德律将分享老上帝的命运,那么我会万分感谢我不可能生活在下个世纪。我比过去更加恐惧未来"[2]。在赫勒看来,一种个性伦理是冒险的,因为在行动上它更多地从个人的角度思考问题,相比之下,"普通伦理学或道德哲学,比如说康德的道德哲学,根本就不存在冒险"[3]。所以,尽管康德的道德性具有强烈的形式主义特征,但是赫勒保留了绝对命令的存在,并把它作为一种普遍有效的道德标准,因为他的人类学和道德美学的探索使得自然和自由的调节成为可能。

二、作为"文化话语"的文化:对康德交谈文化的重新建构

赫勒对康德文化哲学的引入,是以对现代文化的观察为前提的。她认为,现代文化的血脉传递着 20 世纪邪恶的病毒。现代文化是邪恶的化身,虽然这并不意味着现代文化产生了邪恶,但是她认为,"奥斯维辛的罪恶(和古拉格的罪恶)是在现代打造的恶的篓

① Marios Constantinou, *Agnes Heller's Ecce Homo: A Neomodern Vision of Moral Anthropology*, In *Thesis Eleven*, 1999, (vol. 59).

② Agnes Heller, *An Ethics of Personality*, Blackwell Publishers Ltd, 1996, p. 104.

③ Agnes Heller, *An Ethics of Personality*, Blackwell Publishers Ltd, 1996, p. 265.

言的指导下犯下的罪行"①。而这种状况既可以从康德所区分的文化中得到解释,也可以在那里寻求反对恶的箴言的力量。

在康德看来,文化是自然的最终目标,因为文化使得人类这种有理性的生物实现自己设定的每一个可能的目标和目的。这种目标可以是好的,也可以是坏的。康德在《判断力批判》中把文化领域划分为两个主要的分支,一种是熟巧,一种是意志的训练,但是他认为,"并不是任何文化都足以成为自然的这个最后目的"②。就仅仅是熟练技巧的实践而言,它间接地导致了恶的领域的出现。因为,作为一种劳动技能,它虽能使人实现一种主观的目的,但它并不能完全让我们摆脱动物性欲望的专制,最后"由于这种专制,我们依附于某些自然物,而使我们没有自己作选择的能力,因为我们让本能冲动充当了我们的枷锁"③,因此,它本身并没有完全超出自然规律的控制,也没有促进自己的自由意志。

在没有意志训练文化的陪伴和限制下,技术技能、科学,有时甚至艺术成为服务、满足于人类追求财富、名誉和权力的手段。这种借助于人类的不平等从人类中分化出来的文化,使绝大多数人生活在贫穷、苦难当中,而另一部分人处于享受的状态。随着社会的进步,文明的苦难在增加,一方面是来自于外来的暴行,另一方面是来自于内心的不满足。荣誉欲、自私欲、占有欲、统治欲充斥着人们的心灵,战争不断发生。对此,康德认为,只有在法制状态下,运用公民社会的整体中的合法的强制力才能对付交互冲突的自由所带来的损害,所以康德设想了一个"世界公民"的整体。而如何能达到这种教化的合目的性呢?康德认为,此时人类需要一种训练意志的文化,即"我们可以称之为管教(训练)的文化,它是否定性的,它在于把意志从欲望的专制中解放出来"④。在康德的思想中,法律和道德品质参与到文化中,为文化尤其是意志训练的文化提供了前提。

这里康德把人性的转变转向了艺术和审美,转向了预设审美共通感的判断力。他说,"美的艺术和科学通过某种可以普遍传达

① Agnes Heller, *A Philosophy of History in Fragments*, Blackwell, 1993, p. 139.
② (德)康德:《判断力批判》,邓晓芒译,人民出版社 2002 年版,第 287 页。
③ (德)康德:《判断力批判》,邓晓芒译,人民出版社 2002 年版,第 287 页。
④ (德)康德:《判断力批判》,邓晓芒译,人民出版社 2002 年版,第 287 页。

的愉快,通过在社交方面的调教和文雅化,即使没有使人类有道德上的改进,但却使他们有礼貌,从而对感官偏好的专制高奏凯旋,并由此使人类对一个只有理性才应当有权力施行的统治作好了准备"①。所以,赫勒认为,与法哲学和道德哲学相反,康德的"文化哲学(包括历史哲学和政治哲学)不能在哲学体系的框架下被讨论;它唯独属于批判体系,尤其属于判断力批判,并且属于实用人类学"②。因为在那里,康德不是谈超验的主体而是谈到了共通感,不是讨论法律而是讨论目的和想象,不是讲责任而是谈到了趣味和礼仪(savior vivre),所有这些表达的就是"人性"(humanitaet)。可见,赫勒在康德那里找到了人性改变的前提和条件,即通过审美共通感和交往话语的实现。

首先,"午餐文化"是康德交谈文化的象征。康德从实用的目的来考察人类学,把世界知识做了精妙的区分,他说:"认识世界与拥有世界在意义上是相距甚远的,因为前者只是理解他所旁观到的过程,后者却参与了这一过程。"③赫勒认为,康德的这一思想事实上把人类居住的世界比作了"人类的剧院",我们都是其中的演员和观众。观众认识世界,演员拥有世界,而一场交谈的演讲者是前两者态度的综合。所以,社会存在的人类可以划分成不同的形式和水平。第一种水平是演员,第二种水平是观众,第三种水平是一种群体,他们以一种平等的交谈形式参与到演讲行为当中。康德极为重视观众和演说者的态度,因为在那里,人们服从于道德律是真实的事情,而在演员的剧情中,对道德律的接受不是真实的事情,只是真实东西的影像。

康德注意到了从演员态度到观众态度的转变。比如,康德在纯粹审美判断的演绎中,重点强调了人的社会性,尤其是强调了主体体验和情感的交流。与此相反,在讨论美的智力趣味时,他指出了孤独者的形象,独处者不能与他人分享他的情感,这里康德强调了审美兴趣的非社会性倾向。所以,康德认为崇高性显示了一种观众的态度,在道德的善这方面,崇高是优于优美的。尽管如此,

---

① (德)康德:《判断力批判》,邓晓芒译,人民出版社2002年版,第289页。

② Agnes Heller,*A Philosophy of History in Fragments*,Blackwell,1993,p.140.

③ (德)康德:《实用人类学》,邓晓芒译,上海人民出版社2005年版,"前言"第2页。

各种审美判断都是交往的基础和前提。正如赫勒所说,在康德那里,"审美判断力作为交往、作为社会的社会性的工具,把观众和演员的态度结合起来"①。

对于康德来说,非社会的社会性是人性的二律背反,是自然与自由的独特的结合。② 人们伤害他们的同胞,烧杀抢掠,使他们工具化等等,只是为了赢得一种尊敬、自尊和承认。所以,康德认为需要一个法制的共和国来遏制非社会的社会性。在康德看来,人性的转变,即社会的社会性的构建,需要一种语言游戏的激进的转变,即从个人主义语言转变为多元主义的语言。康德在《实用人类学》中区分了三种个人主义的现象③,有逻辑的个人主义、审美的个人主义和道德个人主义。逻辑个人主义忽视他人的观点、意见、判断,审美个人主义对他人的趣味漠不关心,道德个人主义只关注自己的利益和幸福。康德主张多元主义,逻辑的多元主义对他人的观点是非工具化的。作为社会的社会性的文化的人性具有高雅的特质,同时是多元主义的。

审美的多元主义立场来自于普遍的审美共通感。康德谈到了共通感的三个准则:自己思维;在别人的立场上思维;坚持自己思维的一致性。④ 而这恰恰为交往话语提供了可能。所以,赫勒认为,康德在《实用人类学》中"展现了一种演讲行为理论的草图,事情发展越来越清晰地显现,社会的社会性文化属于现代"⑤。在现代,自由的理想、政治的平等要求多元主义用他者的思想思考问题。人性的转变在审美判断力的光芒下闪烁出希望之光,它使得人与人之间的交往成为可能,美好的社会在那里显现。正如赫勒所说,"在熟巧文化为无拘无束的野蛮的强烈欲望提供滋养的地方,并且这些欲望常常被快速增长的需要的扩张加强的地方,意志

---

① Agnes Heller,*A Philosophy of History in Fragments*,Blackwell,1993,p. 145.
② 康德对非社会的社会性的详细阐述体现在他的《世界公民观点下的普遍历史观念》中,康德认为人的非社会的社会性就是人的对抗性,即人的本性。正是对抗性推动了文明的进步,但由于人是一个动物这一事实,使得人必然滥用自己的权力,所以,人必须有宪法、法律,有国家、国际联盟等。那里,康德设想了未来的世界公民的共和国。参见(德)康德:《历史理性批判文集》,何兆武译,商务印书馆1990年版。
③ (德)康德:《实用人类学》,邓晓芒译,上海人民出版社2005年版,第5~9页。
④ (德)康德:《判断力批判》,邓晓芒译,人民出版社2002年版,第136页。
⑤ Agnes Heller,*A Philosophy of History in Fragments*,Blackwell,1993,p. 147.

训练的文化也能要求一种前所未有的高雅——在自由和平等的人们的交流/交谈中,并通过交流/交谈①。

在康德所设想的人类共通感的基础上,康德提供并实践了一种交往话语的范例,即康德的"午餐邀请"。康德每天都与他的朋友享受着宴会给他们带来的交往的愉悦。康德认为,美餐是社交娱乐的载体,好的宴会是高标准的交谈的条件。从宴会开始到结束,康德始终强调了一种普遍性,一种普遍有效性。这意味着尽管宴会上的客人有不同的食物品味,对交谈的贡献也有区分,但对每一个参与者来说,宴会都是一个很好的美餐,同时是很好的交谈场所。食物的不同吸引着不同的口味,这里不要求客人的普遍适用性,它只是对东道主的要求,宴会主人要把"他的宴会安排得多种多样,也就是让每个人的感官找到一些合适的东西,这就可以充作一种相对的普遍适用性"②。在食物和人员的选择上体现了东道主的感性鉴赏力,同时,每个参与者都需要对他者的理性、知性和趣味有所贡献,这样才能保证好的交谈的产生。

对此,赫勒曾评价道:"康德所称的判断的绝对普遍有效性是通过不同性体现的普遍性,或更进一步说,是不同性中体现的普遍性。不完全排除在一个或另一个具体的主题上达到'共识',但并不要求如此。在讨论的幌子下要求在每一个主题上达到共识,会改变讨论的灵魂。"③这事实上就是康德在《实用人类学》和《判断力批判》中曾多次谈到的审美判断的多元主义特征问题。赫勒认为,宣称"X是美的"这个判断,在康德那里有两种解释。毫无疑问,当某人说"X是美的",这个判断具有一种普遍有效性。也就是说,它不仅对我来说是美的,对每个人都是美的。这是一种多元主义的思考方式,用"我"说出了"我们"的语言。但是如果在较好的同伴中,一个人说"X是美的",而另一个则说相当丑,那么就会使他们处于一种判断冲突的状态中,这时多元主义要求他们相互尊重对方的判断,尽管他们都声称普遍有效性。在交谈中要注意对他者判断的尊重,要保证每个人都以自由的立场参与到讨论中。

① Agnes Heller, *A Philosophy of History in Fragments*, Blackwell, 1993, pp. 147 – 148.

② (德)康德:《实用人类学》,邓晓芒译,上海人民出版社 2005 年版,第 152～153 页。

③ Agnes Heller, *A Philosophy of History in Fragments*, Blackwell, 1993, p. 149.

所以,一个高标准的交谈要有三个标准,即自律、多元主义和思想的自由。

在康德看来,举办宴会之前,主人和客人都要遵守在交往中公开交流自己思想的自由的几项限制条件。① 第一,主人应该邀请有品位的人们,当然包括女人。"如果我邀请那些鉴赏力纯正(在审美上协调)的先生们举行一次宴会,因而这些人不光是想在一起吃一顿,而是要享受一下相互在一起的乐趣。"第二,每个参与者都必须有与他人共享思想的意图。"谈话的趣味必须总是伴有一个人时刻与所有的人(不光是他的邻座)说话的那种素养。反之,所谓节日的狂宴(大吃大喝,饱餐一顿)却是完全不讲趣味的。"第三,参与者的数量必须适合。"为了让谈话不成为枯燥,甚至被分裂成与邻座互不相干的一些小集团","所以他们的数目不能大大超过美惠三女神之数"。②

除了提出午餐文化的几项限制之外,康德认为,围坐在餐桌旁,优雅地享受聚会的快乐的交谈,一般都要经历三个阶段。第一是讲述,第二是嘲骂,第三是戏谑。③ 讲述是政治信息的交换,这来源于私人通信和报纸的新闻,当然就现代而言,信息途径会更多。这引起了人们的谈话的兴致,提升了谈话的水平,它鼓励人们表达自己的观点和判断,人们因意见和判断的不同而发生争论,宴会变得更加热烈。最后,过于热烈的讨论和玄想消耗了人们太多的体力和精力,人们变得疲惫了,话题也变得轻松了,"谈话自然而然地就降到仅仅是开玩笑的游戏上来,这一方面也使在场的太太们高兴"④。通过笑话,妇女们可以展示自己的优越性,聚餐以大笑结束。

赫勒认为,聚餐的第二个阶段是最关键的。因为正是在这个阶段,判断、趣味和意见开始冲突,人们开始争论。在争论的过程中,理性说服了参与者,形成了对事物真理的认识,能够形成对必

---

① 参见(德)康德:《实用人类学》,邓晓芒译,上海人民出版社2005年版,第199~200页。
② (德)康德:《实用人类学》,邓晓芒译,上海人民出版社2005年版,第199页。
③ 参见(德)康德:《实用人类学》,邓晓芒译,上海人民出版社2005年版,第201页。
④ (德)康德:《实用人类学》,邓晓芒译,上海人民出版社2005年版,第201页。

然性的共识,而且,"在争论中,人们不会把彼此工具化"①。人们在形成一种普遍有效性的话语的同时,在冲突中获得了道德、审美和智力的利益,增加了自己趣味的优雅感,深化了判断,学习了新的知识,同时学会了关注他者,发展了多元主义的态度。

当然,在加入宴会讨论之前,客人们必须了解活跃的讨论会的四个基本规则。② 第一,讨论的主题必须保证每个人都能够参与。要选择一个大家都感兴趣,并总能引起他人做适当补充的话题。第二,对讨论的间歇时间有严格的限制。谈话中的间歇时间要短,不能出现死一样的沉默,这不利于讨论的继续进行。第三,主题的转变不能太快。如果没有必要,不要改变话题。康德把聚餐比喻成一场戏剧,认为宴会结束时,人们的心情同看完戏剧一样,会沉浸在对话题的回忆当中,如果此时转变话题,人们很难快速适应,而且心绪会很凌乱。而且,在话题过渡的时候,要以让人难以察觉的方式引入交谈。第四,要尽量避免严肃的争吵。防止自己和朋友的固执己见发生并继续下去,要控制自己的情绪,表现出相互尊重和友爱。要注意谈话的声调,不能大叫大嚷,也不能傲慢自大,这在康德看来是最重要的,是人类交往最基本的姿态。"抛弃了优雅,它们就不可能有资格谈人道。"③

我们可以看到,通过康德的午餐文化,人们训练了自己的意志,抵制着人的自私给人类带来的祸害,午餐文化作为意志训练文化的一种样式召唤着、坚定着并且提升着人类的灵魂,使人类适应于更高的目的。所以,赫勒认为,康德的午餐文化是我们相信自由与自然的最终统一。"我们的午餐与法国大革命象征着相同的诺言。"④

其次,作为"文化话语"的文化是解决现代性困境的动力载体。赫勒在《现代性理论》中对现代文化的悖论进行了探讨,她讨论了三种文化,即高级文化的文化、作为话语的文化和人类学的文化。赫勒认为,高级文化的文化概念导致了趣味标准的悖论。随后,赫

① Agnes Heller, *A Philosophy of History in Fragments*, Blackwell, 1993, p. 153.
② 参见(德)康德:《实用人类学》,邓晓芒译,上海人民出版社 2005 年版,第202 页。
③ (德)康德:《实用人类学》,邓晓芒译,上海人民出版社 2005 年版,第203 页。
④ Agnes Heller, *A Philosophy of History in Fragments*, Blackwell, 1993, p. 155.

作为文化批判的审美——赫勒美学思想研究

勒又简单地谈及了第三种文化概念。她认为,人类学的文化概念包含所有被人们称为文化的生活方式,它强调了民主平等概念的最大外延,而正因为如此,它也导致了悖论的出现。

基于人类学的文化概念,每一种文化都是独特的、个别的、唯一的,每一种文化都与其他的文化平等,不能同其他文化相比较。一种文化作为一个整体从性质上是不能与他种文化相比较的,但是文化的平等是一个量的范畴,所以,不能因为各种文化不能比较就说它们具有同等的价值。因为如果你承认每一种文化都具有同等的价值的话,你也就必须承认下列事实:没有哪一种文化会比其他文化具有更高级或更低级的道德,或者所有文化对真理性的要求都是等同的。这会导致一种结果,"差异被理解成无差别的多元主义"①。

赫勒认为,无论是高级文化的文化概念,还是人类学的文化概念,都导致一种悖论状况的发生,因此,她吸收了康德的"话语文化"作为解决现代性困境的途径,在她看来,作为"文化话语"的文化概念提供了能够避免文化悖论的哲学解读。我们认为,赫勒之所以选择康德的交谈文化作为解决文化悖论的途径,更重要的是因为交谈文化体现了赫勒一直所倡导和追求的民主、自由、平等和多元主义价值理想。

话语文化要求有积极的交谈趣味。参与者不必然是从事某一文化职业的人,而是对诗歌、绘画等有趣味的人。他们不一定非得成为文学家或者要求对艺术作品进行典型的阐释,只要他们能以文雅的方式、以文化的方式谈论一切事物。正如赫勒所说,"一个能够明智地谈论诗歌或绘画的人,在他的生活中,阅读、聆听和观赏高级文化的产品占据着最重要的地位"②。在交谈中,人们不带有任何利益目的,只是为了交换思想、交换观念,良好的交谈要有一种思想的交流。在这种心灵的碰撞中,在交谈的实践中,文雅的人被"创造"出来。这里,文化交谈强调一种交谈的兴趣,如果一个人每天都能欣赏美妙的音乐,但不能与他人交谈或不能听别人交

---

① (匈)阿格尼丝·赫勒:《现代性理论》,李瑞华译,商务印书馆 2005 年版,第 192～193 页。

② (匈)阿格尼丝·赫勒:《现代性理论》,李瑞华译,商务印书馆 2005 年版,第 180 页。

谈,也不能被称为文雅的人。所以,在足球比赛现场上关于进球问题的争吵不是交谈,而探讨比赛本身却可以是文化交谈。文化交谈是一场对话,平等的、民主的对话,具有反思和自我反思的特点。

正是由于文化交谈的民主性、自由性,文化交谈才不局限于某个个别专业或机构的圈子里,才能调动人们参与的兴趣,才能"削弱确定性,削弱强烈的信念,它们质疑、检验、探询,但它们也热情地捍卫和拥护"①。赫勒极为肯定文化作为现代性的动力的主要载体所发挥的作用。她认为,正是由于关于正义的论争不仅仅发生在政治机构中,关于真理的论争也不仅仅发生在校园中,启蒙运动才会如此迅速、成功地摧毁前现代大厦。它调动了各种文化圈子的讨论,这种热烈的、持续不断的讨论加速了现代性的步伐。赫勒之所以把话语文化作为现代性动力的主要载体,还在于话语文化深深地扎根于知识精英圈子的日常生活当中。正如我们前面谈到的康德的午餐文化,在日常生活当中人们习惯于交流各种批判的思想,就某些政治问题交换意见,"批评的文化(实际上是批评一切事物的文化)是文化话语必然的一个方面"②。

在话语文化当中,人们是自由的、机会均等的,同时又是尊重他人的。话语文化体现了道德性特征。文化交谈尊重个人的意愿和态度,参与者完全是自愿的,而且在讨论中,交谈的人们可以在任何时候在任何主题上改变自己的立场和态度。在交谈中,人们学会了尊重他者,人们悬置个人的利益、个人的情感,全身心地投入到交谈中来。每个人都从自己的理性出发思考问题,但同时也懂得倾听别人的信念。赫勒认为,"人类好生活和美德的统一只有在与他者的相互关系中才是可能的"③。所以,话语文化"存在着一种文雅交谈的伦理学"④。赫勒认为,作为高级文化的文化概念是不含有任何类型的伦理学的。因为,艺术作为一个独立的领域正

---

① (匈)阿格尼丝·赫勒:《现代性理论》,李瑞华译,商务印书馆 2005 年版,第 183 页。

② (匈)阿格尼丝·赫勒:《现代性理论》,李瑞华译,商务印书馆 2005 年版,第 182 页。

③ Agnes Heller, *A Philosophy of History in Fragments*, Blackwell, 1993, p. 150.

④ (匈)阿格尼丝·赫勒:《现代性理论》,李瑞华译,商务印书馆 2005 年版,第 184 页。

作为文化批判的审美——赫勒美学思想研究

178

是源于艺术的自律性,它要求摆脱道德、宗教和各种规范。艺术家和欣赏者可以不带任何道德条件去创造、阐释、阅读和"聆听"艺术作品,但文化话语却有自身的道德准则。

或许人们根据交谈文化应遵守的规则认为话语文化是"程序的"概念,但赫勒坚持认为,尽管话语文化有一些程序,但是不是形式的,而更多的是伦理的或道德的。参与讨论的人们需要悬置他们的个人情感和偏见,悬置他们私人的利益和怨恨,但是并不是说让他们消除掉这些,而是让他们脱离这些。交换意见时并不要求价值中立,但一定要无所遮掩地表露出个人的想法和观点。"如果一个人公开地宣布自己的偏好,并接受别的人公开地表白他们的(不同)偏好,就最好地避免了利益和欲望的合理化。"①由于忠实于交谈的伦理原则,人们提升了讨论的乐趣。不怀疑别人的动机,充分地尊重他者,并从正面价值接受别人的自我描述,这一切都给参与者带来兴趣和享受。正如赫勒所说:"我们享受到的是自由、平等和相互交换意见,如果没有人在游戏中搞鬼,我们就能得到最大的享受。"②

赫勒强调交换意见中所体现的平等原则。在她看来,交谈文化中意见的交换是自由的、相互的,而且每个人都有平等的参与机会。尽管人们的意见可能各有分歧,尽管在实际的交谈中每个人对讨论所做的贡献有所不同,但是机会是均等的。由于人们预先设定搁置日常的利益和自己的伦理偏见,所以"由机会均等所导致的分化不是令人痛苦的"③,实际说话的机会出现等级化也不会遭到人们的怨恨和妒忌,因为它并不影响个人的日常生活。所以,在赫勒看来,这种自由交换意见是"现代社会中唯一仍然未受商业化影响的精神交换"④。因为这种讨论的场所是发生在自己或朋友的寓所里,不像在报纸、电视等媒介交换意见,会受到媒体的引导而

① (匈)阿格尼丝·赫勒:《现代性理论》,李瑞华译,商务印书馆 2005 年版,第184 页。

② (匈)阿格尼丝·赫勒:《现代性理论》,李瑞华译,商务印书馆 2005 年版,第185 页。

③ (匈)阿格尼丝·赫勒:《现代性理论》,李瑞华译,商务印书馆 2005 年版,第185 页。

④ (匈)阿格尼丝·赫勒:《现代性理论》,李瑞华译,商务印书馆 2005 年版,第185 页。

使交换不平等、不自由、不民主。在话语文化中,人们仅仅以交谈为目的,每个人都是一个参与者,每个人都自觉地遵守话语的道德规则。这里没有商品化,"交换意见就像交换接吻、拥抱和美好言辞。它属于非市场化物品的范畴"①。

赫勒认为,这是话语文化现象与高低文化现象之间的重大区别,正因为话语文化避免了高级文化和低级文化的两极对立,避免了商业化、商品化,所以,它能够避免作为高级文化的文化概念和人类学的文化概念的悖论命运。所以,在现代文化困境中,赫勒发现了康德交谈文化的价值。康德在《实用人类学》中,把交谈文化称为"最高的道德——自然的善"②。他把午餐文化作为文化话语的主要模式。围坐在餐桌旁,人们一边享用主人准备的美食和美酒,一边在谈话和彼此尊重中获得快乐,在这里,审美、伦理、道德水平都得到了提升。赫勒发现了康德话语文化的启蒙之光,她充满激情地说:"让我们继续遵循康德的精神:在谈话中有尊严,因为谈话没有奖赏;文化交谈因此是社会合群性(social sociability)的表现形式。"③

最后,话语文化的局限性。在赫勒看来,康德的午餐文化虽然是现代性的动力,它确实为人性的改变提供了一种可能性和努力的方向,但是午餐文化自身存在着一种张力,即乌托邦现实与非乌托邦现实之间的张力。赫勒认为,"围坐在餐桌前的交谈既是真实的生活行为,也是不真实的行为,是一种影像",因为它"预设了餐桌上的高标准的交谈是最好的可能世界的影像"④。康德的设想是积极的,这应该是良好的交谈。但是,如果善良意志和相互尊重的态度并没有在冲突中闪耀,自大和炫耀也没有在轻松的玩笑和幽默中停止,餐桌交谈就会成为非社会的社会性的世界的影像,而不是社会的社会性的影像,"乌托邦现实和非乌托邦现实之间的张力

————————

① (匈)阿格尼丝·赫勒:《现代性理论》,李瑞华译,商务印书馆2005年版,第186页。

② 参见(德)康德:《实用人类学》,邓晓芒译,上海人民出版社2005年版,第197~205页。

③ (匈)阿格尼丝·赫勒:《现代性理论》,李瑞华译,商务印书馆2005年版,第187页。

④ Agnes Heller, *A Philosophy of History in Fragments*, Blackwell, 1993, p. 154.

就会在康德的午餐中展现"①。

因此,赫勒从经验和理论上分析了康德交谈文化的困境。在赫勒看来,康德的作为意志训练文化模式的交谈文化是为了限制熟巧文化而建立的,因为熟巧文化加强了人们对财富、名誉和权力的争夺。所以,参与文化交谈的人一定是无视名誉、财富和权力的人。从这个意义上说,康德的乌托邦并不是社会的每个人都参与其中的,因而康德的文化乌托邦是精英主义者的。同时,赫勒认为,"在康德的午餐中,民间的(日常的)生活无论如何是被超越的"②。尽管康德反对把他者作为自己获得利益的工具,但是在康德的午餐中,康德没有询问"在日常生活中,我们是否曾经把他者工具化的问题"③,这里康德没有把善的存在性选择作为精英成员选择的条件。

赫勒列举了返回康德"午餐邀请"的经验性的困难。赫勒认为,我们不能想象不同专业和不同职业的人们会对讨论同一个主题感兴趣,同样不能想象他们会对同一件艺术作品或同一个自然美形式表达自己的观点。事实上,不同职业的人们很难彼此沟通,他们只对自己能力范围内的事情感兴趣。即使他们对某一话题显示出了真实的兴趣,他们也没有能力问一些相关的问题,更不用说与专家平等地讨论不同专业的问题了。在这种情况下,餐桌文化失去了原始的意义,"解释代替了讨论"④。人们读不同的书籍、听不同的音乐,不再有可以讨论的可供分享的经验。在那里,人们只是发出或得到信息,尽管少部分的政治事件能够激起人们的讨论兴趣,但是真诚性消失了。在国家与私人关系之间再也没有被人们认同的唯一标准的自由的空间。"真正的交谈不会再在晚餐桌上发生。晚餐不再是与他人享受同伴关系的机会,严格地说,是解决商业问题,促进两性关系或仅仅是炫耀财富的一种实用的手段。"⑤

退一步说,我们或许能够发现不同专业和职业的人讨论相同

① Agnes Heller, *A Philosophy of History in Fragments*, Blackwell, 1993, p. 154.
② Agnes Heller, *A Philosophy of History in Fragments*, Blackwell, 1993, p. 159.
③ Agnes Heller, *A Philosophy of History in Fragments*, Blackwell, 1993, p. 159.
④ Agnes Heller, *A Philosophy of History in Fragments*, Blackwell, 1993, p. 160.
⑤ Agnes Heller, *A Philosophy of History in Fragments*, Blackwell, 1993, p. 160.

的艺术作品,对相似的问题有同样的兴趣,也能提供自己的观点和判断,同时能够优雅地进行交谈,完全符合康德所设想的笑谈的伦理准则。然而,他们中又有多少人相信康德午餐文化的精神呢?有多少人相信午餐文化作为一种乌托邦现实,是自由和幸福和谐融合的美好世界的影像呢?我们不能忘记康德交谈文化的主旨:"最高的道德——自然的善。"在赫勒看来,不理解这一背景,回到康德的午餐邀请就等于欺诈。

除此之外,赫勒又从理论上探讨了康德交谈文化的困境。赫勒认为,就现代哲学而言,文化和意义问题像一对双胞胎姐妹一样逐渐成为现代哲学关注的焦点。就康德来说,文化问题虽然在他的社会哲学和人类学中占据着主要的"角色",但是它没有在他的哲学体系中占有主要地位。在康德哲学中,旧有的形而上学被损坏,主要的大门在近代哲学中敞开,但是对绝对的追求仍然被保护起来,以反对各种形式的历史主义。这种平衡要求文化和意义一同被引入,于是,意义问题在康德《判断力批判》"论崇高"以及"目的论判断力批判"中出现。

但是,当意义在人类的舞台上占据了中心地位之后,文化哲学就显得不那么完美了,因为在那里,意义问题是微不足道的。当然这"肯定不是因为意义的缺失"①。赫勒认为,我们或许在康德那里比在黑格尔那里获得更多生活经验的意义。当我们选择康德而不是当代哲学家作为理解恶的向导时,我们已经表达了对文化哲学这种方法的信心。

赫勒认为,在康德的术语中,文化一词仍然带有传统的"耕作"、"培养"之意。人们对花园的耕作越彻底,这块地侍弄得就越好越有品位,也越美丽。越专注于培养人的思想和灵魂,人的趣味、判断和习惯也就越美越高雅。但是耕作没有为花园提供意义,因此,对思想和心灵的培养也没有为它们提供意义。如何为思想和心灵提供意义呢?康德没有提出这个问题。意义和文化的问题是现代的,不是因为意义是现代的,而是因为现代社会的安排打开了意义问题化的可能性,现代的男人和女人们体验了一种强烈的意义的缺失,因此,他们急需发展一种对意义的深层解释。

① Agnes Heller, *A Philosophy of History in Fragments*, Blackwell, 1993, p. 170.

但是,我们现代人提供意义的能力看起来仍然悬而未决。设想如果人们不能区分各种文化判断,而且判断形式也认为微不足道。进一步设想人们聚集康德的午餐宴会只是为了报答伟大的老人的邀请。宴会仍然可以正常地进行,至少在形式上可以。人们仍然能顺利地表达和传递着各种判断,他们可以像以前一样对他们的判断要求普遍有效性,他们在玩一种语言游戏,但这游戏他们根本不懂。他们可以培养一种语言技能,但他们没有培养,他们没有且已经完全脱离他们的"意志"。这里没有幸福,只有娱乐;没有体面,只有漠不关心。"娱乐和漠不关心也是一种乌托邦,但绝不是康德意义上的乌托邦。"[1]

可见,尽管康德的文化交谈在经验操作上存在一定的困难,在理论上存在给现代人提供意义的不足,但赫勒对康德的文化交谈还是充满希望和信心的。尽管文化话语的世界是一个虚构的世界,一个虚拟现实,但是这是在好朋友中间分享的虚构,"在此意义上它是真实的。它是一种虚拟性和真实性并生的现实。在这里,乌托邦被真实化了"[2]。虽然赫勒提出了交谈文化实现的困难,表现出返回康德的午餐邀请的些许不情愿,但那不是真的对康德交谈文化不满,而是"因为我担心会让他失望。但是一个聪慧的人,尤其如果他也是一个有怀疑精神的人,他就不能真的失望;并且,他知道,希望作为经验说明,与良好的乐观精神一样,来源于人而不是来源于人居住的世界"[3]。一个乐观的人的世界总是与性情悲观的人的世界不同。尽管面临困难,但是赫勒还是衷心地引入康德的"午餐邀请"。

第二节　对法兰克福学派美学的继承和扬弃

一、审美乌托邦:法兰克福学派的审美救赎之路

所谓"审美救赎",就是指艺术或审美作为一种强有力的文化

---

① Agnes Heller, *A Philosophy of History in Fragments*, Blackwell, 1993, p. 173.

② (匈)阿格尼丝·赫勒:《现代性理论》,李瑞华译,商务印书馆 2005 年版,第187 页。

③ Agnes Heller, *A Philosophy of History in Fragments*, Blackwell, 1993, p. 175.

力量,承担起对宗教失落后陷入工具理性的"牢笼"之中,失去生活意义的人们的拯救之责。18世纪中叶以后,随着现代科学的发展与应用,宗教开始衰落,人们失去了生命的意义,失去了心灵的寄托,这些失去了神话的现代人只能希望从新的神话中获得彻底的拯救了。这个新的神话就是审美与艺术。此时,艺术承担了某种世俗的救赎功能,美学成为这个时代的批判性武器。正如沃林所说:"从浪漫主义时代以来,在'唯美主义'的幌子下,美学越来越多地假定了某种成熟的生命哲学的特征。正是这个信念把从席勒到福楼拜,再到尼采,再到王尔德,一直到超现实主义者的各个不同的审美领域的理论家们统一起来了。尽管这些人之间存在着种种差异和区别,但他们都同意这样一个事实:审美领域体现为价值和意义的源泉,它显然高于单调刻板日常状态中的'单一生活'。从这方面来说,在现代世界美学已经变成工具理性批判的最重要的武器库之一。经常从这种状况中得出理论结论的哲学家也许是阿多诺,他在《审美理论》中试图在审美的基础上重建社会理论的可能性。"①在这样的时代背景下,法兰克福学派结合其社会批判理论,开启了其审美乌托邦的想象之路。

一般来说,乌托邦被我们理解为对未来的美好社会的规划,它向我们指明了我们应该生活在何种世界里,在那里,现实生活中的种种苦难和困境都能被消除。在当代哲学和社会理论中,人们对乌托邦的理解和界定有很大的差异②,科学主义思潮往往从否定的意义上把它理解为一种空想、幻想,而一些人文主义流派则倾向于用它来指称人类社会或人自身内在的批判向度,即超越现存社会的价值指向或要求。E.布洛赫认为,"乌托邦的价值就体现在它可以促使人们自觉地摆脱现实的束缚,激发起走向美好未来的潜能"③。对于绝大多数法兰克福学派第一代理论家而言,乌托邦具有积极的理论意义。马尔库塞在1967年"乌托邦的终结"的演讲中明确表明,乌托邦并不是一种简单的空想、一种不可能实现的社

---

① (美)理查德·沃林:《存在的政治——海德格尔的政治思想》,周宪等译,商务印书馆2000年版,第216~217页。

② 参见衣俊卿:《人的需要及其革命——布达佩斯学派"人类需要论"述评》,载《现代哲学》1990年第4期。

③ 转引自李健:《审美乌托邦的想象》,社会科学文献出版社2009年版,第116页。

会变革方案,相反,它指明了社会变革的有关未来社会的发展方向,"我们必须面对这样一种可能性,即通向社会主义的道路可能是从科学发展到乌托邦,而不是从乌托邦发展到科学"①。这种弥赛亚式的乌托邦情怀是霍克海默、阿多诺、本雅明和马尔库塞等人社会批判理论的根本驱动力。

在他们看来,乌托邦发挥其批判社会、改造现实弊端的功能主要不是通过直接的社会变革,而是借助于文化的力量展开。阿多诺等人通过对资本主义社会文化现状的考察和对大众生活状况的研究认为,在现代资本主义条件下,人们根本无法确定马克思、卢卡奇所说的革命阶级力量的存在,文化工业意识形态统治了大众的生活,控制了大众的思想,没有"无产阶级"、"革命阶级",只有"大众"。因此,社会变革只能在文化的意义上进行,更进一步说,社会变革只有通过艺术和审美才能获得。这就是他们所倡导的"审美乌托邦",即借助于审美和艺术的救赎力量,达到理想的社会实现。"艺术不能改变世界,但是,它能够致力于变革男人和女人的意识和冲动,而这些男人和女人是能够改变世界的。"②带着这种纯真和执着,法兰克福学派第一代理论家们开始了其审美乌托邦之旅。

首先,他们的审美乌托邦设想是在对资本主义社会的工具理性批判的背景下提出的。19世纪后期,伴随着科学技术的发展和资本主义产业结构的转变,激进的思想家们对理性的功能进行了反思。整个社会以及人们的行为朝着理性化、可控化的方向运转,理性"物化",理性成了工具,正如霍克海默所言,"理性自身已经成为了万能经济结构的唯一工具。理性成了用于制造一切其他工具的工具一般,它目标专一,与可精确计算的物质生产活动一样是命中注定的……它最终实现了其充当纯粹目的的工具的夙愿"③。由此,对工具理性的批判成为法兰克福学派揭示现代社会弊病的主

---

① (美)马库塞:《乌托邦的终结》,"上海社会科学院哲学研究所外国哲学研究室编:《法兰克福学派论著选辑》(上卷)",商务印书馆1998年版,第595页。

② (美)马尔库塞:《审美之维》,李小兵译,广西师范大学出版社2001年版,第212页。

③ (德)霍克海默:《霍克海默集》,曹卫东编选,渠东等译,上海远东出版社1997年版,第68页。

要手段之一。他们从不同的视角展现了现代社会工具理性的特性,对工具理性进行了揭露和清算。

法兰克福学派对工具理性的批判主要表现为对总体性和同一性的批判。霍克海默和阿多诺认为,启蒙同"任何体系一样都是总体性的",带有"极权主义的性质的"。[①] 启蒙最初的根本目标是征服自然,使人们摆脱恐惧,从世界的魔境中解放出来,唤醒世界、祛除神话,用知识代替幻想是启蒙的精神。而启蒙在追求一种对自然加以统治的知识形式中,把思维和数字等同起来,对任何不符合算计和实用原则的东西都表示怀疑,它要求思维或理性的抽象普遍性,"启蒙进而把只有在整体中才能被理解的东西称之为存在和事件:启蒙的理想就是要建立包罗万象的体系"[②]。伴随着数学化的程序变成思维的程序,理性变成工具,个人被贬低为习惯反映的聚集物,工业化也使人的灵魂物化了,拜物教影响了生活的方方面面,这个世界"将被一种总体性置于水深火热之中,人们自身已经成为这种总体性,并且在这种总体性面前他们已显得无能为力"[③]。

这种对总体性的批判源于对同一性的思考。因此,在揭露总体性对自然的控制和对人的奴役的同时,法兰克福学派也对启蒙理性的核心、强制的同一性原则提出了批判。阿多诺认为,"同一性的外表是思想本身、思想的纯形式内在固有的。思维就意味着同一"[④]。同一性是理性思维的基本原则,工具理性的内在逻辑。源于这种同一性原则,人们在思维中始终试图追求一个绝对的出发点,并创造一种同一性的语言来描述每一件事物,力图统一宇宙的各部分,而这恰恰是行不通的。在阿多诺看来,根本不存在绝对的同一性。霍克海默和阿多诺在对工具理性做了具体的分析后,认为工具理性的同一性原则在对自然和客观世界实行完全的掌控的同时,也把人的思想领域作为其侵略的对象。依据可量化的和可计算的理性方式,一切包括主体自身都处于理性的控制之中。

① (德)霍克海默、阿道尔诺:《启蒙辩证法》,渠敬东等译,上海人民出版社2006年版,第19,4页。

② (德)霍克海默、阿道尔诺:《启蒙辩证法》,渠敬东等译,上海人民出版社2006年版,第4页。

③ (德)霍克海默、阿道尔诺:《启蒙辩证法》,渠敬东等译,上海人民出版社2006年版,第22页。

④ (德)阿多尔诺:《否定的辩证法》,张峰译,重庆出版社1993年版,第3页。

作为文化批判的审美——赫勒美学思想研究

认识的超验主体摒弃了对主体性自身的回忆,被自动控制的秩序机器所控制,实证主义最终没有给思想自身留有任何余地,"主体在取消意识之后将自我客体化的技术过程,彻底摆脱了模糊的神话思想以及一切意义,因为理性自身已经成为万能经济机器的辅助工具"①。正如哈贝马斯所说,作为一种绝对知识,理性最终采取的形式势不可挡,但是,理性取代了命运,知道早被预定的每一件事情的本质意义,现代性的自我理解问题在理性的嘲笑声中迷失了方向。②

由此,我们可以看到,霍克海默和阿多诺把现代社会描绘成一个被工具理性操控、管理的世界,他们虽然看到合理化给经济和管理带来了效益和发展,但也意识到启蒙理性自身的缺陷,"被彻底启蒙的世界却笼罩在一片因胜利而招致的灾难之中"③,理性化的劳动方式导致了对人的总体的把握,同一性造成了思想和经验的贫困,人丧失了个性的自由,人类在争夺不断膨胀的权力的同时却付出了不断异化的代价。

法兰克福学派认为,工具理性在资本主义社会表现为技术理性的统治地位,科学逐渐成为现代社会的意识形态。技术越发展,分工就越专业化,人就越附属于现代劳动过程,从而技术的目的"不再是概念和图景,也不是偶然的认识,而是方法,对他人劳动的剥削以及资本"④。技术合理性变成了政治合理性,法兰克福学派更为激进和革命的理论家马尔库塞对此展开了深入的批判。马尔库塞认为,在发达工业社会,生产装备带有一种极权性质,它不仅决定着社会需要的职业、技能和态度,也决定着个人的需要和满足,它消除了私人和公众、个人与社会需要之间的对立,技术成为

---

① (德)霍克海默、阿道尔诺:《启蒙辩证法》,渠敬东等译,上海人民出版社2006年版,第23页。

② 参见(德)哈贝马斯:《现代性的哲学话语》,曹卫东等译,译林出版社2004年版,第49页。

③ (德)霍克海默、阿道尔诺:《启蒙辩证法》,渠敬东等译,上海人民出版社2006年版,第1页。

④ (德)霍克海默、阿道尔诺:《启蒙辩证法》,渠敬东等译,上海人民出版社2006年版,第2页。

了现存"社会控制和社会团结的新的、更有效的、更令人愉快的形式"①。从而在这种技术的中介作用下,文化、政治、经济等都纳入了一种无所不包的制度中,这种制度的生产效率和增长潜力稳定了社会的统治,"技术的合理性已经变成政治的合理性"②。

当技术理性、科学理性取得对社会的主导地位,从而渗入到人类的劳动生活、日常生活中时,人也就失去了人的本质特征,而退化成一种具有单纯功能的人。"今天,大众的退步表现在他们毫无能力亲耳听到那些未闻之音……借助包揽着一切关系和感情这一总体社会的中介,人们再一次变成了与社会进化规律和自我原则相对立的东西,变成了单纯的类存在,他们在强行统一的集体中彼此孤立。"③法兰克福学派的理论家通过对工具理性的表现形式和严重后果的揭示,向我们展现了以技术理性为基础的被全面管制的社会,再现了现代人异化和价值失落的生存境遇。

其次,法兰克福学派认为,这种工具理性统治人们的方式是通过对文化工业的控制而表现出来的。1947 年,霍克海默和阿多诺在《启蒙辩证法》一书中创造了"文化工业"一词,用它来指称大众文化产品及其生产过程。在他们看来,文化工业产品具有两个特征,第一,文化的同质性。"今天,文化给一切事物都贴上了同样的标签。电影、广播和杂志制造了一个系统。不仅各个部分之间能够取得一致,各个部分在整体上也能够取得一致……所有大众文化都是一致的。"④第二,可预测性。"只要电影一开演,结局会怎样,谁会得到赞赏,谁会受到惩罚,谁会被人们忘却,这一切就都已经清清楚楚了。在轻音乐中,一旦受过训练的耳朵听到流行歌曲的第一句,他就会猜到接下去将是什么东西,而当歌曲确实这样继

---

① (美)马尔库塞:《单向度的人》,刘继译,上海译文出版社 2006 年版,"导言"第7 页。

② (美)马尔库塞:《单向度的人》,刘继译,上海译文出版社 2006 年版,"导言"第8 页。

③ (德)霍克海默、阿道尔诺:《启蒙辩证法》,渠敬东等译,上海人民出版社 2006年版,第 29 页。

④ (德)霍克海默、阿道尔诺:《启蒙辩证法》,渠敬东等译,上海人民出版社 2006年版,第 107～108 页。

续下来的时候,他就会感到很得意。"①

这些表面看起来繁荣的大众文化给人们带来的恶果首先就是主体的人的异化。在文化工业中,作为消费者的大众不是完整意义上的人的存在,而只是文化工业算计的对象、机器的附属品。文化不再是主体对自身存在方式的自觉意识,而只是追求资本利润的工具,"整个人类都变成了受到压抑的主客二体"②。在技术理性统治的社会,启蒙变成了对大众的欺骗,并成为束缚个人自我意识的手段。它使得个体人格丧失,个体失去了独立思考、自我决断的能力,个人不再需要在自我的良知和自我发展与欲望的辩证关系中痛苦地抉择,"大众文化系统把人类仅存的一点内在欲望霸占住了,个人只能被强迫去消费那些分配给他们的东西"③。正如法兰克福学派所指出的,即使消费者看穿了广告,他也不得不去购买和使用它们宣传的产品。启蒙所倡导的个体、所标榜的独立人格遭到了严重的破坏。

社会整体的经济走向,文化工业的总体化,导致了对大众的直接控制。它们控制了人类的身心结构,并且使那些人之所以能称之为人的器官发生了萎缩,"在人类学的意义上,人类又被迫返回到了更原始的阶段。这是因为,技术的发展给人们带来了生活的安逸,统治也以更为沉稳的压榨手段巩固了自己的地位,同时也确定了人类的本能。想象力萎缩了"④。在康德那里,个人还可以完全依靠自己的想象力,在各种感性经验和基本概念之间建立联系,而现在,文化工业却剥夺了个人的这种作用。文化工业完全控制了个人,一个人只要有时间,他就不得不去接受文化制造商给他提供的产品。

所以,法兰克福学派认为,大众文化是为维护社会权威服务的。文化工业通过生产标准化、虚伪和受操纵的文化产品,使劳动

---

① (德)霍克海默、阿道尔诺:《启蒙辩证法》,渠敬东等译,上海人民出版社2006年版,第112页。
② (德)霍克海默、阿道尔诺:《启蒙辩证法》,渠敬东等译,上海人民出版社2006年版,第189页。
③ (德)霍克海默、阿道尔诺:《启蒙辩证法》,渠敬东等译,上海人民出版社2006年版,第188页。
④ (德)霍克海默、阿道尔诺:《启蒙辩证法》,渠敬东等译,上海人民出版社2006年版,第28页。

阶级非政治化,把劳动者的视野局限在工业社会框架内获得的政治目标和经济目标上。正如马尔库塞在《单向度的人》中所描述的:打字员打扮得与老板的女儿一样漂亮,黑人也可以拥有凯迪拉克轿车等等,这表明了发达工业社会的显著特征,即它能够有效地控制和窒息人们要求自由的需要。文化工业阻碍了政治想象力的形成和发展,它通过提供人们某些需要的满足来防止更根本的需要的形成。工人阶级似乎不再与现存的社会相对立,"技术的面纱掩盖了不平等和奴役的再生产。以技术的进步作为手段,人附属于机器这种意义上的不自由,在多种自由的舒适生活中得到了巩固和加强"①。在这种舒适和闲暇的生活中,人的生存意义受到了深度的消解,"家庭逐渐瓦解,个人生活转变成为闲暇,闲暇转变成为连最细微的细节也受到管理的常规程序,转变成为棒球和电影、畅销书和收音机所带来的快感,这一切导致了内心生活的消失"②。

　　正如我们所看到的,现代城市建房中为个人设计的独立卫生间的独立单元具有体贴的人性化倾向,而恰恰是这种设计使个人越来越屈服于工业社会的绝对权力。现代流行广告中的个性签名,恰恰体现了同一性,因为这种设计也是别人为其设计好的,个人实际上已经失去了所谓的个性。在文化工业中,"个性就是一种幻象……虚假的个性就是流行"③。在法兰克福学派看来,文化工业作为一种启蒙是对大众的欺骗,它的虚假的总体性使现代社会的个体掉入了一个无从逃避的陷阱之中。

　　工具理性以其同一性和总体性作为其自身和社会的发展逻辑,借助于技术理性、文化工业赢得了对现实世界的统治和控制。如何能摆脱这种控制,如何能战胜现代性危机呢?法兰克福学派早期批判理论家对启蒙和理性还是心存希望的,他们仍然希望理性产生的问题要靠理性自身来解决和建构。"理性必须有能力解释,它自己是如何从洞察万物之意义的力量中蜕变成为自我保存

　　① (美)马尔库塞:《单向度的人》,刘继译,上海译文出版社 2006 年版,第 31 页。
　　② (德)霍克海默:《霍克海默集》,曹卫东编选,渠东等译,上海远东出版社 1997年版,第 216 页。
　　③ (德)霍克海默、阿道尔诺:《启蒙辩证法》,渠敬东等译,上海人民出版社 2006年版,第 140 页。

的纯粹工具性;这种能力是理性复原的一个条件。"①"我们决不应该像许多杰出的启蒙批评家那样沉迷于浪漫主义,而应该鼓励启蒙运动甚至在面对自己最悖谬的后果时也要继续前进。"②

但是,在这一过程中,早期批判理论试图通过理性自身来解决现代理性所产生的问题很难实现,文化工业批判前景黯淡,批判理论出现了它的局限性。对此,法兰克福学派第二代理论家哈贝马斯给予了完整的解释。在哈贝马斯看来,激进的批判理论为了告别现代性付出了昂贵的代价,理性批判面临着两方面的困境。

一是囊括性的理性的总体化特征。批判理论对现代生活方式是全面拒绝的,它们把启蒙现代性理解为工具理性全面征服世界的过程,这导致了它们不可能从理性自身找到解决问题的根本途径。他们忽略了前现代大众在肉体、法律、教育等方面所受到的损失,只注意到现代社会总体的异化。这种在同一性的幌子下的分析方式使得差异和对立在暗中遭到消解和破坏,以至于"批判再也无法在一个完全被管制、充满计算和权力的世界中辨别出反差、明暗和不同的声调"③,最终囊括性的理性吞噬一切,同一性克服掉了所有的差异性。

二是批判理论陷入了以主体为中心的思维的窠臼。以主体为中心的理性不能摆脱自我关涉的理性批判的悖论与平庸,它忽略了其自身存在的基础。他们把现代性描述为异化的、被技术控制的生活关系,或者描述为权威化和同质化的生活关系,这种对象化的自我关系导致的结果就是工具理性使周围的一切,包括理性自身都成为了对象,最终批判理论陷入无法摆脱的自相矛盾之中。哈贝马斯揭示了《启蒙辩证法》中的悖论,"它为理性的自我批判指明了道路。但同时又怀疑,'在彻底异化的前提上,我们是否还能把握住真理观念'"④。于是,批判理论失去了其批判的力量,"自

① (德)霍克海默:《反对自己的理性:对启蒙运动的一些评价》,"詹姆斯·施密特编:《启蒙运动与现代性》,徐向东等译",上海人民出版社 2005 年版,第 369 页。
② (德)霍克海默:《反对自己的理性:对启蒙运动的一些评价》,"詹姆斯·施密特编:《启蒙运动与现代性》,徐向东等译",上海人民出版社 2005 年版,第 374 页。
③ (德)哈贝马斯:《现代性的哲学话语》,曹卫东等译,译林出版社 2004 年版,第 382 页。
④ (德)哈贝马斯:《交往行为理论》第 1 卷,曹卫东译,上海人民出版社 2004 年版,第 366 页。

我关涉的理性批判在飘摇不定的话语中似乎无所不在,又无处立足,这就使得它对各种矛盾的解释几乎失去了免疫力"①。

于是,他们逐渐认为理论理性是不值得信任的,"恰恰由于这种对规范理性的极端怀疑,审美维度在批判理论中的地位才显得如此举足轻重;似乎只有艺术才能弥补由过度的主观理性的失败而造成的损失"②。在哈贝马斯看来,钟情于总体性的批判理论,使得《启蒙辩证法》的作者抛弃了融于资产阶级道德和法律中的交往理性的潜力。同时,这种独断论和非辩证地理解现代性的做法,使得霍克海默和阿多诺没有掌握社会变革的未来资源,从而使得这种人类必然解放的预言被涂上了一种不切实际的乌托邦的色彩。"由于没有能力把进步的解放趋势置于历史现实中,批判理论家们被迫到审美领域去查找否定力量的替代性源泉。"③在此情况下,艺术救赎的思想受到前所未有的重视,在艺术中,法兰克福学派看到了对抗理性权威的可能性。

最后,法兰克福学派建立了以艺术拯救世界的乌托邦设想。尽管霍克海默、阿多诺、本雅明、马尔库塞在艺术救赎的功能理解上存在着不同的思路,但他们都赞同艺术对抗资本主义社会的理论承诺,赞同用艺术审美来救赎异化的理性。

在法兰克福学派看来,艺术自律是审美乌托邦的前提。在几个世纪以前宗教统摄一切的传统时代,艺术与社会生活紧密相连,艺术作为宗教的附属物长期致力于世俗和宗教日用品的生产。比格尔在《先锋派理论》中专门讨论了资产阶级艺术的自律问题,他认为,宗教艺术从目的和功能、生产和接受等方面都是作为宗教的附属物而存在的,它被完全融入了宗教的体制当中,没有独立自主的艺术家,也没有独立自主的观众和读者。④ 艺术的存在价值是宗教赋予的。但是在现代的合理化进程中,在价值领域分化的过程

① (德)哈贝马斯:《现代性的哲学话语》,曹卫东等译,译林出版社 2004 年版,第381 页。

② (美)理查德·沃林:《文化批评的观念》,张国清译,商务印书馆 2000 年版,第124 页。

③ (美)理查德·沃林:《文化批评的观念》,张国清译,商务印书馆 2000 年版,第113 页。

④ 参见(德)比格尔:《先锋派理论》,高建平译,商务印书馆 2002 年版,第 118 ~126 页。

中,雕塑和绘画艺术失去了构造城市和建筑的功能,沦落到室内装潢的水平。而恰恰是在这一历史进程中,美感或艺术与恐惧、敬畏等分离出来,变得"纯粹"起来,主体可以有独立的审美判断,艺术获得了其存在的独立性,审美或艺术的自律由此产生。正如哈贝马斯所说,随着价值领域和意识结构发生了分化,"一种艺术生产机制建立起来了,其中,艺术生产逐步摆脱了宗教仪式—宗教机制以及宫廷的约束,由读者、观众和听众等组成的欣赏艺术的公众对艺术的接受把正规化的艺术批评当作了中介"①。艺术拥有了自主性,拥有了自己的尺度,作为一个独立的王国,艺术迈向了现代生活。

霍克海默在《现代艺术和大众文化》中谈道,"自从艺术变得自律以来,艺术就一直保留着从宗教中升华出来的乌托邦因素"②。这里霍克海默表达了法兰克福学派对艺术的共识:自宗教价值观在现代社会衰落之后,价值理性分崩离析,整个世界都掌控在工具理性的魔爪当中,宗教失去了原有的救赎功能。而此时,由于艺术的自律,使得救赎重新成为可能。阿多诺认为,由于现实世界完全被工具理性所操控,无产阶级可能不再是现存社会的否定力量,在很大程度上被这个社会所整合。在这样的历史背景下,艺术自律以一种与现实不和解、疏远化的极端的形式证明着艺术自身的存在。所以,艺术的拯救功能只能通过对立性的艺术而实现,这有赖于艺术的自律。"确切地说,艺术的社会性主要因为它站在社会的对立面。但是,这种具有对立性的艺术只有在它成为自律性的东西时才会出现。"③

马尔库塞也极为强调艺术的自律性。在他看来,艺术构筑了一个独一无二的形式的王国,艺术自律是艺术的根本特征,而恰恰是这种与现实疏离的特征使得艺术具有了颠覆性的功能。"艺术自律的王国,是由审美形式建立的。艺术自律的产生,是通过脑力和体力劳动的分离,即作为占支配地位的统治关系的一个结果,强

① (德)哈贝马斯:《交往行为理论》第 1 卷,曹卫东译,上海人民出版社 2004 年版,第 322 页。

② (德)霍克海默:《霍克海默集》,曹卫东编选,渠东等译,上海远东出版社 1997 年版,第 214 页。

③ (德)阿多诺:《美学理论》,王柯平译,四川人民出版社 1998 年版,第 386 页。

加于艺术的。艺术与生产过程的分离,就成为艺术的一个避难所和立足点;艺术由此抨击由统治而建立的现实。"①

法兰克福学派认为,正是艺术的社会批判和人类解放的功能保障了审美乌托邦的实现。在他们看来,艺术内在地具有反抗因素。不管是莎士比亚的愤怒,还是歌德的人道主义,都能够唤起人们对自由的回忆,从而认识到流行标准的褊狭和粗俗。马尔库塞认为"革命是艺术的实质"②,艺术和革命在改造世界即人类解放中携起手来,艺术之道就是持久的审美颠覆。但是这种颠覆性的艺术是指何种艺术呢?或者说何种艺术具有救赎的功能呢?从法兰克福学派对大众文化的批判看来,很显然这种艺术指的不是大众艺术。"今天,艺术的世界仅存于那些坚定地表现了单一个体与残酷的环境之间的巨大差距的艺术品中——如乔伊斯的散文和毕加索的《格尔尼卡》之类的绘画中。这些作品所表达的悲哀和恐怖不同于那些出于理性的原因而逃避现实或奋起反抗现实的人的情感。艺术品中所潜藏的意识是从社会中分离出来的意识,因此被迫采取怪诞、不和谐的形式。"③这种不和谐的形式就是现代主义艺术的特征。对马尔库塞来说,只有真正的艺术作品才能真正发挥艺术的社会反抗和解放功能。所以,马尔库塞呼唤真正的艺术作品的出现,"每一个真正的艺术作品,遂都是革命的,即它倾覆着知觉和知性方式,控诉着既存的社会现实,展现着自由解放的图景"④。

应该说,在艺术救赎的问题上,本雅明有着与阿多诺等人不同的理解。他否定艺术的自律性,同时对大众艺术内在地具有的激进的审美救赎功能抱有乐观的态度。本雅明认为,在机械复制时代,艺术品的灵韵凋谢了,艺术品失去了原真性,因为"即使在最完美的艺术复制品中也会缺少一种成分:艺术品的即时即地性,即它

---

① (美)马尔库塞:《审美之维》,李小兵译,广西师范大学出版社2001年版,第203页。

② (美)马尔库塞:《审美之维》,李小兵译,广西师范大学出版社2001年版,第171页。

③ (德)霍克海默:《霍克海默集》,曹卫东编选,渠东等译,上海远东出版社1997年版,第216~217页。

④ (美)马尔库塞:《审美之维》,李小兵译,广西师范大学出版社2001年版,第191页。

在问世地点的独一无二性"①。但是正是这种可机械复制性使得艺术作品在世界历史上第一次把艺术品从对礼仪和神学的寄生中解放出来。于是,艺术品的功能发生了变化,它"不再建立在礼仪的根基上,而是建立在另一种实践上,即建立在政治的根基上"②。他在对达达派的分析中,强调了现代主义艺术的道德震惊效果,最终达到美学政治化的功能。这里我们看到本雅明对审美乌托邦的现实化的积极热切的希望。

从分析中我们可以看到,尽管法兰克福学派第一代理论家之间有些观点存在差异,甚至针锋相对,都以自己的方式寻求对现代性的反抗和救赎,但是他们的目标是共同的,即都试图通过审美来达到乌托邦的理想王国,从而实现人类的救赎和解放。但是,正如沃林所言:"艺术无力承受在他们的体制中必须承受的沉重负担。结果,留下来的只是某个'全面受到主导的世界'的观念窘境和历史上无法实现的乌托邦计划。"③正如法兰克福学派第二代理论家哈贝马斯所说:"艺术提供的一般与个别的和谐是通过艺术家个人实现的,社会解放是人类共同的事业,它要求的不是以个人为中心的理性和解,而是人类相互理解和相互协调的理性形式。"④

二、回归生活世界:对审美乌托邦的扬弃

作为卢卡奇的学生,赫勒的思想与受卢卡奇影响深远的以霍克海默、阿多诺、本雅明以及马尔库塞为代表的法兰克福学派理论有着深厚的渊源和联系,他们都形成了对资本主义现代性进行批判的理论共识,都为争取人类的解放而不断地努力探索。法兰克福学派是一支具有浓厚的德国文化背景的重要学术力量,其批判理论和审美乌托邦思想对西方社会产生了极大的影响。法兰克福学派的美学理论把激进的社会批判与审美研究结合起来,推进了

---

① (德)本雅明:《机械复制时代的艺术作品》,王才勇译,中国城市出版社 2002 年版,第 84 页。

② (德)本雅明:《机械复制时代的艺术作品》,王才勇译,中国城市出版社 2002 年版,第 94 页。

③ (美)理查德·沃林:《文化批评的观念》,张国清译,商务印书馆 2000 年版,第 113 页。

④ 汪行福:《走出时代的困境——哈贝马斯对现代性的反思》,上海社会科学院出版社 2000 年版,第 152 页。

马克思主义美学的"文化转向"。因此,在我们理解法兰克福学派的美学与批判理论时,我们不能简单地把他们的理论等同于或归纳为大众文化批判理论。纵观法兰克福学派史,他们只是集中在某个具体时期对大众文化进行了具体而深入的分析和批判,就一个整体的共同兴趣来说,"与其说是所谓的大众文化批判,毋宁说是社会批判和理性重建,再概括一点,就是现代性批判"①。即使是阿多诺的大众文化批判,也是为其理性批判和审美现代性批判服务的。所以,从美学的角度来看,立足于审美维度进行现代性批判,把美学理论与社会理论结合起来是法兰克福学派美学与赫勒美学理论的共同点。

无论是法兰克福学派理论家还是赫勒,他们从来不把美与艺术看作是纯粹的艺术和审美问题,而把它们看成是与社会存在和社会意识相关联的社会现象。当他们评价某一文艺思潮时,他们关注的是这一文艺现象所赖以生存的社会存在基础及文化构成,而其价值取向就是批判性。无论是乌托邦式的救赎,还是各领域的微观革命,在对于现代文明的批判上,批判精神是他们共同的倾向。

但是由于出生的时代和自身的经历以及所摄取的哲学基础不同,赫勒的美学思想与法兰克福学派第一代理论家的思想存在着一定的差异,而与第二代理论家哈贝马斯的思想却表现出极大的相似性,因为他们都看到了第一代理论家诉诸理性进而诉诸审美解决现代性问题所带来的局限和弊端。上文中我们看到了法兰克福学派第一代理论家对想象的审美乌托邦的诉求历程,接下来我们将在比较学的视域下,分析赫勒美学思想与法兰克福学派美学尤其是哈贝马斯美学思想的异同,从而了解赫勒审美文化批判的理论特征。

首先,二者都认同艺术是人类的拯救力量,但赫勒并不赞同审美乌托邦的想象。从前面的分析中我们可以看到,法兰克福学派在对工具理性批判的同时,找到了一条用艺术审美拯救异化理性的乌托邦式的重建理性之路。以艺术恢复人的完整性、实现人类解放是他们的思想倾向。在阿多诺看来,现存社会发生了否定人

① 曹卫东:《法兰克福学派的历史效果》,载《读书》1997 年第 11 期。

性的严重疾病,艺术应当作为中介参与社会的批判和人性的拯救。他认为艺术一方面由于其自律性即艺术对现实的疏离,另一方面由于艺术的社会功能即艺术对既存现实的否定,而具有社会拯救功能。马尔库塞也认为,正由于艺术是具有自主性的感性存在状态,所以艺术能够成为与现实不同的审美向度。

应该说,审美救赎的思想是德国文化的传统。哈贝马斯在一篇论席勒的论文中,把席勒的《审美教育书简》看作是现代性的审美批判的第一部纲领性文件。他认为,席勒"设计了一套审美乌托邦,赋予艺术一种全面的社会—革命作用"①。这种"审美救赎"思想由法兰克福学派第一代理论家霍克海默、阿多诺、本雅明和马尔库塞发展成为一个彻底的审美乌托邦的理论想象,而第二代理论家以哈贝马斯为代表,对审美乌托邦进行了理性的反思。虽然哈贝马斯对第一代理论家的批判理论进行了反思,但是他的理论中仍然不缺乏乌托邦的维度,他的交往行为理论为人们提供了一个理想的说话场所。只不过与法兰克福学派的先驱者不同,哈贝马斯并没有同整体的资产阶级社会决裂,并没有对现存的一切事物进行无情的批判,而是成为了"激进的改良主义","从他的视野中消失的是曾经遍布第一代法兰克福学派理论家们的世界观中的'浪漫主义—反资本主义'的驱动力"②。

赫勒对法兰克福学派这种带有历史哲学特征的审美乌托邦思想进行了批判。在她看来,以卢卡奇为代表的西方马克思主义美学是一种历史哲学美学,具有宏大叙事、救赎与希望以及总体性的特征。在她看来,卢卡奇、本雅明、阿多诺等美学形态都表现出激进普遍主义的特征,因为他们根据自己的哲学体系演绎出对艺术的认识,据此排列不同艺术样式的等级。他们或者是缅怀过去,追忆古希腊的艺术理想,或者迷恋未来的救赎,形成弥赛亚式的美学。这种美学充满着悖论。赫勒和费赫尔认为,尽管阿多诺反对哲学美学,提倡艺术的个体性价值,以此反对概念的体系性和普遍性,对抗大众艺术和平民化艺术,但这种强调具体作品的归纳批

①　(德)哈贝马斯:《现代性的哲学话语》,曹卫东等译,译林出版社2004年版,第52页。

②　(美)理查德·沃林:《文化批评的观念》,张国清译,商务印书馆2000年版,第112页。

评,仍然扎根于理性主义的哲学前提,它仍然是历史哲学美学,同时仍然摆脱不了内在的悖论。①

尽管如此,赫勒仍然认同艺术"应该是一种拯救的力量"②,它能把人们从无意义、生活的破碎、心胸狭窄、与没有救赎的世界和解中拯救出来。这正是审美的魅力之所在,它能使主体与外在世界的界限在想象中消融,也能让主体之间产生一种"共通感"。社会地位、性别、民族等自然状况的不同都可以在审美活动中消失。在《欢乐颂》的乐曲声中,在南斯拉夫电影《桥》"啊,朋友再见……"的歌声中以及在超越民族的情感中,人们之间的距离消失了,为着新的生活,心与心紧紧地联系在一起。所以,艺术作为一种乌托邦许诺着幸福、憧憬着幸福,艺术作为拯救者拯救着男人和女人,使他们不再屈服于廉价的幸福的诱惑。

赫勒认为在现代人看来,艺术是一种乌托邦实现,它散发出一种拯救的力量。但是乌托邦与拯救的力量还是有区别的,"乌托邦许诺幸福,而拯救的力量没有许诺,只是拯救"③。在现代人眼里,艺术是幸福的最深层的来源和提供者,是乌托邦的化身。乌托邦不在现实生活中,它在"其他的某个地方",不管是过去、现在还是未来,在乌托邦那里时间是不相关的。乌托邦只是对现实的否定,或者更进一步说,现实作为否定的观点与作为积极的观点的乌托邦相对立。在赫勒看来,乌托邦的内容未必是吸引人的,或许也没有人真想住在"那里",然而,乌托邦许诺了对我们所有需要的满足,也许诺了人世间争斗的结束。当人们专注于阅读一部小说,聆听一曲音乐,欣赏一幅绘画,他不再在"这儿",而是在"那儿",他在其他的某一个地方,在另外一个世界里,在另一个现实中,时间在此时是完全不相关的。这就是卢卡奇所说的艺术作品的现实。作品是对现实的否定,而且作品的世界看起来越像现实,它对现实世界的否定就越强烈。这种否定是形式上的,不是实质的。否定的东西因此是作为现实而被构成的东西,是缺乏意义的。通过否定而被假定的东西才是真正有意义的,即乌托邦现实。

① 参见 Agnes Heller and Ferenc F, *Reconstructing Aethetics: Writings of the Budapest School*, Basil Blackwell, 1986, p. 14。

② Agnes Heller, *A Philosophy of History in Fragments*, Blackwell, 1993, p. 66.

③ Agnes Heller, *A Philosophy of History in Fragments*, Blackwell, 1993, p. 54.

艺术作品不只是许诺幸福，与宗教、哲学等乌托邦实现相反，它们也传递它们许诺的东西：满足。这是乌托邦式的满足，因为那是一种整体上的满足：一下子获得意义的愉悦、感觉上的快乐以及精神的提升。这种总体上的满足不像由"大写的乌托邦"所提供的许诺，它不是一个持续的状态，而是一个刺激的、暂时的，也是瞬间的生活和体验。"提升幸福"是确定的，许诺却是不确定的。艺术作品没有使得人们与他们否定的世界和解，它们只是使得人们与自己的生活和解，哪怕仅仅是欣赏的那一刻。

问题是在艺术接受中，除了人们所体验到的整体的欢愉以外，艺术作品是否还会产生其他种类的幸福。或许这种"提升的幸福"就是艺术所有的。因为在赫勒看来，只有一种途径能说出"提升的"，并且暗示出艺术所能提供的幸福的许诺，那只能求助于有责任感的头脑。否则，那种声称对幸福的承诺的暗示和超越这个世界的体验的和解只是在玩捉迷藏游戏中耍的花招。然而，那些正在用责任感的头脑的人不需要艺术作为幸福承诺的捍卫者。他们，只是靠着有责任感的头脑就获得了幸福和善的许诺。

如果说，这种提升的幸福是艺术作品所有的承诺，那么所有的许诺都是"保留的"。在赫勒看来，如果是这样的话，艺术作品就是一种缺乏道德因素的乌托邦，而道德是除幸福以外乌托邦构成的另一个必要的因素。对乌托邦的渴望就是对善的渴望。有两种否定的乌托邦，一种认为善的不应该是不幸的，另一种认为恶的不应该是幸福的。艺术作为一种乌托邦实现，不仅把幸福赠予了善的人们，也赠予了恶人。所以，赫勒是不赞同审美乌托邦想象的，这不仅仅因为乌托邦是宏大叙事的、总体性的，还因为缺乏道德因素的乌托邦，其许诺的幸福也是不现实的。这里赫勒暗示着她的人类拯救的基本途径，即人类拯救的途径不能仅仅靠艺术和审美，还应该有道德等多种因素的参与。这使得赫勒的人类解放途径涵盖了艺术、政治、道德、日常生活等领域，而这是有别于法兰克福学派的审美乌托邦构想的。

赫勒对于法兰克福学派第一代理论家所构想的审美乌托邦的怀疑，是与哈贝马斯一致的。哈贝马斯也看到了艺术作为一种审美乌托邦的不可靠性。于是哈贝马斯引入了交往理性的概念，作为审美救赎有效性的理论反思。在赫勒和哈贝马斯看来，仅通过艺术解决全部理性产生的问题的乌托邦想象,最终都可能成为一种虚构。哈贝马斯曾说:"建立在悲观人类学基础上的反启蒙立场让我们认识到,最后圆满这样一个乌托邦的意象是一个有局限性的动物种群服务于生活的一种虚构,这个种群将永远也不可能超越单纯的生活而达到一种美好生活。"[1]因此,哈贝马斯通过道德、话语交往、艺术等途径来实现未来世界的和谐,尽管他的构想在赫勒看来,仍然具有强烈的抽象性,其借助交往理性概念所建构的交往行为理论世界,仍然充满浓厚的乌托邦意识。

事实上,赫勒并没有完全反对乌托邦,只不过她理解的乌托邦与法兰克福学派的乌托邦情怀不同,因为她是在"挑战和否定"的意义上,而不是在预测的意义上即宏大叙事的意义上理解乌托邦的。所以,她认为,尽管现代生活充满悖论,但是从这种乌托邦意义上,即艺术在对社会和生活的批判、对社会的否定意义上,艺术作品的确是乌托邦的,因为它们是"公开的乌托邦,不论是积极的还是否定的,它们并没有权利告诉我们,我们之后的世界将会发生什么事情。有一些少量的作品仍然这样做,它们是社会的或者技术的科幻小说。它们没有说谎,也没有犯错误,而是表现梦幻和噩梦。哲学也没有抛弃乌托邦,如果乌托邦意味着挑战、否定而不是预测的话"[2]。

其次,由于对审美自律和他律的二重性的不同理解,导致了赫勒与法兰克福学派在寻求人的解放途径上的完全不同。前面我们已经谈及,伴随着现代资产阶级社会的发展,艺术逐渐从生活实践中脱离出来,并同科学、道德等价值领域分化,成为了独立自主的领域,有着自己区别于道德、科学等领域的规范和规则,从而使得艺术和审美呈现了自律的特征。在法兰克福学派中,除本雅明外,大部分成员都是主张和坚持艺术自律的,他们强调艺术的独立自主性和本体性功能。阿多诺是艺术自律的最坚决的支持者,因为在他看来,现代社会各领域已经全面异化,文化成为一种大众工业、意识形态化,社会被工具理性所掌控,只有艺术完全自律才能

---

① (德)哈贝马斯:《瓦尔特·本雅明:提高觉悟抑或拯救性批判》,"郭军等编:《论瓦尔特·本雅明》",吉林人民出版社2003年版,第435页。
② 傅其林、(匈)阿格妮丝·赫勒:《布达佩斯学派美学——阿格妮丝·赫勒访谈录》,载《东方丛刊》2007年第4期。

实现对理性的拯救。马尔库塞也认为,艺术对现存现实的控诉、对解放美景的呼唤以及所有艺术的激进特征,都是以艺术自律、艺术的异在性为基本维度的。正是艺术的自律和艺术的异在性"使艺术从现存东西的神秘力量中挣脱出来,自由自在地去表现艺术自己的真理"①。只有这样,对现实的颠覆和理想的王国才成为可能。

而赫勒的主张则与此不同,她关于审美相对自律的思想直接来自于卢卡奇的美学框架。卢卡奇认为,艺术来源于日常生活"这条长河"这一事实,使得审美或艺术不可能是完全自律的。赫勒在《文艺复兴时期的人》中对现代审美自律的发生和特征进行了详细的考察。她首先从审美与日常生活的关系来历史性地展现审美自律的呈现过程。赫勒认为,"在文艺复兴时期,科学和学问、技术和艺术与日常生活相对来说并没有太大的区别"②。后来随着文艺复兴的发展,科学发生了急剧的变化,获得了独立的地位,而艺术在封建社会和文艺复兴社会之间却没有尖锐的冲突。艺术与日常生活仍然交织在一起,宗教是日常生活的一部分,艺术或者是宗教的奴仆,或者是骑士制度的奴隶。音乐、诗歌和雕刻艺术仍然作为日常生活的一员出现在节日上,艺术家没有把自己同工匠和娱乐区分开来。

但是,文艺复兴是一个转折点,"正是从那时起,艺术使自身同技能和娱乐脱离开来,艺术家开始有意识地把艺术作为他的目标,而不是作为宗教或手艺活动的附属品"③。而且随着艺术家个体性和自我意识的增强,艺术领域逐渐形成了艺术等级,这在赫勒看来是极为重要的。因为在历史上从来没有一个时代能按照艺术的杰出性的立场来如此精确地排列当代人。这样,艺术从日常生活中分离出来,取得了自律的特征,这使得它们之间持续的并富有成果的影响成为可能。日常生活不再是简单地生产作为日常生活一部分的艺术,而是把它看作一种艺术来创造、敬重和赞美。反过来,

---

① (美)马尔库塞:《审美之维》,李小兵译,广西师范大学出版社2001年版,第197页。

② Agnes Heller, Trans. Richard E. Allen, *Renaissance Man*, Routledge and Kegan Paul Ltd, 1978, p. 148.

③ Agnes Heller, Trans. Richard E. Allen, *Renaissance Man*, Routledge and Kegan Paul Ltd, 1978, p. 151.

艺术依据自身的法则来影响日常生活,并渗入到其中。可见,艺术并不是完全自律的,在这种审美自律与他律共存的基础上,艺术才可能向高级艺术发展。正如赫勒所说,"艺术活动无论从主观上还是从客观上,都从日常实践中分离出来;正因为如此,出现了技能与艺术、艺术主题与日常生活的问题之间的活跃的相互作用。这些因素保证了较高的普遍的趣味水平"①。

另外,赫勒认为,文艺复兴时期科学、道德等文化价值领域的分化也促成了审美自律。文艺复兴之前,科学、伦理与美是统一的,自然的对称与和谐体现了美的特征和要求。以太阳为宇宙中心的开普勒第一定律,把世界看作是美与和谐的体现;哥白尼日心说的描述体现了审美、伦理与科学的融合。同时,在社会生活中,人们对理想的道德人格的认同,比如对"适度"(measure)和"尽善尽美"(kalokagathia)的理解,都内在地包含了伦理和美的统一。适度是温和的、善的、美的,"作为一种同质化关系,适度当然体现和创造美"②。柏拉图的理想国就是依据适度和美的统一的理想而建构的。尽善尽美是伟大的道德性在生活中的体现。

但是,现代性之后,审美与科学、伦理分化,各自走向独立的领域。现实和社会不再是有机的统一,不再具有单一的、普遍有效的价值模式,"作为时代的道德规范变化的结果,新的价值理想和新的价值体系逐渐产生"③,多元主义成为时代的需要。自然与美分道扬镳,科学脱离了神的统治,同时成为了一种新的神话,此时,审美作为新的价值领域对抗科学理性、技术理性的世界。伦理也出现多元化的趋势,"反映出新的道德过程和新的伦理现实"④。所以,"当文艺复兴城邦衰落之时,当美作为日常生活的有机成分,作为社会道德、社会生活与'适度'表现的形式之一,并随之衰落之

① Agnes Heller,Trans. Richard E. Allen,*Renaissance Man*,Routledge and Kegan Paul Ltd,1978,p.152.

② Agnes Heller,Trans. Richard E. Allen,*Renaissance Man*,Routledge and Kegan Paul Ltd,1978,p.250.

③ Agnes Heller,Trans. Richard E. Allen,*Renaissance Man*,Routledge and Kegan Paul Ltd,1978,p.280.

④ Agnes Heller,Trans. Richard E. Allen,*Renaissance Man*,Routledge and Kegan Paul Ltd,1978,p.287.

时,美的理想出现了"①。此时,美作为一个独立的领域发挥着作用,一方面依赖于资本主义制度,产生独立的自律的艺术家个体;另一方面艺术敌视资本主义,反抗现代社会。所以,赫勒说,艺术一方面是社会的维护者,一方面是社会的批判者,这就是卢卡奇所说的艺术的二重性。

　　源于对审美自律和他律特征的不同看法,赫勒开创了与法兰克福学派成员不同的人类解放路径。对法兰克福学派大多数理论家来说,由于对资本主义异化现实的失望,以及对人的自由问题的深切关注,他们不断地探求革命形式和解放途径。但是,基于对社会现实的分析和考察,他们对无产阶级革命的信念心存疑虑,更由于 20 世纪 50 年代后社会形势的转变,更使他们深信资产阶级和无产阶级的对立已化为乌有,资产阶级工业社会强化了人们对现存制度的同一性。如何能够唤醒和培养人们的自由意识,使改变社会制度的可能性变为现实? 本雅明寄希望于艺术的民主化;马尔库塞依赖于新感性以及艺术的政治职能和潜能;阿多诺依赖于否定的美学。尽管他们在具体途径上有些许不同,但都认为艺术能够给人类解放带来希望之光,艺术是允诺幸福生活的理想方式。

　　而赫勒从艺术相对自律出发,从多角度、多学科、多途径来探索人类解放过程。她立足于日常生活这一微观领域,从社会人类学的视角探索日常生活中态度的可变性,从审美的维度探索个体道德个性的形成,实现个体与类的统一,系统地论证了人类个体解放的合法性、可能性与实现途径。不同于法兰克福学派的艺术革命,她认为,人的真正解放不是仅凭无产阶级革命夺取政权而实现的经济或政治领域的解放,也不是仅凭艺术能够实现的审美乌托邦想象,而是通过一场微观的日常生活的革命而达到民主的实现与人类的解放。在她看来,个体的日常生活革命是个体解放的立足点,激进的需要革命是个体解放的必由之路,激进民主制是人类解放的"第三条道路",道德美学是赫勒人类解放思想的新视野,道德美学以及理想个性的形成是个人好生活的途径。由此,我们可以看到,赫勒对人类解放是积极乐观的。正是由于审美是自律

---

　　① Agnes Heller, Trans. Richard E. Allen, *Renaissance Man*, Routledge and Kegan Paul Ltd, 1978, p. 252.

的,所以它可以提高个人到类的水平,从而实现解放;也正由于审美是他律的,所以,艺术与政治、道德、伦理是息息相关的。艺术与其他文化领域的结合,为人类的解放提供了广阔的前景。

这里还需提及的是,虽然赫勒非常重视审美或艺术对日常生活的提升和改造,但是由于日常生活的惰性,她又对艺术保留怀疑态度,这与法兰克福学派是全然有别的。她认为,在审美接受中,欣赏者虽然伴有精神和心灵的升华和净化,但是,"在欣赏之后,欣赏者没有任何改变,又回到了与艺术根本不同的日常生活。艺术自身不能使生活人道化,但是,在存在着使自己的生活和他人的生活人道化的渴望之处,艺术可以提供尺度,它可以为这一事业提供情感和理智的支持"①。这意味着,赫勒对艺术的态度是"保留的",虽然赫勒重视艺术对人性改变的作用,但有时艺术只是一个审美乌托邦的想象,在艺术接受后,人又重新回到异化的日常生活。就像马尔库什所说的,艺术创作和艺术接受虽然能使人摆脱异化,但不能消除异化,艺术活动并未给日常生活带来太大的变化。赫勒的这种观点与阿多诺和马尔库塞执着地认为通过艺术实现人的解放的理论有一定的差别。另外,她认为,"审美生活"虽然也是一种处理日常生活的方式,能够把日常生活从"自在存在"转化为"为我们存在"。但是,赫勒指出,"生活的艺术家"只有一个意图,即把他自己的日常生活转化成"为他的存在",他的性格中缺少"对他人有用"的气质。因此,"'审美生活'是贵族统治的,而有意义的生活则在原则上是民主的。有意义生活中的指导规范总是有意义生活可一般化,可拓宽到他人的性质,从长远看,可拓宽到整个人类"②。"有意义的生活"比"审美的生活"更具有普遍性和民主性,它超出了少数艺术家的范围,能够扩展到所有人。

最后,回归生活世界,建立以交往为形式的美学是赫勒与哈贝马斯共同的理想。在霍克海默、阿多诺等人看来,现代社会充斥着工具理性的统治,日常生活几乎全面异化,于是他们选择了审美感性冲动的作用,以审美现代性的感性因素来对抗和拯救启蒙现代

---

① (匈)阿格妮丝·赫勒:《日常生活》,衣俊卿译,重庆出版社1990年版,第117页。

② (匈)阿格妮丝·赫勒:《日常生活》,衣俊卿译,重庆出版社1990年版,第291页。

性的理性因素。但这未必是一种好的选择。一方面,现代主义以一种奇异、怪诞、荒唐、晦涩的"不合作"方式讽刺和反抗现代社会,提供给人们另一个完全不同的世界。但无论是乔伊斯的《尤利西斯》,还是艾略特的《荒原》,不管是贝克特的《等待戈多》,还是卡夫卡的《城堡》或是尤奈斯库的《秃头歌女》,都很难被大众理解和接受。于是,"艺术成为一面批判之镜,它映射出审美与社会世界之间的不和谐特性。这种现代主义转变越是痛苦地加以实现,艺术越是与生活世界疏离,越是遁入完全自足而又无法企及的境况"①。另一方面,当现代主义"反叛"陷入困境后,超现实主义又试图把艺术与生活同一,取消艺术自律,"把艺术与生活、虚构与实践、表象与现实削平到同一个平面,取消艺术物品与实用物品、刻意上演与自发实验的差异,宣称任何东西都是艺术、人人都是艺术家,取消各种标准并把审美判断等同于主观体验的表现"②。这种结果却是事与愿违的。大量平庸的艺术作品的出现,不仅使艺术失去了崇高性,也使艺术失去了批判社会的能力,"艺术不应放弃其崇高性而转向生活"③。

　　哈贝马斯继承了法兰克福学派第一代理论家的思想遗产,同时也看到了理性批判的效用和局限性。他系统地研究了韦伯的合理化理论,看到了其中蕴含的建设性潜能。在他看来,目的理性和价值理性并不是二元对立的概念,它们可以在一个更具包容性的理性概念中达成共识,这就是哈贝马斯提出的交往理性。哈贝马斯建立了涵盖审美—表现理性、道德—实践理性和认知—工具理性的交往理性,"交往过程需要一个涵盖各种领域的文化传统——认知的、道德—实践的和表现的"④。哈贝马斯运用交往理性解决现代性困境的方式和方法与赫勒的思想形成共识。

　　第一,二者都主张现代性问题的解决要以生活世界为背景。

　　① (德)哈贝马斯:《现代性对后现代性》,"周宪主编:《文化现代性精粹读本》",中国人民大学出版社 2006 年版,第 144 页。

　　② (德)哈贝马斯:《现代性对后现代性》,"周宪主编:《文化现代性精粹读本》",中国人民大学出版社 2006 年版,第 144 页。

　　③ (德)哈贝马斯:《现代性的哲学话语》,曹卫东等译,译林出版社 2004 年版,第 57 页。

　　④ (德)哈贝马斯:《现代性对后现代性》,"周宪主编:《文化现代性精粹读本》",中国人民大学出版社 2006 年版,第 145 页。

哈贝马斯在《交往行为理论》和《现代性的哲学话语》中对生活世界的概念做了解释,"交往行为的主体总是在生活世界的视野内达成共识"①,"由于言语者和听众直接就世界上的事物达成沟通,因此,他们活动在其共有的生活世界视域当中;这个生活世界始终都是参与者的背景,这是一个完整而不可分割的背景……对于理解过程而言,生活世界既构成了一个语境,又提供了资源。生活世界构成一个视域,同时预先提供了文化自明性"②。这与赫勒的观点是极为一致的。赫勒主张现代问题包括人的问题的解决不仅仅靠宏观革命,而应回到日常生活这一微观领域当中。日常生活作为个体再生产领域是个人发展、个体解放不可或缺的领域,日常生活批判的任务就是要扬弃日常生活的自在性,使主体同类本质建立自觉的关系,从而实现个体自由。当然在生活世界中寻求人的个性的统一,不仅仅要依靠艺术的提升,还要靠道德个体的形成,如美的和崇高的个性的形成等等。

但是,随着价值领域的分化,生活世界发生了深刻的变化,生活世界的同一性再也无法受到某种总体性的世界观的保障。价值领域四分五裂,社会政治、经济制度的合理化取代了生活世界的合理化,"'新维多利亚主义'在性道德上所容许的灵活性和个性并不比老的维多利亚主义多,甚至用法律来实施制裁,从而侵蚀私密生活"③。赫勒认为,对于这种现象"哈贝马斯所创造的'生活世界的殖民化'一语,是一种非常有说服力的表达"④。对此,赫勒曾写过《亲密生活的殖民化》一文,指出私密生活越是被侵蚀,它就越被公众的审视之光所照亮,单纯的身体或心智就越无助,它的监牢也越狭小。⑤

可见,他们从生活世界的角度都揭示了现代性的困境,但是他们又都极为乐观。赫勒从心理和人类学等多个角度论证了人的态

① (德)哈贝马斯:《交往行为理论》第 1 卷,曹卫东译,上海人民出版社 2004 年版,第 69 页。
② (德)哈贝马斯:《现代性的哲学话语》,曹卫东等译,译林出版社 2004 年版,第349 页。
③ (匈)阿格尼丝·赫勒:《现代性理论》,李瑞华译,商务印书馆 2005 年版,第221 页。
④ (匈)阿格尼丝·赫勒:《现代性理论》,李瑞华译,商务印书馆 2005 年版,第379 页。
⑤ 参见(匈)阿格尼丝·赫勒:《现代性理论》,李瑞华译,商务印书馆 2005 年版,第221 页。

度的可改变性,相信个体是能充当变革的主体的,相信通过主体间的交往和对问题的阐释,人们是能够达成一致的。哈贝马斯尽管看到了交往理论的缺陷,但仍然比较执着,"我坚持认为,交往理性尽管具有纯粹程序主义特征,尽管摆脱了一切宗教和形而上学的假设,但它依然直接进入了社会生活过程"①。生活世界为二者提供了这样的梦想:交往理性作为人类实现感性与理性和解、人与世界和解的一条渠道,其目标在于通过话语文化,借助言语媒介建构一个充分体现主体间和谐相处、互相理解的社会空间。

第二,二者都认同以语言为媒介的交往理性是解决现代性的理想的途径。在哈贝马斯看来,只靠审美乌托邦想象并不能解决现代性产生的诸多问题,要想走出以主体为中心的理性的困境,发挥交往理性的作用,我们就不能把这一重责仅仅放在文化现代性的一部分——审美现代性身上,而必须调动文化现代性的组成部分——科学、道德和艺术三者的整体发展。在这一点上,赫勒的思考是全面的。她把文化悖论的解决寄希望于话语文化即交往的美学,希望用"美的性格"这种理想的道德美学个性来建立一个开放的乌托邦共和国,这种对审美现代性的功能既认可又否定的辩证观点,或许更适合现代性的实际状况。正是看到了审美现代性发展的内在张力,赫勒吸收了康德和卢卡奇思想中的伦理内涵,求助于"实践理性"。面对日常生活的局限,赫勒竭力要捍卫的是人的理性能力,并把这种能力当作人的自身发展不可或缺的手段。这一点是与哈贝马斯完全相同的,他们都看到了现代审美乌托邦的局限:一种工具理性化的日常生活是不能在文化贫困化的状态中被拯救的,审美现代性只是文化现代性的一部分。但是这并没有降低他们对艺术和审美的重视程度,他们仍然赋予艺术以交往和沟通的功能。

在分析席勒的文章中,哈贝马斯认为,席勒建立了生活与世界和谐的乌托邦,在这个乌托邦中,"席勒把艺术理解为交往理性的真正体现"②,把艺术看作是一种深入人的主体性关系的中介形式。

① (德)哈贝马斯:《现代性的哲学话语》,曹卫东等译,译林出版社 2004 年版,第368 页。

② (德)哈贝马斯:《现代性的哲学话语》,曹卫东等译,译林出版社 2004 年版,第56 页。

所以,艺术要想完成现代性的历史使命,"就不应死抓住个体不放,而必须对个体参与其中的生活方式加以转化"①。在哈贝马斯那里,艺术承担着与法兰克福学派的前辈们所主张的不同的现代功能:艺术体现了主体间的沟通要求。由此,价值理性与目的理性在交往理性的概念中走向和解。

在生活世界殖民化的语境中,艺术的现代功能如何体现?艺术如何发挥沟通作用呢?这就要靠二者都认可的话语文化。通过文化交谈,主体间性得到了丰富和细致化。赫勒认为这种作为文化话语的文化产生于18世纪的咖啡馆和沙龙的讨论中,男人们是咖啡馆的主角,女人们是沙龙的主角,他们"组织"文化话语。这种交谈的文化既可以发生在公共场合,也可以发生在私人场合。"文化话语预设了一个'社会',一群有着相同思想和相同精神的人"②,他们不需要假定有相同的意见,只要他们对于交谈充满兴趣。

哈贝马斯在论述文学公共领域时也表述了同样的看法。哈贝马斯指出:文学虽然是私人领域,但是在"虚构"文学中,私人个体的主体性和公共性紧密地联系在一起,围绕着作品,作家与读者、读者与读者之间可以进行交流,增进交往。"通过阅读小说,也培养了公众;而公众在早期咖啡馆、沙龙、宴会等机制中已经出现了很长时间,报刊(纸)杂志及其职业批评等中介机制使公众紧紧地团结在一起。他们组成了以文学讨论为主的公共领域,通过文学讨论,源自私人领域的主体性对自身有了清楚的认识。"③由此,我们可以看到,文化讨论不仅可以跨语境,而且它是"反思的和自我反思的",它构建了我们的人格,所以,赫勒认为"文化可以说是现代性的动力的主要载体"。④ 这种话语文化不仅有艺术的审美表现,同时又有"自身的道德准则"。

---

① (德)哈贝马斯:《现代性的哲学话语》,曹卫东等译,译林出版社2004年版,第53页。

② (匈)阿格尼丝·赫勒:《现代性理论》,李瑞华译,商务印书馆2005年版,第181页。

③ (德)哈贝马斯:《公共领域的结构转型》,曹卫东等译,学林出版社1999年版,第55页。

④ (匈)阿格尼丝·赫勒:《现代性理论》,李瑞华译,商务印书馆2005年版,第182页。

立足于交往理性，我们看到了艺术和审美在日常交往实践中的沟通作用，它强调了感性和理性在艺术的交往形式中的和解，确立了主体间的理想形式。我们可以看到，哈贝马斯和赫勒都不同程度地继承了启蒙运动的理性传统，对人的理性所具有的批判能力都保持着一种乐观的态度。相信凭借着理性的力量，人类能够找到合理的生活方式，人们能够摆脱一切阶级、意识形态的压抑，在自由表达自己意愿的情况下，取得一致的意见，建立真正交流的社会机制。当然，相比之下，赫勒似乎更客观，她看到了交往理性抽象性的一面，同时发现交往理性的乌托邦因素。对于自己理论的乌托邦色彩，哈贝马斯并不否认，"交往理性并不是简单地为某个主体或某个系统找到持存的可能，而是直接介入到它应当加以捍卫的结构化过程当中。带有调和和自由色彩的乌托邦视角扎根于个体交往社会化的前提之中，并且已经包含在类的语言再生产机制当中"①。

---

① （德）哈贝马斯：《交往行为理论》第 1 卷，曹卫东译，上海人民出版社 2004 年版，第 380 页。

第五章　赫勒美学思想的
理论创新及其限度

赫勒作为 20 世纪后现代文化语境中的东欧新马克思主义重要代表人物,一方面继承了导师卢卡奇对"文化可能性"问题的追问,一方面依据新时代的人类生存状况、后现代政治状况,构建了以审美为维度,以文化批判、社会批判为手段,最终改变人的异化的存在状态的审美现代性体系。其道德美学和话语文化的建立改变了人们对审美、艺术本质和艺术活动的现代性理解。从根本上说,赫勒审美文化的研究视角、思维路径以及立足于解决个体异化、实现人类解放的探索无疑是对卢卡奇"文化可能性"问题的回归,其个体解放理论为文化可能性的解决提供了新的思路。本章力图探讨赫勒美学思想对解决现代性危机和改变人类生存状态的意义及其局限性。

第一节　赫勒审美现代性思想是
卢卡奇文化可能性问题的回归

现代性是一个极其复杂而富有争议的概念,不同的人有不同的理解,不同的界定。波德莱尔把现代性定义为"过渡、短暂、偶然";韦伯把现代性看作是价值领域的分化过程;吉登斯认为现代性是 17 世纪产生于欧洲并对世界产生深远影响的社会生活和组织模式;福柯把现代性看作一种态度,一种思考和行为方式;列斐伏尔则把现代性说成是一种反思;等等。但是"现代性的捍卫者和批评者差不多都是在非常一般的和普泛的意义上探讨现代性问题,没有揭示出现代性是怎样作为基本的图式和机理无所不在、无孔不入地渗透到现代社会的各个层面,怎样作为基本的生存模式深刻地影响现代人的生存和生活"①。我国学者衣俊卿从文化模式的视角,分析了现代性的多重维度及内在张力。② 衣俊卿认为,现代性具有精神性和制度性两方面的维度,而且这两种维度在现实社会运行中是密不可分的。思想家们的看法虽不同,但都承认现代性的冲突和张力是现代性的一个基本主题。

在冲突和张力中现代性能够幸存吗? 现代性的命运如何? 从19 世纪以来,思想家们就开始寻求解决现代性问题的途径。在现代性的冲突中,审美扮演着越来越重要的角色。如果说审美或艺术在传统社会只是一种维系社会稳定和团结的手段的话,那么现代审美文化却是与社会实在处于尖锐的对立之中,"可以肯定的是,在十九世纪前半期的某个时刻,在作为西方文明史一个阶段的现代性同作为美学概念的现代性之间发生了无法弥合的分裂"③。这两种现代性可以概括为,以工具理性为核心的启蒙现代性和以价值理论为基础的审美现代性。可以说,审美现代性是"社会现代化过程中分化出来的一种独特的自主性表意实践,它不断地反思着社会现代化本身,并不停地为急剧变化的社会生活提供重要的意义"④。从波德莱尔的《恶之花》到卡夫卡的《变形记》,从鲁迅的《狂人日记》到老舍的《骆驼祥子》,审美现代性不断借助于文学艺术作品、艺术活动来体现人们对社会现实的批判,对人与自然的审美理解,对人的感性的发现以及对日常生活刻板化、惯例化的颠覆,等等。可以说,审美现代性蕴含了丰富的人道主义内涵,它在批判和修复现代性危机中,扮演着推进人性解放的角色。

在对抗社会现代性的过程中,审美现代性展示了其独特的批判和修复价值。首先,反思性是审美现代性最基本的特征。在理性至上、科学一统天下的现代主义历史浪潮中,艺术从感性的视角提供给人们一种反思的维度。艺术家通过浪漫主义、现实主义美

---

① 衣俊卿:《现代性的维度及其当代命运》,载《中国社会科学》2004 年第 4 期。

② 参见衣俊卿:《现代性的维度》,黑龙江大学出版社 2011 年版。

③ (美)马泰·卡林内斯库:《现代性的五副面孔》,顾爱彬、李瑞华译,商务印书馆2002 年版,第 47~48 页。

④ 周宪:《审美现代性批判》,商务印书馆 2005 年版,第 71 页。

学以及现代各种艺术活动再现了现存社会文化的紧张状态,控诉社会的不公和邪恶。其次,审美现代性的个性化、多元化视角颠覆了理性主义的价值观和生活方式。艺术家通过提倡个性化的审美趣味,提倡一种对"惊愕"、变化、距离、恐怖等审美效果的崇拜,试图打破和抵制大众日常生活的平庸、刻板和庸俗。正如唯美主义作家王尔德所说:"我们的世纪确实是要多乏味有多乏味,要多平庸有多平庸。……伟大的中产阶级的梦想……它们平庸,卑微,乏味。"①因此,现代社会才有"为艺术而艺术"的唯美主义,有为哲学家尼采、海德格尔、福柯等人所讴歌的"审美的生存方式"。追求理想的自由的、个性化的、本真的生存状态是审美现代性的目标。同时,审美现代性的多元化视角为抵制各种文化中心主义提供可能,它展现了各种团体、文化机构等交流、对话的空间。

最后,归结为一点,审美现代性具有审美的"救赎"功能。尼采曾在《论道德的谱系》中谈道,所有的禁欲主义理想都提供给人们生存的意义,解释人们痛苦的目的,今世的痛苦是为了死后能进入天堂。② 但是随着资产阶级现代化的发展,宗教衰落、"上帝死了",人们对生命的意义迷茫,日常生活工具理性化,审美便开启了"世俗救赎之路"。用韦伯的话说,"在生活的理智化和合理化的发展条件下,艺术正越来越变成一个掌握了独立价值的世界。无论怎样解释,它确实承担起一种世俗的救赎功能,从而将人们从日常生活中,特别是从越来越沉重的理论的与实践的理性主义的压力下拯救出来"③。审美经验的获得舒缓了人们日常紧张的压力,打破了日常常规的习惯与无意识,增强了自由的想象空间。正如马尔库塞所说:"审美经验将阻止使人成为劳动工具的暴力的、开发性的生产……人的主动性超出了欲望和忧虑,成了表演,即对人的潜能的自由表现。"④所以,在审美形式中,艺术表达了对人的拯救,表达了人的解放的潜力。

① (英)王尔德:《谎言的衰朽》,"赵澧等主编:《唯美主义》",中国人民大学出版社 1988 年版,第 139 页。
② 参见(德)尼采:《论道德的谱系》,周红译,三联书店 1992 年版,第 135 ~ 136 页。
③ 转引自李健:《审美乌托邦的想象》,社会科学文献出版社 2009 年版,第 43 页。
④ (美)马尔库塞:《爱欲与文明》,黄勇等译,上海译文出版社 2005 年版,第 146 页。

从人们赋予审美现代性以对抗、修复现代性的职责以来,康德、席勒、马克思、卢卡奇、阿多诺等思想家不断地探索自己的审美现代性方案。赫勒作为卢卡奇的学生、第二次世界大战的幸存者之一,对人生和工作有着独特的思考和理解。战争的恐怖,尤其是德国纳粹在奥斯维辛和其他集中营对她父亲和上百万犹太人的杀害,对她产生了深刻的影响,她说:"这对我的一生尤其是我的工作产生了深刻的影响。我总是对这些问题感兴趣:这怎么能够发生?我怎么能理解这个问题? ……人们怎么能做这样的事情? 因此,我必须找到道德到底是什么? 善和恶的本质是什么? 关于罪恶我能够做些什么? 我能发现道德和恶的起源是什么吗? 这是第一个疑问。另外一个疑问是:什么样的世界能产生这个问题? 什么样的世界能允许这种事情发生? 现代性到底是什么? 我们能够期望获得拯救吗?"①现代性、拯救等等这些问题时刻困扰着赫勒的思绪,而这也恰恰是卢卡奇文化可能性问题的症结之所在。

我国学者衣俊卿曾深刻地道出了卢卡奇"文化可能性"问题的实质:"在卢卡奇那里,文化的问题就是人的存在和命运的问题,而环绕着人的存在和命运的问题,在卢卡奇心灵深处一直存在着一种关于世界'善'和'恶'的对立和冲突的判断;一端是'幸福年代'的完整的文化和自由的人;一端是'罪恶年代'的分裂的文化和异化的人。卢卡奇把'填平'这对立两极之间的鸿沟视做自己毕生的神圣使命,因此,文化的问题就是对文化危机的批判,就是扬弃异化、恢复人的自由生存的问题。"②

因此,赫勒追随并继续完成导师卢卡奇未完成的任务,并以其独特的生活阅历和对现代性的反思,形成了自己独特的审美现代性思想。赫勒一方面从审美摆脱异化、实现完整的人的角度,另一方面从日常生活微观层面的人道化来试图解决现代社会文化问题。

首先,她依据韦伯的价值领域分化的理论,马克思和卢卡奇的类本质思想,同时继承了卢卡奇的审美相对自律原则,从审美发生

---

① Agnes Heller, *Philosopher*, *Writer*, *Educator*, *and Social Activist*, In *Current Biography Monthly*, 2008, (11).

② (匈)阿格妮丝·赫勒:《卢卡奇再评价》,衣俊卿等译,黑龙江大学出版社2011年版,第16页。

学的角度,对文艺复兴时期西方审美文化进行了分析和探讨,形成了"自在的"日常生活领域,"自为的"哲学、科学、艺术领域以及"自在自为的"制度领域的观点。之后,她以此哲学框架为背景,系统地对当代美学理论困境进行了分析和批判,并结合社会批判理论为解决现代性危机、寻求人的解放提供方案。

赫勒为了避免现代性产生的悖论,对现代性进行了详细的分析。① 在她看来,现代性包含两种成分:现代性的动力和现代性的社会格局。而这二者的紧密相连就是"现代性的本质"。现代性的动力,赫勒称之为"非辩证的辩证法"。它包括启蒙,可以在霍克海默和阿多诺启蒙的辩证法的意义上加以理解。赫勒肯定了启蒙的力量,肯定了人类理性的积极意义,正是启蒙、理性推动了现代性的发展。启蒙是双面的,"启蒙远没有被替代;它仍在不断工作。只看到启蒙年轻美丽一面的观众倾心于理性主义的启蒙;只看到启蒙老丑一面的观众则倾心于浪漫派的启蒙"②。现代性的动力产生了悖论,同时现代性的动力是现代社会格局的助产士。

于是,在现代性的矛盾、危机与困境中,审美现代性事实上承担了两种功能:一种是普遍的,通常局限于专门的美学分析,即美学体系内的建设,比如艺术形式和风格、审美经验和趣味判断等等;另一种就是美学超越了学科的狭隘界限,转向广阔的社会理论领域,基于审美的维度对社会进行批判。我国学者周宪认为,美学研究的一个很有前景的路径就是社会理论的思路③,而这恰恰证实了赫勒美学理论所具有的极强的前瞻性和发展性。赫勒追随导师卢卡奇的遗志,并时刻关注社会的发展变化,能够准确地把握时代的脉搏,把美学研究与社会批判理论紧密结合起来,一方面避免了美学学科抽象化、学科化的局限,另一方面使得审美现代性引入跨学科视野和价值论态度,增强了审美现代性的"反思性"特征。

其次,赫勒从微观领域对文化和社会进行了批判。赫勒的文

① 参见(匈)阿格尼丝·赫勒:《现代性理论》,李瑞华译,商务印书馆2005年版,第63~94页。

② (匈)阿格尼丝·赫勒:《现代性理论》,李瑞华译,商务印书馆2005年版,第69页。

③ 周宪:《社会理论语境中的审美现代性》,载《福建论坛(人文社会科学版)》2003年第1期。

作为文化批判的审美——赫勒美学思想研究

化批判理论是审美超越性的重要体现,审美的意义就在于对社会异化现实的超越。对现实的维护、超越和批判始终是艺术的一个重要维度。具体说来,赫勒对现代社会批判与重建的思想主要体现在她的日常生活理论和道德美学思想上。可以说赫勒的日常生活批判是"对当代审美现代性的一种积极重释"①。而她的道德美学思想体现了"家和世界的重合"②,为个体的升华、人类个体实现解放,实现个体与类的统一,真正做到日常生活的微观革命以及文化可能性的解决提供了广阔的前景。

　　应该说,赫勒继承了卢卡奇的传统,在对现代性困境的解决时,没有只局限于审美领域,还包括了伦理、政治等方式。因为德国的传统在某种程度上具有一种浪漫主义的夸大审美现代性,贬低启蒙现代性的倾向,例如,康德强调审美的无功利性;席勒重视审美对于人的解放,弥合理性和感性分裂的作用;黑格尔曾指出审美具有解放的意义;韦伯则明确提出审美或艺术具有世俗救赎的功能;直到法兰克福学派艺术救赎的理论;等等。他们确实凸显了审美现代性在工具理性的资产阶级世界里独特的功能和意义,但是他们不免带有一种强烈的理想主义的、乌托邦的色彩。应该说,审美现代性确实在现代性的冲突中发挥着重要的作用,但是我们却不能忽略启蒙现代性是社会进步的主要动力。两种现代性——启蒙现代性和审美现代性,共同构成了现代性的基本价值取向和发展路径。"她既认识到现代性的理性的异化,理性对日常生活的殖民,理性的权威地位,也认识到理性的积极价值,既反对把技术视为是导致全面异化的悲观主义认识,也否认把技术视为一种自由的希望的乐观主义的看法。"③

　　从分析中我们看到,赫勒在亲身经历和体验了20世纪现代人的生存状况和后现代政治状况后,对现代性幸存问题的解答回到了卢卡奇的"文化可能性"中,回到了对古典生活的向往和"完整的

---

　　① 张政文:《西方审美现代性的确立与转向》,黑龙江大学出版社2008年版,第243页。

　　② Roberts David, *Between Home and World：Agnes Heller's the Concept of the Beautiful*, In *Thesis Eleven*,1999,(vol.59).

　　③ 转引自傅其林:《阿格妮丝·赫勒审美现代性思想研究》,巴蜀书社2006年版,第340页。

文化"家园,形成了"新时代"①的重建现代性的审美现代性理论。赫勒的美学思想中,无论是对当代美学理论的重建,还是审美维度的文化批判理论,其归宿点仍然是现代社会人能否过上脱离异化的生活问题,所以从根本上说,赫勒的审美现代性思想是卢卡奇文化可能性问题的回归。

第二节　赫勒个体解放理论为"文化可能性"的解决提供了新的思路

马克思曾经指出,我们应该为人类的幸福和我们自身的完善、为建立一个新世界而积极工作,为了达到这个目标,必须"对现存的一切进行无情的批判"②。作为一个坚定的马克思主义者,赫勒一生致力于人类解放事业的研究。但与马克思不同,赫勒的人类解放理论不是诉诸无产阶级的阶级意识,而是致力于日常生活的微观革命,致力于审美改变生活的意义,强调个体解放是人类解放的途径。为此,赫勒在对马克思阶级解放理论批判研究的同时,继承了卢卡奇对文化可能性问题的思考方式,立足于日常生活这一微观领域,从社会人类学的视角探索日常生活中态度的可变性,从审美的维度寻求个体道德个性的形成,系统地论证了个体解放、人类改变异化的生存状态的合法性、可能性与实现途径。

人类解放是一个古老的话题,从古希腊到文艺复兴再到现代,人类解放被赋予了多种内涵,但大都与人的快乐的获得、人性的复归相连。但是,正像我们所看到的,只有马克思的人类解放理论才把人的解放真正同人的"类"解放、同现实的人、同感性的人的活动紧密结合起来。翻阅马克思的各种文献,处处都会见到关于现实的人、人的问题、人的自由和全面发展以及人的解放问题。例如,在《1844年经济学哲学手稿》(以下简称《手稿》)中关于人的异化

---

① 参见 Marios Constantinou, *Agnes Heller's Ecce Homo: A Neomodern Vision of Moral Anthropology*, In *Thesis Eleven*, 1999(vol. 59)。在这篇文章中,康斯坦丁诺认为赫勒的道德美学思想为现代人解决生存困惑提供了新的思路,通过使经典的美德、美、和谐和幸福概念与现代想象、生活和自由的基本价值相吻合,赫勒刺激了现代性的人类学反思。他把赫勒的这种思想称为"道德人类学的新现代版"。

② 《马克思恩格斯全集》第1卷,人民出版社1956年版,第416页。

状态的描述;《德意志意识形态》中关于人类历史前提的阐发;等等。可以说,人的解放问题一直是马克思思想的核心内容,它关系着人对异化的扬弃,关系着人的自由自觉的人性的回归。马克思在《手稿》中表达了人的解放的实质内容:"共产主义是私有财产即人的自我异化的积极的扬弃,因而是通过人并且为了人而对人的本质的真正占有;因此,它是人向自身、向社会的即合乎人性的人的复归,这种复归是完全的,自觉的和在以往发展的全部财富的范围内生成的。"①

针对资产阶级讲求人类平等、博爱、自由等人类解放观念,马克思在《论犹太人问题》中指出,资产阶级的解放只是政治解放,而政治解放不是彻底的人的解放,人们必须超越政治解放,实现最终的人类解放。据此,马克思在《共产党宣言》中指出,"代替那存在着阶级和阶级对立的资产阶级旧社会的,将是这样一个联合体,在那里,每个人的自由发展是一切人的自由发展的条件"②。这里马克思指明了人类解放的两方面的内涵:一方面,人类的解放是以每个人的解放为前提的,只有每一个个人获得解放,整个人类才能彻底解放;另一方面,只有人类的解放,个体才能实现解放。因为,在马克思看来,"每一个单个人的解放的程度是与历史完全转变为世界历史的程度一致的"③,"共产主义只有作为占统治地位的各民族'一下子'同时发生的行动,在经验上才是可能的"④。

同时,马克思在《〈黑格尔法哲学批判〉导言》中,明确地把实现人类解放的使命赋予了无产阶级。马克思认为,德国解放的实际可能性"就在于形成一个被戴上彻底的锁链的阶级……在于形成一个若不从其他一切社会领域解放出来从而解放其他一切社会领域就不能解放自己的领域,总之,形成这样一个领域,它表明人的完全丧失,并因而只有通过人的完全回复才能回复自己本身。社会解体的这个结果,就是无产阶级这个特殊等级"⑤。

可见,马克思的人类解放理论把个体与社会、个体解放与人类

---

① （德）马克思:《1844 年经济学哲学手稿》,人民出版社 2000 年版,第 81 页。
② 《马克思恩格斯选集》第 1 卷,人民出版社 1995 年版,第 294 页。
③ 《马克思恩格斯选集》第 1 卷,人民出版社 1995 年版,第 89 页。
④ 《马克思恩格斯选集》第 1 卷,人民出版社 1995 年版,第 86 页。
⑤ 《马克思恩格斯选集》第 1 卷,人民出版社 1995 年版,第 14～15 页。

解放联系起来,从而实现"自由人的联合体"。马克思人类解放理论不仅体现了集体的阶级的维度,更体现了个体的维度,"只有当现实的个人同时也是抽象的公民,并且作为个人,在自己的经验生活、自己的个人劳动、自己的个人关系中间,成为类存在物的时候,只有当人认识到自己的'原有力量'并把这种力量组织成为社会力量因而不再把社会力量当做政治力量跟自己分开的时候,只有到了那个时候,人类解放才能完成"①。

但是,伴随着当今全球化时代的到来,人类历史现实发生了极大的变化,马克思人类解放理论的背景条件发生了极大的转变。衣俊卿教授总结了历史进程中具有实质性意义的变化。② 首先,从社会构成上来看,各领域间界限模糊,主导型领域社会控制地位削弱,社会结构呈现多态化。"文化不再是与政治经济相分离的、外在的、相对独立的、被决定的精神文化,而是真正成为人类生存的自觉方式和社会各个领域内在的机理和图式。"③从社会运行和控制机制来看,主导型的宏观权力逐渐让位于多态化的微观权力。这种微观权力机构,"既可能为个体的自由和个性发展提供空间,也可能使理性对人的统治渗透到生活的每一个角落"④。这种形势的变化,使得马克思所设想的通过阶级解放而实现人类解放的宏观政治革命的设想无法实现。

当然,必须指出,尽管马克思的人类解放理论中也谈到了微观的理论资源,但是"在马克思的学说中并没有强调或者使用微观政治哲学、微观史学或者微观社会历史理论范式,马克思当时所关注的作为历史发展基础的是宏观的社会领域(经济领域)和宏观的权力(政治权力)及其普遍的规律"⑤。这是由所处时代的不同造成的。马克思身在世界市场和全球性的人类世界历史进程大发展时期,并且当时甚至之前一段时间的社会历史理论否定了一般性的发展规律,所以,马克思凸显阶级力量的人类解放理论是有历史背

① 《马克思恩格斯全集》第 1 卷,人民出版社 1956 年版,第 443 页。
② 参见衣俊卿:《现代性的维度》,黑龙江大学出版社 2011 年版,"总序"第 14 ~ 18 页。
③ 衣俊卿:《现代性的维度》,黑龙江大学出版社 2011 年版,"总序"第 14 页。
④ 衣俊卿:《现代性的维度》,黑龙江大学出版社 2011 年版,"总序"第 15 页。
⑤ 衣俊卿:《现代性的维度》,黑龙江大学出版社 2011 年版,"总序"第 13 页。

景的。

因为,在传统社会中,特别是工业文明发展的理性化进程中,社会控制主要依赖宏观权力和公共权力来完成,尤其是社会转型和社会变革,"一般要通过宏观的革命(多半是暴力性质的变革)和政治运动来实现"①。而在后现代背景当中,社会控制除了需要宏观力量之外,更多地依赖分散的、多元化的微观权力。赫勒内在于社会生活和日常生活层面的微观革命适应了时代的要求,是适合于时代精神的。衣俊卿认为,20世纪至今的各种文化批判理论,都自觉或不自觉地形成文化哲学的微观理论范式。日常生活批判"不再孤立地探讨和强调政治、经济等宏观社会历史因素的决定作用,而是把所有的社会历史因素都放到生活世界的文化意义结构中加以审视和评价"②。

我国学者李小兵曾这样评价马尔库塞的美学思想,"如果说尼采的美学思想是提倡一种审美的人生态度的广义的美学,那么,马尔库塞的美学思想,则是寻求人的现实解放的广义政治学"③。或许,我们可以这样评价赫勒的美学思想:如果说尼采的美学提供给我们一种审美的人生态度的话,那么,赫勒的美学思想则是现代人寻求个体解放的广义政治学、伦理学。应该说,赫勒的美学理论完全融合在对发达资本主义社会和现存社会主义社会的批判理论中。在她那里,美学始终是与人的解放学说联系在一起的。

从前面我们对赫勒审美现代性思想的分析中可以看到,赫勒的人类解放理论不再只迷恋于宏观的经济政治革命,而是选择并发展了马克思个体解放的维度,依赖于激进民主制、日常生活中道德美学的渗透、道德个性的形成等政治、伦理、美学领域的微观手段,实现人的解放。赫勒的个体解放理论继承了马克思建立在自由意义上的人类解放观,同时发展了个体解放的维度,极大地丰富了马克思关于人类解放的思想。由于继承了卢卡奇的美学思想,赫勒认为人类解放问题不仅仅是靠政治革命能解决的问题,也不仅仅是靠伦理道德就能解决的问题,同时也不仅仅是艺术或审美

---

① 衣俊卿:《现代性的维度》,黑龙江大学出版社2011年版,"总序"第15页。

② 衣俊卿:《现代性的维度》,黑龙江大学出版社2011年版,"总序"第17页。

③ (美)马尔库塞:《审美之维》,李小兵译,广西师范大学出版社2001年版,"译序"第1页。

能解决的问题。

在赫勒看来,当代人的解放问题就是"文化的可能性问题",是人能否超越和摆脱异化的生活问题。对于这一问题的把握和解答,就像马尔库什对卢卡奇解决文化可能性问题所分析的,文化问题、美学问题同时是一种伦理学问题、一种政治学问题,因为它关系着人的自我决定、关系着人的自由、关系着生活方式乃至社会的变革。① 因此,赫勒的回答可以归纳为美学、政治学、伦理学三个层面。

人的解放是一种文化问题,它首先表现为美学问题。因为,艺术是人类的自我意识,审美的世界是一个自由的世界,它提供了非拜物教意识的所有可能性,"艺术证实了个体和类的统一的可能性。艺术的本质是'类特征'水平上的进化的可能性之保证"②。正如马尔库塞所说,"今天,在反抗'消费社会'的斗争中,感性奋力于成为'实践的'感性,即成为彻底重建新的生活方式的工具。它已成为争取解放的政治斗争中的一种力量"③。

但是从赫勒把艺术的特性理解为自律和他律的统一来看,赫勒就没有仅仅把艺术作为唯一的解放途径,"艺术作品只是赋形生活的众多方式中的一种"④。尽管艺术形式是沟通生活和心灵的桥梁,但是仅仅依赖艺术的力量并不能实现人的解放。因为艺术只能够超越异化,并不能废除异化,艺术作品与生活的关系永远都只是不同领域的瞬间接触,不真实的日常生活永远不会因此救赎。此外,艺术也不能废除人类交往中存在的使个体孤立的缺陷,这一方面源于艺术家的精英主义特征,另一方面源于人的固有的本性。⑤ 赫勒清晰地看到了这一点,因此赫勒指出了卢卡奇艺术取消

① 参见 György Márkus, *Life and the Soul: the Young Lukács and the Problem of Culture*, In *Lukács Revalued*, Agnes Heller ed., Basil Blackwell, 1983, pp. 1 – 21。

② (匈)阿格妮丝·赫勒:《卢卡奇的晚期哲学》,衣俊卿译,"阿格妮丝·赫勒主编:《卢卡奇再评价》",衣俊卿等译,黑龙江大学出版社 2011 年版,第 243 页。

③ (美)马尔库塞:《审美之维》,李小兵译,广西师范大学出版社 2001 年版,第 132 页。

④ György Márkus, *Life and the Soul: the Young Lukács and the Problem of Culture*, In *Lukács Revalued*, Agnes Heller ed., Basil Blackwell, 1983, p. 11.

⑤ 参见 György Márkus, *Life and the Soul: the Young Lukács and the Problem of Culture*, In *Lukács Revalued*, Agnes Heller ed., Basil Blackwell, 1983, pp. 12 – 13。

拜物教中存在的一些难以解决的问题。①

其次，在赫勒看来，人的解放即"文化问题"又是一种政治学问题。从世界范围看，工业化带来的生活危机和文化危机日益尖锐，人们逐渐失去了对生活、对世界的批判精神，发展是目的还是手段？追求现代生活的目的是什么？人们在这些根本问题前迷失了方向。为了改变人类的这种生存状况，赫勒做了不懈的努力。从赫勒一生的著述和社会实践来看，她从青年学生时期起，就积极思考人类生存问题，并身体力行，投身于争取解放的革命当中。她从自身经历出发，对资本主义和社会主义民主制提出批判，主张激进的民主制。当国际社会形势发生变化后，她转而试图借助人的理性的力量，在微观领域寻求个体解放的可能性。这突出地表现在她的立足于日常生活世界的交往的话语文化思想。赫勒的话语文化的建构为防止现代世界人的工具化，抵制邪恶文化提供了有力的力量。

赫勒的话语文化是以审美共通感为基础、以交往为媒介的。她认为话语文化是现代性动力的载体。它的跨语境以及反思性和自我反思的特点，它的包含批判因素的特征推动了现代政治和各项制度的发展。赫勒认为，现代科学、技术甚至艺术在某种程度上增强了人性当中恶的因素，成为人们不断追求名誉、地位、金钱和权力的手段。而交谈文化作为意志训练文化的一种模式净化着人类的心灵，使人类适应于更高的目的，即道德的人的形成。在赫勒看来，话语文化体现了她一直所倡导的民主、自由、平等精神和多元主义价值理想，是完全适合于现代人和现代社会的。

尤其是现代网络应用极为广泛，许多事情都在网络中完成。以微博等方式的虚拟网络为话语文化的实现，为人们民主、平等、自由地交谈提供可能。2011年网上盛传的红十字会和郭美美事件，充分说明了红十字会忽视了现代虚拟网络的交谈意识，仍然据守着单一权威的极权主义意识，这已经不适应于现代社会。尽早地进行回应与交谈，是解决问题的良好的途径。话语文化注重交谈，注重人们思想上的交流与沟通，为解决人与人的矛盾，化解个

---

① 参见（匈）阿格妮丝·赫勒：《卢卡奇的晚期哲学》，衣俊卿译，"阿格妮丝·赫勒主编：《卢卡奇再评价》"，衣俊卿等译，黑龙江大学出版社2011年版，第238～242页。

人与国家的利益和冲突,为现代和谐世界的建构铺平了道路。当然,这里仍然要体现伦理的准则,遵守交谈的伦理规范,没有伦理规则,话语文化无法进行。话语文化在现代性的发展中,为解决人的存在困境以及个体价值的实现提供了广阔的视野。赫勒相信,话语文化是自由与自然最终统一的途径,它展现了人类解放的前景。

最后,赫勒认为人的解放问题同时是一种伦理学问题。由于赫勒特殊的人生经历,她对解放的理解有着独特的思考。她在《对需要的专政》、《马克思的需要理论》以及《激进哲学》等著作中,都充分谈到了人的自由和解放的问题。现存社会对人的需要的专政摧毁了人的自由的理想,于是,赫勒试图通过激进的需要革命、激进的民主制等途径,来实现对自由的追求。正如赫勒所言,激进民主制提供了自由和民主共生的可能性,它在政治多元化的同时肯定了道德的价值。因此,在人类解放的道路上,是必须要有伦理道德来陪伴的。如果没有伦理和道德,人的自由和解放的理想就会变成泡影。

赫勒曾在《个性伦理学》中写道:"我一直在思索艺术形式与美的性格之间的相似性。"[1]这里,赫勒把解放的力量寄托在具有美的个性的伦理个体身上。正如马尔库什对卢卡奇文化问题的总结所说的,"文化问题是否可能、赋形生活是否可能,表现为一种伦理学问题、一种道德行为问题——无论是积极的还是消极的——它都是一种自由的、个体自我决定的行为,或者更一般地说,是个体引导自己生活的方式问题"[2]。以此为前提,赫勒的人类解放思想强调个体性和差异性,强调社会生活的伦理内涵。从日常生活的个体出发,无论是"美的"性格的培养,还是"道德个性"的形成,都具有了实践的、可操作性的意义。

应该说赫勒对道德与美学结合的思考,一方面从理论上推进

① Agnes Heller, *An Ethics of Personality*, Blackwell Publishers Ltd, 1996, p. 274.

② György Márkus, *Life and the Soul: the Young Lukács and the Problem of Culture*, In *Lukács Revalued*, Agnes Heller ed., Basil Blackwell, 1983, pp. 20 – 21.

了重构美学问题的研究①,另一方面在实践上为人类和谐的环境的建构提供了可能。但是赫勒的思考没有停留在发现了美学的伦理学内涵,更重要的是赫勒吸收了尼采和康德道德美学中适应现代性的成分,并在康德美学中找到了人类学的归宿点,为人的解放、人的价值的实现、文化可能性问题的解决指明了方向。

"美是伦理学的花冠"是赫勒伦理美学思想的浓缩。对于处于其中的人们来说,在渗透美的思想和展现美的花冠的伦理、道德行为中,不论自觉与否,都会形成一种无形的无法抗拒、无法拒绝、理所当然的文化洪流。无论贫富、贵贱与聪愚,都会受到这种文化的熏陶,从而以这种文化指导自己的行为与思考,从而控制自己对好恶美丑的判断,形成赫勒所理想的"美"的社会,从而使实现民主、平等、自由的乌托邦共和国成为可能。

第三节　赫勒美学思想的理论限度

任何一种理论都不可能是完备的,时代的限制、个人的兴趣、自身的经历、认知结构等等都可能导致一种理论的局限性。赫勒也不例外。

首先,赫勒对日常生活"为我们存在"的建构过于理想化。应该说,赫勒对日常生活异化的问题是非常乐观的,她多次谈到日常生活不必然是异化的,日常生活之所以异化,不在于日常生活结构而在于与日常生活相连的社会关系。因此,她认为个人可以在日常生活的限制内获得一定程度的类本质特征,主体对异化的反抗总是可能的。但是赫勒认为,"对日常生活对象化的纯粹排他主义态度总是异化的。因此,对异化的主观超越只能采取同类本质(类本质价值或类本质对象化)的自觉关系的形式:这一关系以'自为

---

① 有关重构美学和超越美学的问题近年来是美学家、思想家关注的焦点。伴随着全球性的审美化和日常生活审美化现象的出现,传统美学理论日益显露出缺陷和危机,美学家们都试图为美学摆脱困境而探寻出路。德国著名美学家韦尔施反思传统美学、反思当代泛审美化现象,提出了超越美学的美学,试图把美学建立成一种基础学科。韦尔施对道德美学的探讨促使他提出美学的新的称呼:伦理/美学。在这一点上,赫勒与韦尔施的观点还是有一种共识的。参见(德)沃尔夫冈·韦尔施:《重构美学》,陆扬、张岩冰译,上海译文出版社2002年版。

的’对象化的存在为前提条件”①。由此可以看出,第一,赫勒只是想通过主体本身的提升,实现日常生活人道化。认为主体对异化生活的主观超越是反抗异化、超越异化的主要途径,但是赫勒没有谈及这种超越是否受到客观条件的限制,在什么情况下这种超越能够发生,达到什么程度。

第二,赫勒认为这种对异化的主观超越只能采取自觉的形式。赫勒设想一种生活方式,在那里,我们既能部分地以排他主义方式,又能部分地以个体的方式同日常生活结构打交道,而保持日常生活结构完好无损。答案便是个体主观的自觉,即个体主观上时刻都以自为的类本质对象化的要求来评价日常生活要求结构,如果这一要求结构不能与类本质的要求结构相协调或相冲突,个体就会自觉抛弃这一日常生活要求结构。个体同排他主义个人的区别在于,个体“知道在何处抛弃重复以有利于对问题的发明性研究,他知道何时应当对习惯提出质疑,何时需要使一种被视作理所当然的价值贬值”②。同样个体知道何时、何处和为何应当中止实用主义方法,懂得过分一般化何时转变为偏见。总之,个体以相对自由的方式同“自在的”类本质对象化打交道,但是问题在于:个体如何和凭什么能够知道这些东西? 这一相对自由的源泉来自哪里?

赫勒对此问题的回答是理想化的。她认为个体根据一个或多个“自为的”类本质对象化或整体的自觉关系来安排他的日常生活,即个体只要以世界观为中介,通过世界观把类本质价值变为个体活动的指导力量,就可以“自觉”地把自己的生活安排为一个等级结构,他就可以使自己的生活同质化。同时赫勒提出了其道德美学的主要担当者“道德个性”的内涵,认为道德个性是最有价值的类型的个性,在人把世界观“个体化”并把世界观同自己的个性相统一的过程中,道德起到了推动力的作用。道德实践在生活中起着行为指示器的作用,它使得个体把内在化的道德秩序转化为个体的本质,使其品质人道化,提高到类本质的水平,这样日常生

---

① (匈)阿格尼丝·赫勒:《日常生活》,衣俊卿译,重庆出版社1990年版,第279页。

② (匈)阿格尼丝·赫勒:《日常生活》,衣俊卿译,重庆出版社1990年版,第281页。

活就成为个性可以在其中实现的场所,日常生活由此变成"为我们存在"。

问题在于,世界观的中介作用和道德实践仍然需要个体自觉的意识,需要在日常生活中自觉去思考、自觉去履行,而这种自觉却并不是每个人都能做到的。事实上,从卢卡奇开始关于艺术品如何嵌入我们的日常,知识结构问题仍然没有得到很好的解决。在赫勒看来,每一艺术品同哲学和科学一样,不仅提供给我们关于世界或我们自身的信息和知识,还向我们展示出与类本质价值相应的日常生活价值等级结构。这样,在艺术体验中,"个人"把这种信息内在化,然后在艺术品中习得某种经验价值,并把其作为日常生活的向导,"当我们决定成为小说中的英雄时,理想就产生了"①。这种完全依赖于主体自身的自觉和艺术品及道德影响的想法带有某种天真的乐观的精神,不由得让我们想起堂吉诃德的形象,美好但却渺茫。

第三,赫勒对于"为我们存在"的生活的实现更多的是依赖于"道德个性"的个体对他人的影响。早在《日常生活》中,赫勒就勾画了道德个性的存在。在《个性伦理学》中,她具体提出了依据"美的性格"和"高尚的性格"而建立的道德个性,她认为这种个性本身具有感染人的力量,能够成为他人的效仿对象,成为他人的典范。她说:"从'自为的'类本质对象化来自觉地构成自己生活的个体,成为人们竭力仿效的典范的情形并非罕见。"②这样,个体的生活方式就会成为或者至少倾向于成为整个共同体的生活方式。

由此,我们可以看到,赫勒对于美好生活的幻想更多的是寄希望于伟大道德个性的力量,拥有道德个性的个体把自己内在化的道德规范、道德秩序转化为自己的本质,并把其品质人道化,变为他人效仿的范例,这样他人就被提升到类的水平上来。这样日常生活作为"自在存在"就可以按照我们的个性的尺度去生活,就会变为"自为存在",马克思所设想的未来共产主义社会也被赫勒理解为这样的社会,"如果每一主体都把自己的日常生活建立为'为

---

① (匈)阿格尼丝·赫勒:《日常生活》,衣俊卿译,重庆出版社 1990 年版,第205页。

② (匈)阿格尼丝·赫勒:《日常生活》,衣俊卿译,重庆出版社 1990 年版,第283页。

他自己的存在'，那么，社会必要条件就会得到满足"①。但是这种忽视经济、政治地位、状况对人们的影响而只从个体自身寻求出路的观点，似乎在某种程度上类似于基督教中的博爱思想，带有一种理想性和虚幻性的特点。

其次，赫勒的思想体系中包含着一种张力和矛盾，这或许是其思想困惑和无奈的表现。一方面赫勒对历史哲学美学的批判使得她的美学思想缺乏一种历史的宏观视野，另一方面尽管赫勒反对乌托邦、反对宏大叙事，但是赫勒企图通过"道德美学"、"道德个性"等微观革命实现人的解放的思想仍然带有一种乌托邦的韵味。

第一，从本书中我们可以看到，赫勒对黑格尔、卢卡奇、本雅明、阿多诺以来的现代历史哲学美学从后现代的视角给予了批判。从解决美学的现实困境来说，有着一定的价值和意义，但是从理论上说，她对历史哲学美学的批判导致了其美学思想的历史宏观视角的缺失。应该说，马克思主义者包括西方马克思主义者从美学等思想文化的视角对西方资本主义的政治进行批判，是有其合理性的。伊格尔顿认为美学是一种意识形态，与政治有着紧密的联系。同时我国学者钱中文先生、王杰教授等人都认为美学理论是一种意识形态理论，它不仅是从审美意识形态的理论上分析问题，更为重要的是它在一般意识形态的层次上思考问题，它是审美问题的哲学抽象。美学理论是通过审美意识形态的理论分析来研究和把握现实的审美关系的，因此，在理论的层面上，它和历史哲学有着理论的一致性和统一性②，可以说，美学是一种意识形态。③

马克思在《〈政治经济学批判〉导言》中，强调了艺术与历史的关系，谈及了古希腊神话的超越历史阶段的永恒的魅力，并提出了艺术"永恒性"的问题：希腊艺术和史诗"何以仍然能够给我们以艺术享受，而且就某方面说还是一种规范和高不可及的范本"④。这里，马克思在艺术与历史的关系上可以说是一种历史哲学美学，它

① （匈）阿格尼丝·赫勒：《日常生活》，衣俊卿译，重庆出版社1990年版，第288页。

② 参见王杰：《马克思主义与现代美学问题》，人民文学出版社2000年版，第5页。

③ 参见（英）特里·伊格尔顿：《审美意识形态》，王杰等译，广西师范大学出版社2001年版。

④ 《马克思恩格斯选集》第2卷，人民出版社1995年版，第29页。

不仅包括过去,也指向了未来,它分析了艺术对现实的反映为什么能够塑造人类理想和未来生活的尺度。

所以,就美学来说,艺术作品和艺术形象必须要有厚重的历史感和强烈的情感能力,这样才能对现实世界形成最深刻的艺术把握,也只有从这个角度,美学和艺术所承载的社会意义和伦理价值才能够被揭示出来,才能达到美学作为一种批判力量、一种拯救力量的目的。艺术作品必须要传达时代的呼声、历史的呼声,尽管这种呼声依稀仿佛,但美学的任务就是要通过理论分析,使这些呼声变得清晰可辨、强大而有力。

第二,赫勒从微观领域的革命观出发,反对马克思历史哲学的宏大叙事,力图恢复马克思人类解放理论中的主体向度,倡导日常生活中道德美学的实现、道德个性的存在,以达到人的真正解放。但是这种人类解放观仍然不免带有乌托邦的幻想。

在马克思那里,无产阶级的解放和全人类的解放是同一的,无产阶级只有解放全人类,才能解放自身。而且在马克思看来,人类解放的标准之一就是自由的实现,在共产主义联合体中,"每个人的自由发展是一切人的自由发展的条件"①。所以,马克思的解放概念是与世界历史同步的,"'解放'是一种历史活动,不是思想活动"②,"每一个单个人的解放的程度是与历史完全转变为世界历史的程度一致的"③。也就是说,个人只有成为世界历史性的个人,才能利用全球的全面的生产能力,才能实现人的全面发展,实现真正的解放。解放是全人类的事情,不仅仅是个体的行为。尽管20世纪世界局势发生了变化,卢卡奇在《历史与阶级意识》中所寄托的无产阶级取得阶级意识而获得解放的社会背景发生了变动,但如果把马克思的解放仅理解为个体解放,不免带有一种狭隘性。

毫无疑问,赫勒在后来抛弃了老师卢卡奇的总体性理论,代之以后现代的多元性、碎片性、断裂性的视角,但是其骨子里深深地渗透着乌托邦的理念与幻想,这种"新的乌托邦追求成为她抛弃总

---

① 《马克思恩格斯选集》第1卷,人民出版社1995年版,第294页。
② 《马克思恩格斯选集》第1卷,人民出版社1995年版,第74页。
③ 《马克思恩格斯选集》第1卷,人民出版社1995年版,第89页。

体性的动力"，这种新的乌托邦就是"后现代的乌托邦"①，它被赫勒称为"好的生活"。但是，这种乌托邦追求尽管如此美好，却免不了带有几分无奈。赫勒一方面抛弃了历史哲学，抛弃了"宏大叙事"，抛弃了目的论，但另一方面又无法抛弃其马克思主义的人道主义的关怀，所以她又小心谨慎地引入了乌托邦的幻想，以至于这种乌托邦不敢直接触及社会政治、经济的外壳，只是寄希望于"好人"的存在，"好的生活"的出现。正如赫勒自己所说：乌托邦的现实化并不是政治激进主义，而是"人类学的激进主义与政治现实主义的结合"②。

从分析中我们可以看到，赫勒对作为文化批判的审美思想的关注，对文化可能性问题的思考，无疑为改变人类生存状况提供了新的维度。尽管赫勒的美学理论可能有一些值得商榷的地方，比如对美学学科以及对艺术概念的重构是否合理、可行，完全依靠日常生活中个体道德个性的形成，是否真能导致人类解放；忽视经济的、政治的、阶级的宏观革命，个体意义上的微观的革命何以保障；其审美现代性理论是否具有西方马克思主义审美救赎的虚幻性、乌托邦性；等等。但是她能够在新的时代背景下批判性地反思人类的生存状况(人是怎样生存的？如何能改变这种生存状况？)，为当代人探寻更好的民主形式，寻求"好生活"构想了一种切实可靠的人类解放路径，这种思想和行为还是值得借鉴的。"毫无疑问，伟大的共和国是政治的一种乐观的想法。在这种理论框架中，俗话说的英雄不仅战胜了自己，而且战胜了不适合人生活的、不公正的世界，他帮助他人解放他们自己(因为那是他自己解放的一个方面)，他们一起创造了更好的生活。"③

---

① 赵司空等：《阿格妮丝·赫勒的后现代的乌托邦》，载《中外文化与文论》2009年第2期。

② Agnes Heller, *A Theory of History*, Routledge and Kegan Paul, 1982, p. 323.

③ Anthony Kammas, *Reconciling Radical Philosophy and Democratic Politics: The Work of Agnes Heller and the Budapest School*, In *Critique*, 2007, (vol. 35).

结　语

　　回顾赫勒有关审美文化与现代性批判的思想之旅,我们可以慨叹道:无论任何时刻,美学问题都与我们的社会生活息息相关。无论是赫勒文化社会学所包含的美学宗旨,还是其激进的文化批判理论,无论是作为交往话语的审美文化,还是崇尚个性伦理的道德美学,都是立足于当代文化危机的现代性背景,都强调了艺术在社会中所具有的功能。正如她自己所说的,美学一方面具有维护社会的功能,同时具有批判社会的职责。毋庸置疑,赫勒的审美文化思想是建立在前人的基础上的,都离不开对前辈思想家的批判与继承,但是赫勒的某些美学思想具有一种开拓性的研究。

　　首先,赫勒的美学思考是在更广阔的学科背景中展开的。赫勒以现代性为背景、以审美文化批判为范式,对审美现代性引发的各种问题进行了历史的溯源和理论的分析,她试图对现代性引发的思想焦虑和生活危机进行治疗。她的文化社会学、审美人类学的视角为我们揭示了一般美学视野往往忽视的问题,更为重要的是,她为我们的美学研究,尤其是当代马克思主义美学研究提供了可资借鉴的思考路径。

　　其次,赫勒审美文化思想的实质是文化可能性问题,其归宿点是人类的解放。从关注个体的自由、解放命运开始,她把解放的领域设定为微观的日常生活领域,从此,她不断地为个体解放寻求途径。从心理学、人类学的角度论证解放的可能性到通过激进的需要革命实现激进的乌托邦,从着眼于日常生活的道德美学到理想的共和国的实现,这里都充满了赫勒对人类状况的关怀,以及强烈的历史责任感和使命感。所以,对我们来说,如果仅仅从美学的视角或者日常生活批判的视角来理解赫勒的审美文化批判,未免有些太狭隘了,我们必须从人类学的立场来考察赫勒的整个审美现代性思想。因为从赫勒的整个学术生涯来看,它都是以人们的现实生活为背景的,她所关注的主题都是文化可能性问题,都是人的存在和使命。

再次,在赫勒的论证中,始终渗透着"消除总体化"的趋势。在悖论和矛盾中理解事物是赫勒研究问题和解决问题的背景因素。从赫勒以"后现代视角"对美学体系的建构以及文化批判来说,审美现代性不仅要与传统对立,与启蒙现代性对立,同时要始终与"把自己设想为一种新的传统或权威"的企图相对立。悖论是难以消解的,张力是永远存在的,因为张力和对抗是制约与平衡的前提。

最后,在社会科学研究领域,任何一种理论都摆脱不了乌托邦的嫌疑。赫勒着眼于日常生活的微观领域的革命,她的道德美学理想和话语文化的实施都是建立在对美好的人性的理解上的。她把希望寄托在人类理性自身,认为人有能力运用自己的理性去解决知性问题和实践理性问题。对未来世界理想的乌托邦追求是人类永不衰竭的动力,尽管或许人们在内心里很抵触。然而,"尽管理想与现实的冲突、历史投入与历史产出的反差不断展示着历史进程的复杂性,不断产生出痛苦的历史意识,但是,这一切并没有遏止住人类历史的精神涌动。恰恰相反,这一挑战激起了各个时代的心灵的更加顽强的应战。人们依旧执着于历史的自觉性,不断以新的历史设计取代已被挫败的历史设计"①。

① 衣俊卿:《历史与乌托邦》,黑龙江教育出版社 1995 年版,第 3 页。

作为文化批判的审美——赫勒美学思想研究

参考文献

一、中文著作

[1] 马克思恩格斯选集[M]. 第1—4卷. 北京:人民出版社,1995.

[2] 马克思恩格斯全集[M]. 第34卷. 北京:人民出版社,2008.

[3] 马克思. 1844年经济学哲学手稿[M]. 北京:人民出版社,2000.

[4] [匈]阿格妮丝·赫勒. 日常生活[M]. 衣俊卿,译. 重庆:重庆出版社,1990.

[5] [匈]阿格尼丝·赫勒. 现代性理论[M]. 李瑞华,译. 北京:商务印书馆,2005.

[6] [匈]艾格妮丝·赫勒. 人的本能[M]. 邵晓光,等,译. 沈阳:辽宁大学出版社,1988.

[7] [匈]阿格妮丝·赫勒. 卢卡奇再评价[M]. 衣俊卿,等,译. 哈尔滨:黑龙江大学出版社,2011.

[8] [匈]卢卡奇. 卢卡奇早期文选[M]. 张亮,吴勇立,译. 南京:南京大学出版社,2004.

[9] [匈]卢卡奇. 历史与阶级意识[M]. 杜章智,等,译. 北京:商务印书馆,1992.

[10] [匈]卢卡契. 审美特性[M]. 第2卷. 徐恒醇,译. 北京:中国社会科学出版社,1991.

[11] [匈]卢卡奇. 关于社会存在的本体论[M]. 下卷. 白锡堃,等,译. 重庆:重庆出版社,1993.

[12] [匈]卢卡奇. 卢卡奇自传[M]. 李渚青,莫立知,译. 台北:桂

冠图书股份有限公司,1990.

[13][匈]卢卡契.卢卡契文学论文集[M].第2卷.北京:中国社会科学出版社,1981.

[14][匈]卢卡契.表现主义论争[M].张黎,编选.上海:华东师范大学出版社,1992.

[15][德]席勒.美育书简[M].徐恒醇,译.北京:中国文联出版公司,1984.

[16][德]康德.判断力批判[M].邓晓芒,译.北京:人民出版社,2002.

[17][德]康德.历史理性批判文集[M].何兆武,译.北京:商务印书馆,1990.

[18][德]康德.论优美感和崇高感[M].何兆武,译.北京:商务印书馆,2001.

[19]康德三大批判精粹[M].杨祖陶,邓晓芒,编译.北京:人民出版社,2001.

[20][德]康德.实用人类学[M].邓晓芒,译.上海:上海人民出版社,2005.

[21][德]黑格尔.美学[M].第1卷.朱光潜,译.北京:商务印书馆,1979.

[22][德]尼采.论道德的谱系[M].周红,译.北京:三联书店,1992.

[23][德]尼采.快乐的科学[M].黄明嘉,译.桂林:漓江出版社,2000.

[24][英]佩里·安德森.西方马克思主义探讨[M].高铦,等,译.北京:人民出版社,1981.

[25][英]G.H.R.帕金森.格奥尔格·卢卡奇[M].翁绍军,译.上海:上海人民出版社,1999.

[26][美]马泰·卡林内斯库.现代性的五副面孔[M].顾爱彬,李瑞华,译.北京:商务印书馆,2002.

[27][德]沃尔夫冈·韦尔施.重构美学[M].陆扬,张岩冰,译.上海:上海译文出版社,2002.

[28][德]霍克海默.霍克海默集[M].曹卫东,编选,渠敬东,等,译.上海:上海远东出版社,1997.

作为文化批判的审美——赫勒美学思想研究

[29] [德]霍克海默,阿道尔诺.启蒙辩证法[M].渠敬东,等,译.
上海:上海人民出版社,2006.

[30] [德]霍克海默.批判理论[M].李小兵,等,译.重庆:重庆出版
社,1989.

[31] [德]阿多尔诺.否定的辩证法[M].张峰,译.重庆:重庆出版
社,1993.

[32] [德]阿多诺.美学理论[M].王柯平,译.成都:四川人民出版
社,1998.

[33] [德]本雅明.机械复制时代的艺术作品[M].王才勇,译.北
京:中国城市出版社,2002.

[34] [美]马尔库塞.审美之维[M].李小兵,译.桂林:广西师范大
学出版社,2001.

[35] [美]马尔库塞.单向度的人[M].刘继,译.上海:上海译文出
版社,2006.

[36] [美]马尔库塞.爱欲与文明[M].黄勇,等,译.上海:上海译文
出版社,2005.

[37] [德]哈贝马斯.现代性的哲学话语[M].曹卫东,等,译.南京:
译林出版社,2004.

[38] [德]哈贝马斯.交往行为理论[M].第1卷.曹卫东,译.上海:
上海人民出版社,2004.

[39] [德]哈贝马斯.公共领域的结构转型[M].曹卫东,等,译.上
海:学林出版社,1999.

[40] [美]阿瑟·丹托.艺术的终结[M].欧阳英,译.南京:江苏人
民出版社,2005.

[41] [美]阿瑟·C.丹托.艺术的终结之后——当代艺术与历史的
界限[M].王春辰,译.南京:江苏人民出版社,2007.

[42] [德]凯特琳·勒德雷尔.人的需要[M].邵晓光,等,译.沈阳:
辽宁大学出版社,1988.

[43] [法]让-保罗·萨特.存在主义是一种人道主义[M].周煦
良,等,译.上海:上海译文出版社,2005.

[44] [法]福柯,等.激进的美学锋芒[M].周宪,译.北京:中国人民
大学出版社,2003.

[45] [英]特里·伊格尔顿.审美意识形态[M].王杰,等,译.桂林:

广西师范大学出版社,2001.

[46][美]理查德·沃林.存在的政治——海德格尔的政治思想[M].周宪,等,译.北京:商务印书馆,2000.

[47][美]理查德·沃林.文化批评的观念[M].张国清,译.北京:商务印书馆,2000.

[48][德]比格尔.先锋派理论[M].高建平,译.北京:商务印书馆,2002.

[49][德]恩斯特·卡西尔.人论[M].甘阳,译.上海:上海译文出版社,2003.

[50][法]利奥塔.后现代道德[M].莫伟民,等,译.上海:学林出版社,2000.

[51][法]利奥塔尔.后现代状态[M].车槿山,译.北京:三联书店,1997.

[52]张奎良.马克思的哲学历程[M].上海:上海人民出版社,1993.

[53]衣俊卿.历史与乌托邦[M].哈尔滨:黑龙江教育出版社,1995.

[54]衣俊卿.文化哲学[M].昆明:云南人民出版社,2005.

[55]衣俊卿.现代性的维度[M].哈尔滨:黑龙江大学出版社,北京:中央编译出版社,2011.

[56]衣俊卿.人道主义批判理论——东欧新马克思主义述评[M].北京:中国人民大学出版社,2005.

[57]衣俊卿.回归生活世界的文化哲学[M].哈尔滨:黑龙江人民出版社,2000.

[58]衣俊卿.现代化与日常生活批判[M].北京:人民出版社,2005.

[59]衣俊卿.现代化与文化阻滞力[M].北京:人民出版社,2005.

[60]衣俊卿,等.20世纪的文化批判[M].北京:中央编译出版社,2003.

[61]衣俊卿,等.20世纪的新马克思主义[M].北京:中央编译出版社,2001.

[62]邓晓芒.康德《判断力批判》释义[M].北京:三联书店,2008.

[63]冯宪光."西方马克思主义"美学研究[M].重庆:重庆出版

社,1997.

[64]傅其林.阿格妮丝·赫勒审美现代性思想研究[M].成都:巴蜀书社,2006.

[65]马驰.卢卡奇美学思想论纲[M].长春:东北师范大学出版社,1997.

[66]关于卢卡契哲学、美学思想论文选译[M].张伯霖,等,编译.北京:中国社会科学出版社,1985.

[67]西方学者眼中的西方现代美学[M].王鲁湘,等,编译.北京:北京大学出版社,1987.

[68]古典文艺理论译丛编辑委员会.古典文艺理论译丛[M].第5册.北京:人民文学出版社,1963.

[69]王杰.马克思主义与现代美学问题[M].北京:人民文学出版社,2000.

[70]本雅明文选[M].陈永国,等,编.北京:中国社会科学出版社,1999.

[71]刘小枫.人类困境中的审美精神[M].上海:东方出版中心,1994.

[72]周宪.美学是什么[M].北京:北京大学出版社,2002.

[73]周宪.审美现代性批判[M].北京:商务印书馆,2005.

[74]周宪.20世纪西方美学[M].北京:高等教育出版社,2004.

[75]周宪.中国当代审美文化研究[M].北京:北京大学出版社,1997.

[76]周宪.文化现代性与美学问题[M].北京:中国人民大学出版社,2005.

[77]王才勇.现代审美哲学新探索——法兰克福学派美学述评[M].北京:中国人民大学出版社,1990.

[78]张政文.西方审美现代性的确立与转向[M].哈尔学:黑龙江大学出版社,2008.

[79]谢文郁.自由与生存——西方思想史上的自由观追踪[M].上海:上海人民出版社,2007.

[80]李健.审美乌托邦的想象[M].北京:社会科学文献出版社,2009.

[81]上海社会科学院哲学研究所外国哲学研究室.法兰克福学派

论著选辑[M].上卷.北京:商务印书馆,1998.

[82][美]詹姆斯·施密特.启蒙运动与现代性[M].徐向东,等,译.上海:上海人民出版社,2005.

[83]郭军,等.论瓦尔特·本雅明[M].长春:吉林人民出版社,2003.

[84]周宪.文化现代性精粹读本[M].北京:中国人民大学出版社,2006.

[85]赵澧,等.唯美主义[M].北京:中国人民大学出版社,1988.

[86]汪行福.走出时代的困境——哈贝马斯对现代性的反思[M].上海:上海社会科学院出版社,2000.

二、中文论文

[1][匈]赫勒.历史哲学的特殊性[J].达人,译.现代外国哲学社会科学文摘,1984(9):25-27,36.

[2]傅其林,[匈]阿格妮丝·赫勒.布达佩斯学派美学——阿格妮丝·赫勒访谈录[J].东方丛刊,2007(4):95-103.

[3][匈]阿格妮丝·赫勒.艺术自律或者艺术品的尊严[J].傅其林,译.东方丛刊,2007(5):3-21.

[4][匈]阿格妮丝·赫勒.对后现代艺术的反思[J].傅其林,编译.四川大学学报(哲学社会科学版),2007(5):5-11.

[5][匈]阿格妮丝·赫勒.情感在艺术接受中的地位[J].傅其林,译.中外文化与文论,2009(2):273-283.

[6][匈]A.赫勒.日常生活是否会受到危害?[J].魏建平,译.国外社会科学,1990(3):59-64.

[7][匈]A.赫勒尔.形式民主[J].杨祯钦,译.国外社会科学,1980(12):38-39.

[8]衣俊卿.人的需要及其革命——布达佩斯学派"人类需要论"述评[J].现代哲学,1990(4):67-72,61.

[9]衣俊卿.论东欧新马克思主义的理论定位[J].求是学刊,2010(1):5-11.

[10]刘象愚.卢卡奇早期的美学思想[J].北京师范大学学报,1991(1):71-80,70.

[11]曹卫东.法兰克福学派的历史效果[J].读书,1997(11):23

– 29.

[12]周宪.社会理论语境中的审美现代性[J].福建论坛(人文社会科学版),2003(1):32 – 35.

[13]周宪.审美现代性与日常生活批判[J].哲学研究,2000(11):63 – 70、80.

[14]冯宪光,傅其林.审美人类学的形成及其在中国的现状与出路[J].广西民族学院学报(哲学社会科学版),2004(5):26 – 35.

[15]傅其林.激进普遍主义美学的困境——论布达佩斯学派对法兰克福学派美学范式的批判[J].文艺理论研究,2009(2):40 – 46.

[16]傅其林.论布达佩斯学派对艺术制度理论的批判[J].中南大学学报,2005(3):323 – 328.

[17]傅其林.论布达佩斯学派对卢卡奇总体性美学范式的批判[J].马克思主义美学研究,2008(1):259 – 273.

[18]颜岩.走出历史哲学的幻象——阿格尼丝·赫勒后马克思主义思想评析[J].马克思主义研究,2009(11):106 – 112,160.

[19]颜岩.探寻日常生活人道化的路径——阿格妮丝·赫勒日常生活批判理论述评[J].中外文化与文论,2009(2):159 – 167.

[20]颜岩.阶级解放真能导致人类解放吗?——评阿格尼丝·赫勒的后马克思主义人类解放论[J].山东社会科学,2010(2):12 – 16.

[21]赵司空,等.阿格妮丝·赫勒的后现代的乌托邦[J].中外文化与文论,2009(2):149 – 158.

三、英文著作

[1]Agnes Heller. A Theory of History[M]. Routledge and Kegan Paul,1982.

[2]Agnes Heller. A Philosophy of History in Fragments[M]. Blackwell,1993.

[3]Agnes Heller. Radical Philosophy[M]. Trans. James Wickham. Basil Blackwell,1984.

[4]Agnes Heller. An Ethics of Personality[M]. Blackwell Publishers

Ltd,1996.

[5] Agnes Heller. Allen. Renaissance Man [M]. Trans. Richard E. Routledge and Kegan Paul Ltd,1978.

[6] Agnes Heller and Ferenc F. Reconstructing Aethetics:Writings of the Budapest School[M]. Basil Blackwell,1986.

[7] Agnes Heller. Can Modernity Survive? [M]. Polity Press,1990.

[8] Agnes Heller ed. Lukács Revalued[M]. Basil Blackwell,1983.

[9] Agnes Heller. The Theory of Need in Marx [M]. New York:ST. Mar-tin's Press,1976.

[10] Agnes Heller. Immortal Comedy:The Comic Phenomenon in Art, Literature and Life [M]. A division of Rowman and Littlefield Publishers,2005.

[11] Simon Tormey. Agnes Heller:Socialism, Autonomy, and the Post-modern[M]. Manchester University Press,2001.

[12] John Burnheim. The Social Philosophy of Agnes Heller[M]. Ro-dopi,1994.

[13] Michael E. Gardiner. Critiques of Everyday Life [M]. Routledge,2000.

[14] John E Grumley. Agnes Heller :a Moralist in the Vortex of History [M]. Pluto Press,2005.

四、英文论文

[1] Agnes Heller. Five Approaches to the Phenomenon of Shame[J]. Social Research,2003,4.

[2] Agnes Heller. A Tentative Answer to the Question:Has Civil Socie-ty Cultural Memory? [J]. Social Research,2001,4.

[3] Agnes Heller. The Complexity of Justice[J]. Ratio Juris,1996,2.

[4] Agnes Heller. Marx and the"liberation of Human Kind"[J]. Phi-losophy and Social Criticism,1982,9.

[5] Agnes Heller. The Beauty of Friendship[J]. The South Atlantic Quarterly,1998,1.

[6] Agnes Heller. Unknown Masterpiece [J]. Philosophy Social Criti-cism. 1989,15.

[7] Anthony Kammas. Reconciling Radical Philosophy and Democratic Politics: The Work of Agnes Heller and the Budapest School[J]. Critique, 2007, 2.

[8] David Roberts. Between Home and World: Agnes Heller's the Concept of the Beautiful[J]. Thesis Eleven, 1999, 59.

[9] Marios Constantinou. Agnes Heller's Ecce Homo: A Neomodern Vision of Moral Anthropology[J]. Thesis Eleven, 1999, 59.

[10] Fu Qilin. On Budapest School Aesthetics: An Interview With Agnes Heller[J]. Thesis Eleven, 2008, 94.

[11] John Grumley. Heller's Paradoxical Cultural Modernity[J]. The European Legacy, 2001, 1.

[12] Csaba Polony. "The Essence is Good but all the Appearance is Evil" An Interview With Agnes Heller, http://leftcurve. org, Mar. 1997.

[13] Book Reviews: Hugh Grady. Shakespeare and the Question of Culture: Early Modern Literature and the Cultural Turn[J]. Shakespeare Quarterly, 2004, 2.

[14] Book Reviews: Ian Craib. Agnes Heller: Socialism, Autonomy and the Postmodern[J]. Capital and Class, Summer 2003, 80.

[15] Katie Terezakis. Time out of Joint: An Interview With Agnes Heller[J]. Radical Society, 2002, 3.

[16] Book Reviews: Simon Tormey. Agnes Heller: Socialism, Autonomy and the Postmodern [J]. Contemporary Political Theory, 2003, 2.

[17] Book Reviews: Leslie J. Vaughan. Can Modernity Survive? By Agnes Heller[J]. American Political Science Review, 1992, 2.

[18] Max Blechman. Revolutionary Romamticism: A Reply to Agnes Heller[J]. Radical Philosophy, 2000, 99.

参
考
文
献

索　引

150,155,166,177

生存选择　59,142,151 - 152,157,166

工具理性　1 - 2,45,64,133,157,184 - 188,190 - 191,193,196,200,204 - 205,211,215

工具理性主义　1

工具理性化　207,212

工具理性批判　2,184 - 185,196

共通感　69 - 70,73 - 74,79 - 80,83 - 85,152,161,164 - 165,168,171 - 174,198,221

H

黑格尔　15,22,33 - 34,60,66 - 68,73,79,93,100 - 102,113,149 - 150,155,182,215,226

海德格尔　2,91,101,103,128,212

霍克海默　2 - 4,185 - 188,192 - 193,195,197,204,214

哈贝马斯　2 - 3,101,187,191 - 193,195 - 197,199 - 200,204 - 209

海德堡美学　40

后现代主义　2,6,86,100,158 - 159

好的生活　5,228

J

交谈文化　170,172,177,179,180 - 183,221

午餐文化　172,175 - 176,178,180,182

话语文化　6,177 - 180,207 - 208,210,221 - 222,230

交往理性　192,199 - 200,205,207 - 209

技术理性　2,4,72,187 - 190,202

经院美学　2

激进的乌托邦　229

激进需要　5 - 6,10,134 - 135,137 - 138

激进的需要革命　4,6,12 - 13,133,203,222,229

激进哲学　5,138

激进民主制　138 - 140,203,219,222

阶级意识　42 - 43,63,216,227

伦理学形式主义　145

作
为
文
化
批
判
的
审
美
——
赫
勒
美
学
思
想
研
究

后　记

　　"在卢卡奇那里,文化的问题就是人的存在和命运的问题,而环绕着人的存在和命运的问题,在卢卡奇心灵深处一直存在着一种关于世界'善'和'恶'的对立和冲突的判断;一端是'幸福年代'的完整的文化和自由的人;一端是'罪恶年代'的分裂的文化和异化的人。卢卡奇把'填平'这对立两极之间的鸿沟视做自己毕生的神圣使命,因此,文化的问题就是对文化危机的批判,就是扬弃异化、恢复人的自由生存的问题。"①这是我国学者衣俊卿对卢卡奇"文化可能性"问题的深刻阐释。作为卢卡奇的学生、同事和朋友,赫勒一生都在思索和回答卢卡奇的"文化可能性"问题。在提出微观的日常生活革命后,赫勒又从审美和伦理的视角思索摆脱异化的途径以实现完整的人的理想,于是,她回到了对古典生活的向往和"完整的文化"家园,形成了独特的重建现代性的审美现代性理论。

　　本书是在我的博士毕业论文基础上修改而成的。回首几年来走过的岁月,心中感触颇多。除了对紧张、忙碌而又有意义的博士生活的眷恋之外,更多的是内心深处对老师、同学和与我共同走过这一岁月的人们的感激。如果没有各位老师的悉心指导,我不会那么顺利地完成学业,也就不会有本书的问世。

　　首先,我要衷心地感谢我的导师衣俊卿教授。从老师收我为徒那一天开始,我便从老师的一言一行中吸取人性中的精华。老

---

① （匈）阿格妮丝·赫勒:《卢卡奇再评价》,衣俊卿等译,黑龙江大学出版社2011年版,第16页。

师严谨的治学风范、渊博的理论知识、诲人不倦的师者作风都深深地感染着我、激励着我。本论文的选题得益于老师在课堂上精辟的点拨，得益于他深邃的思想以及对西方马克思主义理论的独到见解，由此，赫勒对审美文化的理解、对个体解放的构想深深地吸引了我，促使我去写这篇论文。此后，从论文的构思、具体写作到最终成书、出版，老师倾注了大量的工作和心血。这期间，老师帮助我多次修改论文，甚至一字一句地推敲字词的使用和句法的毛病。老师孜孜不倦的探索精神和工作态度以及高尚的人格魅力让我终生受益。老师的恩泽，只有以后在努力工作中回报。

其次，感谢张奎良教授。张老师虽已年过七旬，但他仍然斗志昂扬，工作在教学和科研的第一线。张老师积极进取的科研精神、热情饱满的生活态度、平易近人的师者风范都让我深深敬佩。张老师为我的论文写作提供了宝贵的意见。感谢张政文教授、丁立群教授、康渝生教授、李楠明教授、郭艳君教授、姜华教授，在我的论文选题、开题、中期检查以及论文评阅和答辩中，为我提出了宝贵的建议和指导。

感谢我的同学李晓敏、王兰、刘丽、王继红、周来顺、李萍、杜红艳、梁秋，正是她们的帮助、支持和鼓励催促我完成博士论文的写作。

此外，我要深深地感谢我的父亲王可芳先生、母亲初相珍女士，是他们无私的爱支持我完成学业！我还要感谢我的爱人郭渊先生和儿子郭效让，他们无私的奉献和理解是我完成此书的精神动力。

最后，感谢黑龙江大学出版社戚增娟主编对本书的高度重视，编辑梁秋老师对本书的审阅和加工，正是她们的辛勤劳作，本书才得以问世。

需要指出的是，本书参考和引用了国内外一些专家、学者的研究成果，在此表示感谢！由于本人学术水平有限，书中肯定会存在一些疏漏和不成熟的观点，敬请专家、学者们批评指正！

作为文化批判的审美——赫勒美学思想研究

250

王静
2013 年 9 月

国外马克思主义研究文库·东欧新马克思主义理论研究

书目